L'appréhension juridique des budgets participatifs communaux

Collection *Droit des collectivités territoriales*
fondée et dirigée par
Bernard POUJADE et Xavier CABANNES
Professeurs à l'Université Paris Cité

Série des travaux de l'association française
de droit des collectivités locales

Dernières parutions

Damien FOURNET, *Le droit privé dans la fonction publique territoriale, Observations depuis le Centre de gestion de la Gironde*, 2023.
Sébastien SAUNIER (dir.), *Métropolisation et grands ensembles urbains,* 2023.
Arnaud DURANTHON (dir.), *Peut-on encore définir la collectivité territoriale ?,* 2023.
Benjamin TENDRON, *Les pôles d'équilibre territoriaux et ruraux et la « politique de pays »*, 2022.
Pauline TÜRK (dir.), *Pour un droit constitutionnel des collectivités territoriales. Évolutions et débats*, 2020.
Marie JAN, *L'égalité professionnelle dans la fonction publique territoriale. L'exemple de la Région Nouvelle-Aquitaine*, 2020.
Jean-Christophe CERVANTES, *Le principe d'unité des catégories de collectivités territoriales en question,* 2019.
Carole CHEVILLEY-HIVER, Matthieu HOUSER et Anne MARCEAU (dir.), *Les collectivités territoriales à l'ère du numérique*, 2019.
Thierry DI MANNO et Alexis LE QUINIO (dir.), *Quelle(s) commune(s) pour le XXIe siècle ? Approche de droit comparé*, 2018.
Maylis DOUENCE (dir.), *L'exercice des compétences locales entre rationalisation et créativité*, 2018.
Apolline THIRION, *La nouvelle compétence GEMAPI, Gestion des milieux aquatiques et préventions des inondations, Quels moyens mis à disposition des collectivités territoriales pour structurer et financer cette nouvelle compétence ?*, 2018.
Jean-Marc BROU (dir.), *La dynamique de l'économie mixte dans la région Occitanie*, 2017.
Julie BENETTI (dir), *Les collectivités territoriales et le principe d'égalité*, 2016.
Mathilde MONTAUBIN, *Le référendum d'indépendance de l'Écosse*, 2016.

Manuel Santaguiliana

L'appréhension juridique des budgets participatifs communaux

Préface de Sébastien Denaja

L'Harmattan

Prix 2024 du mémoire Master 2 de l'Association Française de Droit des Collectivités Locales

5-7, rue de l'École-Polytechnique - 75005 Paris
www.editions-harmattan.fr

ISBN : 978-2-336-53134-2
EAN : 9782336531342

PRÉFACE

Le budget participatif est à la mode. Depuis plus de trois décennies, après sa naissance au Brésil en 1989, il n'a cessé de se déployer à travers le monde. La France n'échappe pas au phénomène et, comme ailleurs, c'est à l'échelon local - communal en particulier - que cet outil démocratique est essentiellement utilisé. Mais, plus qu'une mode éphémère et superficielle, le budget participatif s'inscrit dans le mouvement plus profond d'un nécessaire renouvellement démocratique par l'instauration d'une forme de processus dialogique entre élus et citoyens.

Mais on occulte trop souvent qu'il s'agit aussi d'un outil budgétaire et financier. Or, c'est précisément l'un des principaux apports du présent ouvrage que de révéler tous les ressorts de cette dualité et les rétroactions - pour la plupart vertueuses - tout à la fois du point de vue du processus démocratique que de celui de la procédure budgétaire que le recours à un tel instrument génère.

Objet juridique, démocratique, financier, politique, le budget participatif est encore mal cerné et relativement peu étudié par la doctrine juridique. Son appréhension est de surcroît obscurcie par la grande diversité des approches et des pratiques qui se développent tous azimuts, qui ne va d'ailleurs pas sans engendrer une certaine insécurité pour les acteurs locaux. Aussi, l'étude approfondie que livre Manuel Santaguiliana présente un triple intérêt : scientifique, pratique et citoyen. Elle permet d'envisager le recours au budget participatif tout à la fois comme un élément de démocratisation du processus budgétaire communal et comme un outil de modernisation des finances locales. Sans s'enfermer dans une approche uniquement et étroitement technique du sujet, mais en croisant les regards et en privilégiant au contraire une appréhension pluridisciplinaire, l'auteur offre une étude originale, nous rappelant que le budget est un acte éminemment politique, au sens le plus noble du terme.

Sébastien DENAJA
Maître de conférences de droit public
Université Toulouse – Capitole
Institut Maurice Hauriou
Ancien député

REMERCIEMENTS

Qu'il me soit possible de remercier ici Monsieur Sébastien DENAJA ainsi que le professeur Vincent DUSSART qui, par leurs conseils et recommandations avisés, m'ont permis de mener à bien ce premier travail de recherche. De tout aussi chaleureux remerciements sont portés à Nathalie LAVAL-MADER, pour m'avoir accueilli au sein du Master Droit des collectivités territoriales (Université Toulouse Capitole), au cours de deux années aussi rapides qu'enrichissantes.

Qu'il me soit aussi possible de gratifier les membres de l'Association Française de Droit des Collectivités Locales pour le prix adressé à ma production, ainsi qu'aux éditions de L'Harmattan pour m'en permettre la publication.

Tout naturellement, ce travail ne m'aurait pas procuré le même plaisir sans l'aide et le soutien, sans aucun doute moins techniques, mais non moins essentiels, de l'ensemble de mes proches. Que de riches compliments leurs soient adressés.

À mes grands parents

SOMMAIRE

« Pour que le caractère d'un être humain dévoile des qualités vraiment exceptionnelles, il faut avoir la bonne fortune de pouvoir observer son action pendant de longues années. Si cette action est dépouillée de tout égoïsme, si l'idée qui la dirige est d'une générosité sans exemple, s'il est absolument certain qu'elle n'a cherché de récompense nulle part et qu'au surplus elle ait laissé sur le monde des marques visibles, on est alors (...) devant un caractère inoubliable »

GIONO Jean, *L'homme qui plantait des arbres*, 1953, Gallimard, p.1.

INTRODUCTION GÉNÉRALE

« La démocratie ne consiste pas à mettre épisodiquement un bulletin dans une urne, à déléguer des pouvoirs à un ou plusieurs élus, à se désintéresser, s'abstenir, se taire (…). Elle est une action continue du citoyen (…) sur les affaires de la région, de la commune (…). »[1]. Par ses mots, Pierre Mendes France constate, dans sa *République moderne*, que la démocratie ne peut se limiter au modèle représentatif. Par-là, il affirme que l'exercice d'une démocratie devrait aussi s'appliquer à un rôle actif du citoyen, aussi bien dans les affaires nationales que locales.

Le modèle français de la démocratie est marqué du sceau du représentatif. Le citoyen, en sa qualité d'électeur, n'a pas de pouvoir décisionnel sur lesdites affaires. Si la qualité d'une démocratie se mesure par son pouvoir d'action, le suffrage est l'élément clé de cette dernière.

Ce sceau est caractérisé par l'empreinte des Lumières, dans une perception universaliste de l'élection et du suffrage. Progressivement ouvert à l'ensemble des acteurs capables de la société, le suffrage, aujourd'hui universel[2], doit permettre d'élire des représentants qui pourront définir les actions nécessaires au bien de tous. Ce fondement de notre République se traduit aussi bien à l'échelon national qu'à l'échelon local, par le biais de l'élection des élus locaux[3]. Ce fondement connaît néanmoins une crise de plus en plus forte, nécessitant l'émergence de palliatifs.

Sur la crise du modèle représentatif

Si le fondement représentatif est ancré dans les institutions nationales, il existe un large consensus sur le fait qu'il est contesté aujourd'hui, interrogeant sur la légitimité d'un tel modèle face aux aspirations à une démocratie directe.

Au niveau national, le régime de la Ve République, généralement qualifié de régime parlementariste rationalisé, est fortement remis en cause de nos jours.

---

[1]MENDES-FRANCE Pierre, *La République Moderne*, Gallimard, 1962, p.25.

[2]Comme le note Dominique Leydet : « Le gouvernement représentatif devient démocratique par la mise en œuvre de l'égalité politique à travers l'extension des droits de suffrage et d'éligibilité. Commencer à jouer avec le cens, entrer dans le mouvement de la réforme électorale, c'était pour les gouvernements en place ouvrir la porte à une dynamique dont le terme devait être le suffrage universel. » (LEYDET Dominique, « Représentation et présence : la démocratie représentative en question », *Politique et Sociétés*, 2002, n°1, p.67–88).

[3]On notera malgré tout que l'exercice de la souveraineté nationale relève exclusivement de représentants nationaux.

En effet, se constate une insatisfaction du citoyen envers leurs représentants au sein des institutions parlementaires. De manière synthétique, une crise de confiance, fondement de la représentativité, se vit dans nos institutions. Il importe de souligner que cela se traduit de deux manières.

Premièrement, le représentant est de moins en moins à même de défendre les aspirations citoyennes. D'une part, le citoyen se détache de plus en plus de la figure de son député. En ce sens, la fin du cumul de mandats a eu un impact important[4]. Le député n'est plus un représentant direct de l'échelon local, le citoyen est de moins en moins acteur impliqué et défendu par son représentant au sein de l'Assemblée nationale[5]. D'autre part, l'insuffisance du contrôle parlementaire vient minorer le rôle attribué aux représentants, qui, par certaines voies, tendrait à davantage faire de l'Assemblée nationale un organe d'enregistrement et le théâtre de conflits plus souvent politiciens que politiques. D'autres États aux institutions comparables connaissent une même crise. En fin de compte, il se dégage alors un écart grandissant entre les demandes citoyennes et leurs réalisations parlementaires, entraînant une méfiance de plus en plus accrue envers les représentants, ne formant pas un couple idéal à l'exercice de la souveraineté que le citoyen a transférée par l'élection. Dès lors, aujourd'hui, « l'équation démocratie, élection, représentation n'est plus stable »[6].

Deuxièmement, cette crise de confiance se couple à une limitation de l'intervention citoyenne, laquelle tendrait à se limiter à l'élection. Or, cette dernière compose avec un manque d'intérêt aux yeux du citoyen. À un principal égard cela s'incarne : un taux d'abstention de plus en plus important. Lors des élections législatives de 2022, ce taux a été de 53,77%. Cela contraste avec l'abstention au scrutin présidentiel de la même année qui s'élevait à 28,01%.

De surcroît, il persiste le sentiment d'une dépossession illégitime de la souveraineté. Non seulement le pouvoir de décision se trouve parfois exclusivement dans les mains de l'exécutif, mais il semble parfois se retrouver aussi dans « les mains d'instances supranationales (...), de juges

---

[4]Loi organique n°2014-125 du 14 février 2014 interdisant le cumul de fonctions exécutives locales avec le mandat de député ou de sénateur.

[5]Voir en ce sens : QUAZBIE Hanan, « Le mandat parlementaire face au nouveau régime de cumul », *RFDC*, 2015/3, n°103, p.633-656.

[6]YIJIAN Yang, « La rationalisation de la démocratie participative locale » *in* Fort François-Xavier (dir.), *La démocratie participative locale : recherche collective du CREAM*, LGDJ, 2023, p.41.

(...), mais aussi des pouvoirs économiques »[7]. Ce n'est d'ailleurs pas un hasard, si, dans certains sondages, le système démocratique français est considéré comme fonctionnant de moins en moins bien[8], le représentant perdant aux yeux des représentés ses marges d'action.

L'absence d'intervention régulière du citoyen, directement ou par le biais de ses représentants, pousse ce dernier à faire entendre sa voix par d'autres moyens moins républicains et légaux. Comme l'alertait Pierre Rosanvallon, « à défaut d'inventer de nouvelles formes d'expression démocratique, marquées par une plus grande proximité (…) le peuple trouvera lui-même les voies d'une « contre-démocratie »[9]. En ce sens, les récents mouvements de contestations citoyennes, parfois violents, en sont les illustrations[10]. On peut soutenir que cette tendance est commune à d'autres démocraties occidentales. Les crises sociales de ces dernières années ont été l'occasion de mettre en exergue les carences supposées du modèle représentatif et, parallèlement, les aspirations du citoyen à intervenir dans le processus décisionnel public. En l'occurrence, le mouvement des « gilets jaunes », continuité symbolique de mouvements révolutionnaires fiscaux, est venu contester la distance de plus en plus importante entre les lieux de décision et de destination des politiques publiques. Il est important de constater que ces réclamations à plus d'écoute et de pouvoir se greffent à une fracture sociale importante. Les représentants, sociologiquement et politiquement, ne sont, en outre, plus forcément traducteurs des attentes du citoyen. Du moins, ils n'en ont plus la présomption. Cette absence de représentativité du corps électoral est un facteur aggravant de la crise du régime démocratique. Certes, si le mouvement des « gilets jaunes » a fait l'objet de divers axes d'études[11], il a exacerbé un sentiment d'abandon citoyen de la part des représentants, témoin d'une suspicion envers eux. Aujourd'hui, le citoyen ne peut plus être considéré comme « passif », il cherche à s'exprimer plus durablement dans le processus décisionnel pour compenser ce sentiment-là. À cet égard, cela explique que la crise des « gilets jaunes » ait donné lieu à l'organisation d'un

---

[7]BERTRAND Mathieu, « La crise de la démocratie représentative : constat et éléments d'explication », Communication à la Table ronde internationale - Constitution, démocratie et élections, 15-16 mai 2015 - Université de Bucarest, *Constitutions,* 2015, p.317.

[8]Dans un sondage daté du 7 novembre 2016, à la question « Diriez-vous qu'en France, la démocratie fonctionne ? », 57 % répondent « mal » et 77 % répondent que le système démocratique en France fonctionne de moins en moins bien (Sondage IPSOS STERIA pour le Monde publié le 07 novembre 2016).

[9]Notion tirée de l'ouvrage de Pierre Rosanvallon : ROSANVALLON Pierre, *La contre-démocratie : la politique à l'âge de la défiance*, Le Seuil, 2006, 344 p.

[10]On notera en ce sens les manifestations en opposition à la récente réforme des retraites. Plus anciennement, le mouvement Nuit Debout a aussi été l'occasion de contester un manque d'écoute envers le citoyen.

[11]Voir en ce sens : GINA Stoiciu, « La crise sociale des gilets jaunes, révélateur de troubles : le local et le global », *Sens-Dessous*, 2021/1, n°27, p.45-56.

grand débat national dans le courant de l'année 2018, tentative de démocratie à grande échelle aux effets limités[12].

Toutefois, peut-on pour autant transposer cette crise de confiance à l'échelon local ?

Si une proximité existe entre les modèles représentatifs national et local[13], une telle crise ne connaît pas une telle expression aux échelons locaux. Néanmoins, sans atteindre la vigueur de la contestation au niveau national, une tendance commence à se lire. Aujourd'hui, la crise démocratique « ne se limite pas à l'exécutif et s'est étendue à l'ensemble du personnel politique au niveau national comme au niveau local, quel que soit le mode de scrutin »[14]. Certes, de récents sondages démontrent une confiance plus poussée envers les acteurs politiques locaux que nationaux[15], mais cela n'empêche pas une dégradation progressive de cette confiance [16]. En ce sens, le modèle représentatif local aussi connaît une progression de l'abstention électorale. Les dernières élections municipales, départementales et régionales ont respectivement connu des taux d'abstention records de 58,4 %, 65,6 % et 65,3 %. Cette progression de l'abstention, si elle peut démontrer un certain désintérêt à la chose publique, semble parallèlement traduire un rejet de confiance envers le représentant, qu'il soit local ou national, notamment chez les plus jeunes. Cela entraîne *de facto* une crise de légitimité pour lesdits représentants. La présence de scandales déontologiques et le développement d'un discours du « tous les mêmes » renforcent un tel constat.

Le récent rapport des sénateurs Jean Michel Houllegatte et Françoise Gatel est venu confirmer ce propos. Réaffirmant le modèle représentatif comme une pierre angulaire de l'organisation locale, ce dernier met en exergue le décalage de certains élus locaux aux préoccupations effectives du citoyen.

---

[12] PERRINEAU Pascal, « Le grand débat national : la démocratie participative à grande échelle », *Pouvoirs*, 2020/4, n°175, p.113-129.

[13] Les modèles représentatifs nationaux et locaux restent marqués par la séparation des pouvoirs et le jeu politique entre les institutions.

[14] ROUBAN Luc, « La crise démocratique et ses faux-semblants », *Le Baromètre de la confiance politique* / Vague 14, Sciences Po, CEVIPOF, CNRS, 2023, p.1-12.

[15] DARNAUD Mathieu, *Rapport d'information Sénat fait au nom de la commission des lois constitutionnelles, de législation, du suffrage universel, du Règlement et d'administration générale (1) par la mission de contrôle et de suivi des lois de réforme territoriale (2) sur la revitalisation de l'échelon communal*, Enregistré à la présidence du Sénat le 7 novembre 2018. n°110, 141 p. Ce rapport sénatorial note que 53 % des Français accordaient plus volontairement leur confiance au conseil municipal qu'au Gouvernement (30%) ou à l'Assemblée nationale (29%) (p.16).

[16] Au sein du rapport, il est constaté que les élus locaux « subissent tous la même dégradation, y compris lorsqu'ils sont élus au scrutin proportionnel, puisque seuls 41% des enquêtés ont confiance dans leurs conseillers régionaux contre 51% un an avant ».

Le rapport émet l'hypothèse d'un besoin social de participation auquel les élus doivent répondre[17]. À l'échelon local, le régime représentatif s'est effectivement traduit comme un modèle de paix sociale et de développement des droits pour les administrés. L'organisation de la gouvernance locale, fondée sur un pouvoir concentré, accorde de l'importance à la stabilité des institutions. Néanmoins, de plus en plus, son organisation présidentialiste n'est plus totalement ni tacitement acceptée. La relation de confiance entre élu et représenté semble devoir se construire autrement et passer par une participation plus active de ce dernier. Le paradigme de proximité qui incarne les actions locales fait naturellement des différents échelons de collectivités territoriales un « terreau » adapté à une intervention citoyenne plus forte. La proximité naturelle entre l'élu, le centre de décision et le lieu d'application de la décision pourrait faire penser à une « nouvelle équation démocratique » plus adaptée qu'à l'échelon national.

De surcroît, cette crise du modèle représentatif s'exprime sur un point singulier au sein du bloc communal. Outre la relative dégradation de la confiance, l'échelon communal originel tend à être marqué par une dépossession de sa compétence. Si la proximité y est exacerbée, ce dernier connaît une crise démocratique renforcée par l'apparition de l'intercommunalité. Définis comme un nouvel échelon de portée technique, les établissements publics de coopération intercommunale, à fiscalité propre particulièrement, sont venus éloigner la prise de décision communale du citoyen, alors même que l'intercommunalité ne s'est pas vu consacrer de véritable légitimité démocratique. Si l'année 2014 a établi une élection au suffrage universel par fléchage pour les communes de plus de 1 000 habitants, cette dernière ne crée pas pour autant une véritable identité démocratique. Il est clair qu'un paradoxe a donc lieu : de plus en plus de compétences se voient exercées par les acteurs intercommunaux[18] sans pour autant attribuer, par voie élective, une importance ou un attrait du citoyen pour l'intercommunalité. À l'échelle communale se constatent ainsi « deux systèmes qui coexistent (...) : celui de la représentation, dont le territoire est la commune, et celui de l'action publique, dont le territoire est de plus en plus celui de l'intercommunalité »[19].

Alors, un sentiment généralisé d'exclusion du citoyen se perçoit. Il persiste un désir d'une meilleure représentation par le jeu de la participation. En ce sens, les acteurs locaux et nationaux ont développé des outils de

---

[17]GATEL Françoise, HOULLEGATTE Jean-Michel, *Rapport d'information Sénat fait au nom de la délégation aux collectivités territoriales et à la décentralisation (1) relatif à la démocratie locale*, enregistré à la Présidence du Sénat le 17 février 2022, Session Ordinaire n°520, p.9

[18]C'est, par exemple, le cas de la compétence eau et assainissement.

[19] SADRAN Pierre, « Pour une démocratie représentative et participative. Horizons aquitains », *Histoire(s) de la décentralisation*, 1979-2009, 2006, n°5, p.63-77.

participation active du citoyen. Représentatif et participatif sont bien « deux faces de la même pièce : le sentiment de défiance vis-à-vis des élus s'est progressivement aggravé parallèlement à la montée en puissance de la revendication participative. Il ne s'agit pas d'une coïncidence »[20].

La participation : palliatif aux difficultés de la démocratie représentative

Il importe de souligner que le développement de la démocratie participative s'est effectué comme un outil complémentaire à la démocratie représentative. Le vocable de « participatif » renvoie nécessairement à un rôle plus actif du citoyen, finalité de la décision, à la prise de décision elle-même. Ainsi, même s'il existe des débats sur sa définition[21], la démocratie participative se définit généralement comme l'ensemble des outils de participation du public à l'exercice du pouvoir politique et à l'élaboration des décisions administratives. Cette intégration se fait en amont ou en aval de la décision, les variations entre les outils dépendant du moment et de la portée de l'influence des participants sur la décision finale[22].

En réalité, la participation n'est pas originellement exclue du modèle représentatif : elle en est un des ciments. Le scrutin, par lequel le modèle représentatif existe, relève d'une forme de participation. Il semble être clair que les deux modèles de démocraties ne sont pas incompatibles. Le développement de la participation s'est fait en réponse aux demandes sociales et citoyennes de plus en plus fortes, de la même façon que l'émergence du scrutin universel.

À cet égard, la participation relève donc d'un outil vertueux dans son principe et ses intentions. Pour le citoyen, la participation doit lui permettre d'acquérir un rôle plus actif dans le processus décisionnel. Le destinataire de la décision devient donc un acteur à proprement parler de l'élaboration de ladite décision. Une logique d'horizontalité compléterait, sans s'y substituer, la verticalité intrinsèque au régime représentatif. Le public pourrait ainsi intervenir à travers des outils de consultations, de contrôles, d'évaluations de décisions et de politiques publiques. Pour les acteurs publics, la participation permettrait de passer d'une « administration de puissance à une

---

[20]Yijian, *op.cit.*, p.41.

[21]ROBBE François, « Démocratie représentative et participation » *in* ROBBE François (dir.), *La démocratie participative*, L'Harmattan, 2007, p.10. François Robbe met en avant l'explosion terminologique de la démocratie entre les notions de « démocratie participative », « implicative » et « délibérative ». Il affirme que la notion de démocratie participative, alors largement entendue, englobe les différents vocables.

[22]Par exemple, le modèle délibératif implique une intégration directe à l'élaboration de la norme.

administration de service »[23]. Un paradigme moins vertical modifierait la manière de gouverner à la lumière de différents bienfaits : transparence de la décision, appui sur l'expertise du public, réduction des oppositions.

Bien que l'échelon national ne soit pas insensible aux appels du participatif[24], c'est principalement au niveau local que la participation émerge sous une forme plus effective. Son développement n'est pas propre au modèle français. Le professeur Yves Sintomer définit la dynamique participative comme « la plus répandue à l'heure actuelle en Europe, dans des contextes légaux et politiques très différents (…) : « *neighbourhood democracy* » au Royaume-Uni, « *bürgernahe Verwaltung* » (littéralement « l'administration proche du citoyen ») en Allemagne, « *pieni demokratia* » (la « petite démocratie ») en Finlande, « *wijkaanpak* » (l'approche par les quartiers) aux Pays-Bas »[25]

S'il existe un débat dans le rattachement entre décentralisation et démocratie[26], il n'y a cependant pas tellement de contestation à affirmer un lien d'opportunité, un rapprochement mutuel entre la proximité locale et la participation[27]. L'objectif de recréer du lien entre le représenté et le représentant est matériellement plus facile à mettre en œuvre dans un échelon de proximité. L'arsenal juridique qui se met en place progressivement accompagne ce virage participatif. Cet arsenal, graduellement construit, connaît différentes classifications : outils thématiques ou généraux, décisoires ou consultatifs, organiques ou matériels.

À titre liminaire, il faut noter qu'il n'a pas fallu attendre une (ré-)action de législateur pour mettre en place différents outils de participation. Dès les années 1960, différentes communes ont pu, afin de gagner en expertise technique, créer des groupes d'acteurs municipaux afin de consulter la population sur des projets d'urbanisme[28]. Des conseils de quartier existaient aussi bien avant le 27 février 2002, date de leur consécration législative[29]. Ces premiers outils constituent des premiers fondements et définissent ce en quoi consistera la démocratie participative locale en grande majorité : des

---

[23]CHEVALLIER Jacques, *Science administrative*, 6e édition, PUF, 2019, p.424.

[24]Les récents débats citoyens nationaux et grandes conférences citoyennes pour le climat et la fin de vie en sont des illustrations.

[25] SINTOMER Yves, HERZBERG Carsten, ROCKE Anja, *Les budgets participatifs en Europe : des services publics au service du public,* Éditions La Découverte, Collection recherches, 2008, p.139.

[26]CHABROT Christophe, « Démocratie locale et décentralisation : un couple platonique ? », *Civitas Europa*, 2003, n°11, p.7-29.

[27]CHAVRIER Géraldine, « La démocratie participative dans le débat sur la décentralisation (1978-2004) », *in* ROBBE François (dir.), *La démocratie participative*, L'Harmattan, 2007, p.143-161.

[28]On dénombre ainsi plus de 250 consultations non réglementées à cette période.

[29]Loi n°2002-276 du 27 février 2002 relative à la démocratie de proximité.

outils de protection des intérêts des administrés, principalement consultatifs, dont la mise en place est obligatoire[30] ou facultative, c'est-à-dire soumise à la volonté politique des élus. Naturellement, le principe de proximité qui régit la démocratie participative locale rattache nécessairement cette dernière à des projets d'aménagement du territoire, d'urbanisme, de cadre de vie. Cela permet *de facto* aux citoyens de connaître une intervention sur des projets tangibles. Ce « volontarisme » des élus a cherché très tôt à renouveler la confiance du citoyen face à leur crainte de perdre leur souveraineté. Paradoxalement, c'est aussi un même sentiment de crainte « qui explique en partie le fait que les procédures de démocratie directe locale n'ont été développées que très tardivement en France et de façon très 'encadrée' »[31]: la volonté de déléguer du pouvoir s'est confrontée à la peur de le perdre. L'intervention du législateur sur la participation reprend ce paradoxe-là.

En effet, le législateur a cherché à sécuriser les outils participatifs afin d'en encourager l'utilisation. Cette sécurisation s'est accompagnée d'un effet pervers : une quasi-impossibilité à les développer de manière vertueuse, limitant leur caractère décisoire ou énonçant des conditions trop contraignantes à leur mise en place effective.

À leurs débuts, ces outils législatifs étaient surtout limités à la protection des droits des administrés et du cadre de vie. Rattachée à des projets urbanistiques ou environnementaux, la participation s'incarnait d'abord par des enquêtes publiques et des procédures de concertation sur des projets d'expropriation ou portant atteinte à l'environnement. Les années 1990 ont été un tournant dans la démocratie participative locale. Sous l'impulsion d'institutions internationales et européennes comme le Conseil de l'Europe[32], les outils se développent au même titre que les pratiques se professionnalisent. Ici, la participation acquiert un volet intégrateur, adossée à la politique de la ville. En effet, modifier les projets urbanistiques de quartiers défavorisés se voit accompagné d'une intégration plus grande de citoyens qui demandent à être écoutés. Par ailleurs, une telle avancée confirme la primauté de l'échelon local sur la participation. Le sociologue Julien Talpin remarque en ce sens que « l'échelle 'naturelle' de la

---

[30]On pensera surtout à la procédure de consultation des citoyens dans le cadre de la loi Marcellin relative à la fusion de communes du 16 juillet 1971.

[31]VIOLA André, « La démocratie directe locale en question », *LPA,* 2003, n°153, p.11.

[32]Une recommandation du Conseil de l'Europe de 1981 soulignait « la nécessité de renforcer la démocratie représentative au plan local en rapprochant au maximum les citoyens des processus de décision et en rendant leur participation à la gestion des affaires locales plus effective, tout en sauvegardant l'efficacité de la gestion des affaires locales » (Recommandation n°R (81) 18 du Comité des ministres aux États membres relative à la participation au niveau communal).

participation serait ainsi le proche, le local, le quartier apparaissant comme le lieu de toutes les inventions, en marge des pesanteurs bureaucratiques »[33].

Face à cet arsenal naissant, des principes généraux s'établissent pour structurer les pratiques. C'est ainsi que la loi de décentralisation du 2 mars 1982 pose, dans son premier article, le principe de « participation des citoyens à la vie locale »[34]. La loi dite « ATR »[35] consacre, quant à elle, dans son article 10, un « droit des habitants de la commune à être informés des affaires de celle-ci et à être consultés sur les décisions qui les concernent », comme « indissociable de la libre administration des collectivités territoriales »[36].

À ces principes répond donc une diversité accrue d'outils, accompagnés par les successifs mouvements législatifs. Sans qu'il soit nécessaire de faire une quelconque énumération, il s'y retrouve aussi bien des obligations d'informations et de communications[37] que des outils et obligations de consultations, progressivement élargies à l'ensemble des échelons locaux[38]. Des outils organiques se développent corrélativement[39].

Par ailleurs, le début des années 2000 marque un double tournant. Formellement, certains de ces outils acquièrent une valeur constitutionnelle[40]. Matériellement, ils ouvrent la participation à une portée décisoire. En ce sens, la révision constitutionnelle du 28 mars 2003[41] donne la possibilité à l'assemblée locale de « soumettre les projets de délibération ou d'acte

---

[33] TALPIN Julien, « La démocratie participative marginalisée par le pouvoir local », *Savoir/Agir*, 2013/3, n° 25, p.23-30.

[34] Loi n°82-213 du 2 mars 1982 relative aux droits et libertés des communes, des départements et des régions.

[35] Loi n° 92-125 du 6 février 1992 relative à l'administration territoriale de la République.

[36] Aujourd'hui codifié au sein de l'article L2141-1 du CGCT : « Le droit des habitants de la commune à être informés des affaires de celle-ci et à être consultés sur les décisions qui les concernent, indissociable de la libre administration des collectivités territoriales, est un principe essentiel de la démocratie locale. Il s'exerce sans préjudice des dispositions en vigueur relatives notamment à la publicité des actes des autorités territoriales ainsi qu'à la liberté d'accès aux documents administratifs ».

[37] Loi n° 78-17 du 6 janvier 1978 relative à l'informatique, aux fichiers et aux libertés.

[38] Le domaine des consultations est intéressant. Initialement réservées aux communes pour des projets d'aménagement dans la loi ATR, les consultations se sont ouvertes aux autres échelons locaux et à l'ensemble des projets modifiant le cadre de vie depuis la loi LRL du 13 août 2004.

[39] La loi Démocratie de proximité consacre en ce sens l'obligation de création de conseils de quartier pour les communes de plus de 80 000 habitants, ce qui reste une simple possibilité pour les communes moins peuplées.

[40] On pensera naturellement aux pétitions et référendums de l'article 72-1, prévus par le texte constitutionnel.

[41] Loi constitutionnelle n°2003-276 du 28 mars 2003 relative à l'organisation décentralisée de la République.

relevant de la compétence d'une collectivité territoriale (...) à son initiative par la voie du référendum, à la décision des électeurs de cette collectivité »[42].

Néanmoins, marqué par leur graduation et leur complémentarité, l'ensemble de ces instruments a, dans une logique proportionnellement inverse, connu un échec. Nonobstant le développement du numérique qui a pu en encourager leur utilisation, la démocratie participative locale reste marquée par une relative inefficacité. Si l'absence quasi généralisée de portée décisoire paraît une limite à son appropriation par le citoyen, le cadre juridique parfois contraignant et les pratiques souvent réductrices des outils en limitent leur utilisation. Entre autres, le référendum d'initiative locale en est un exemple, limité à quelques expériences par an. Si son intention est louable, les contraintes à sa mise en œuvre sont nombreuses, aussi bien dans son domaine matériel que temporel. Le droit de pétition s'est voulu palliatif de cela, en étant lui-même contraint dans son champ d'application[43]. La juriste Camille Morio y voit un effet bloquant fort, extériorisé dans le contentieux[44]. La restriction du potentiel caractère décisoire de ces outils traduit une volonté de protéger le modèle représentatif, de constituer une louable manière d'éviter une perte de souveraineté des élus. Mais cette protection, si elle est excessive, aboutit à une limitation intrinsèque des attentes de la démocratie participative.

Par conséquent, sur le fondement du même objectif de partage de la tâche décisionnelle, les collectivités ont eu l'opportunité de développer des outils, non encadrés par le législateur, en apparence du moins : comités consultatifs citoyens, comités éphémères, conférences de citoyens, *hackatons*, instruments de codesign de service. Leur domaine d'action est très large : participation effective, encouragement à l'émergence de nouveaux services, aide à la réflexion dans la détermination des besoins locaux. Il importe de souligner qu'il s'agit d'outils qui essaient de contourner les limites réglementaires tout en donnant une marge d'action plus large aux collectivités. Ces outils, soumis au « volontarisme » des élus, se rattachent à des politiques de renouvellement des pratiques de gouvernance. Leur multiplication crée un contraste entre la faiblesse de l'appréhension juridique de ces récents outils et le cadre contraignant des outils législativement consacrés. Camille Morio synthétise cela dans un spectre entre un « sur encadrement et un sous encadrement »[45]de la participation locale. Dans ce

---

[42]Constitution du 4 octobre 1958, art. 72-1.
[43]Viola, *op.cit.*, p.11.
[44]CAA Lyon, 3e chambre, 24/04/2012, n°12LY00203.
[45]MORIO Camille, « Droit et démocratie participative locale » *in* Fort François-Xavier (dir), *La démocratie participative locale : recherche collective du CREAM*, LGDJ, 2023, p.21. Camille Morio constate que nombre de ces instruments participatifs ne sont pas saisis par le droit.

cadre-là, un outil se développe et se singularise par son apparente emprise budgétaire : le budget participatif, objet de notre réflexion.

Le budget participatif : histoire, définitions et enjeux

D'un outil innovant de justice sociale à Porto Alegre...

L'émergence du budget participatif se rattache à l'histoire politique brésilienne. Marquées par la fin de la dictature nationale en 1985, les municipalités brésiliennes, dont celle de Porto Alegre, ont développé une culture collaborative dans l'établissement de leurs budgets annuels. En effet, les premières municipales libres de 1989 s'accompagnent d'un contexte social délicat. Impactées par une révolution agraire et un exode agricole, les périphéries des municipalités connaissent un cadre de vie dégradé, marqué par l'apparition d'épidémies[46] et l'absence de services publics pérennes[47]. La transition démocratique au niveau national va d*e facto* s'accompagner d'une révolution démocratique locale dans une optique de justice sociale. À Porto Alegre, l'élection en 1989 du Parti des travailleurs mené par Olivio Dutra se matérialise par une recherche de transparence, d'éthique et de participation citoyenne dans la gouvernance politique et financière locale. En d'autres termes, le budget participatif naît dans une période de socialisation de la vie publique, en réponse aux régimes antidémocratiques précédents.

Plus précisément, le budget participatif consiste en la cocréation d'un budget annuel fondé sur des propositions de projets de populations défavorisées. Ce sont principalement des dépenses d'investissement qui sont fléchées sur les propositions du corps citoyen[48]. *A fortiori*, est défini l'aspect participatif de l'outil dans l'intervention du corps citoyen comme partenaire à l'exécutif au sein du processus décisionnel budgétaire. Sur ces premiers fondements, des auteurs se sont prêtés à une tentative de définition comme Manuel Goehrs, décrivant le budget participatif comme « un ensemble de mécanismes participatifs qui visent à inclure les habitants dans le processus décisionnel définissant l'orientation de tout ou partie des ressources de la collectivité »[49].

Au sein du budget participatif, l'intervention du citoyen se résume à trois aspects : « la participation populaire aux débats autour des sujets qui concernent directement la vie des habitants ; la délibération, c'est-à-dire le

---

[46]Dingue et grippe notamment.

[47]Témoigne, en ce sens, la réduction des espaces de santé et d'écoles dans les périphéries.

[48]Certaines municipalités brésiliennes construiront 100 % de leur budget d'investissement sur les projets citoyens.

[49]GOEHRS Manuel, « Budgets participatifs : S'approprier la dialectique de la gouvernance participative locale », *L'Année du Maghreb*, 2017, n°16, p.223-244.

fait de conférer, dans une certaine mesure, un pouvoir de décision aux participants ; et le caractère pédagogique du dispositif »[50]. La société civile, autrefois négligée dans la vie publique, est alors incluse. En s'appuyant sur le citoyen comme évaluateur des besoins de la collectivité, la participation définit le citoyen comme un acteur actif de la définition de l'intérêt général. Reprenant la thèse de Marion Gret, le budget participatif est un outil « d'émancipation et d'émergence d'un véritable intérêt collectif »[51] : le projet est décidé par le citoyen et voté par une assemblée de citoyens, projet que l'équipe municipale exécutera. La démarche qui en découle est naturellement vertueuse. Mené par un objectif de justice sociale et axé sur les besoins des populations périphériques, le budget participatif permet de légitimer les décisions des élus du Parti des travailleurs. Sans exclure l'exécutif, le budget participatif, tel que conçu à Porto Alegre, vient redéfinir le processus décisoire par l'intégration d'une diversité d'acteurs : élus, citoyens, associations. Subséquemment, l'idéal politique porté consisterait en une autogestion municipale, caractérisée par la fin du pouvoir monopolisé des représentants. En effet, « le but du budget participatif oscille entre un horizon utopique d'extinction de l'État et l'affirmation pragmatique d'une nouvelle division des pouvoirs où les citoyens qui participent bénéficieraient d'une place centrale »[52].

L'organisation même du budget participatif traduit une dynamique partenariale. En effet, le modèle à Porto Alegre est qualifié de « pyramidal ». La construction collective du budget d'investissement se fait par le biais d'assemblées territoriales et thématiques. Trois échelons s'articulent entre eux dans un mouvement ascendant : quartier, district et ville. Dans chacun des échelons, des conseils sont organisés afin de proposer des projets qui seront discutés par la voie de représentants citoyens élus à l'échelon supérieur. L'exécutif municipal est intégré à chacun des échelons. Ainsi, un dialogue constant existe entre les citoyens et les élus. La demande est constamment ascendante : le budget participatif de Porto Alegre se situe dans une démarche « bottom up ».

À ces trois échelons, cinq tables thématiques se combinent afin de mettre en œuvre des objectifs stratégiques. Chaque district se voit ainsi proposer des projets variés, dont la sélection se fait proportionnellement au nombre d'habitants dans les districts et aux infrastructures déjà présentes ou non sur

---

[50]PORTO DE OLIVIERA Osmany, *Le transfert d'un modèle de démocratie participative*, Éditions de l'IHEAL, 2010, Chapitre 2, p.61-89.

[51]GRET Marion, SINTOMER Yves, *Porto Alegre : l'espoir d'une autre démocratie*, Paris, Éditions La Découverte et Syros, 2002, 135 p.

[52] BACQUÉ Marie-Hélène, SINTOMER Yves, « Gestion de proximité et démocratie participative », *Les Annales de la recherche urbaine*, 2001, n°90, p.148-155.

chaque territoire. Le budget participatif est ainsi guidé par un certain pragmatisme.

À Porto Alegre, une telle entreprise a permis une véritable réorganisation de la ville. L'accès aux réseaux d'égouts est passé de 46 % à 76 % de la ville entre 1989 et 1997, des centres de santé ont été érigés et des écoles construites[53]. Finalement, entre 1989 et 2000, on estime, dans l'ensemble, que plus de 700 millions d'euros d'investissement se sont fondés sur des projets citoyens[54]. Les auteurs s'accordent pour en noter la réussite[55]. Son expansion dans le reste du territoire brésilien[56], en Amérique Latine, puis en Europe en est l'expression[57].

Cette expansion mondiale s'explique par le double attrait du budget participatif : la justice sociale et la légitimation des élus locaux. Porté par un objectif de gouvernance rénovée, le budget participatif de Porto Alegre a été accompagné par différentes institutions internationales dans la promotion et la diffusion de l'outil. L'OCDE, l'ONU via le PNUD[58], la Banque mondiale et le Fonds monétaire international ont été des diffuseurs de la nouvelle culture de gouvernance que le budget participatif semblait permettre, qualifiant ce dernier de bonne pratique de gouvernance[59]. La mise en place de réseaux nationaux et mondiaux, l'appui sur différents canaux de diffusion, l'érection d'espaces de formation ont constitué un arsenal d'outils accompagnant les acteurs locaux. La présence de différents ambassadeurs[60],

---

[53]Porto de Oliviera, *op.cit.*, p.61.

[54]*Ibid.*

[55]Même si certains auteurs regrettent les modalités anarchiques de mise en œuvre du dispositif. Voir en ce sens : ROSENFIELD Denis, « Porto Alegre : le mythe et la réalité », *Cités,* 2004/1, n° 17, p.101-110.

[56]C'est par exemple le cas de la municipalité de Santo André qui attache formellement son budget participatif à son projet urbain « Cividad del Futuro » (ville du futur). Le modèle territorial brésilien est adapté au développement de la pratique, chaque municipalité connaît sa loi municipale. Le budget participatif connaît ainsi une double base légale : celle de la loi nationale qui en détermine les principes généraux, celle de la loi municipale qui en énonce les éléments de sa mise en œuvre.

[57]Dans son atlas des budgets participatifs, le sociologue Nelson Dias synthétise l'expansion géographique des budgets participatifs en 4 temps : Porto Alegre et Montevideo ; le territoire brésilien ; l'Amérique latine et l'Europe par le biais des forums sociaux mondiaux ; le reste du monde à l'aide de réseaux internationaux coconstruits.

[58]Le PNUD est notamment venu subventionner de nombreux projets issus de propositions citoyennes.

[59]BURGOS Diana, « La circulation d'un modèle de démocratie locale en Amérique latine : l'exemple du budget participatif », *América : Cahiers du CRICCAL*, 2005, n°33, p.83-94.

[60]PORTO DE OLIVIERA Osmany, « La diffusion globale du budget participatif : le rôle des 'ambassadeurs' de la participation et des institutions internationales », *Participations*, 2016/1, n°14, p.91-120.

aussi bien politiques[61] que scientifiques[62] a aussi assisté cette diffusion, particulièrement dans le cadre de forums et conférences spécialisés. À Porto Alegre, a lieu, de 2001 à 2004 le Forum social mondial, réponse plus que symbolique au Forum économique de Davos.

Ainsi, guidé par cette innovation aussi bien politique que sociale, le budget participatif s'étend jusqu'en France, territoire dans lequel le « terreau » de la politique de la ville va permettre le développement de l'outil. Néanmoins, cette expansion, plus largement en Europe, va progressivement limiter la portée de son idéologie initiale : la recherche de justice sociale. Plus le budget participatif se répand, plus ce qu'il porte éclate. Le budget participatif devient alors un « dispositif polymorphe, mis en œuvre par différentes institutions, et porteur de projets politiques différents »[63].

...à un instrument plastique dans le modèle français

Pourtant, sa diffusion en France a d'abord été la continuité de la démarche de Porto Alegre. Influencé par des articles du Monde diplomatique[64] et les travaux de recherche de la fondation Charles Léopold Meyer[65], un ensemble de collectivités autour de la couronne parisienne[66] et en dehors[67] ont développé, dès 1995, leur pratique du budget participatif. L'idéal de Porto Alegre y est au centre : attribuer un pouvoir de décision fort à des populations défavorisées afin de fonder une politique de la ville et d'aménagement du territoire plus juste socialement. Néanmoins, à la fin du XXe siècle, cela ne reste que des expériences ponctuelles, fondées sur des personnalités fortes et convaincues[68]. C'est l'attrait de collectivités plus imposantes qui permettra une plus grande expansion de l'outil. Paris et Bordeaux en 2014, puis Rennes, Montreuil et Grenoble formeront des « fers

[61]En ce sens, les relations entre Raul Pont, maire de Porto Alegre et Patrick Braouezec, maire de Saint Denis au début des années 2000, ont permis un jumelage des deux communes et un échange de bonnes pratiques, notamment lors de conférences comme celle des Nations unies, Habitat II, de juin 1996.

[62]On citera particulièrement, dans la sociologie française, Yves Sintomer et Yves Cabannes. Le second a d'ailleurs accompagné la ratification de protocoles d'intention entre élus municipaux.

[63]Porto de Oliviera, *op. cit.*, p.61.

[64]Notamment : PONT Raul, « L'expérience du budget participatif de Porto Alegre », *Le Monde diplomatique,* Mai 2000.

[65]La fondation Léopold Mayer a notamment traduit l'œuvre fondatrice de Tenso Genro et Ubiratan de Souza : *Orçamento Participativo, a experiência de Porto Alegre (*GENRO Tarso, DE SOUZA Ubiratan, *Quand les habitants gèrent vraiment leur ville. Le budget participatif : l'expérience de Porto Alegre au Brésil*, Ed. Charles Léopold Mayer, 1997, 103 p.).

[66]Morsang-sur-Orge, Grigny, Saint-Denis, Bobigny, Arcueil, La Courneuve.

[67]Aubagne et Vif notamment.

[68]En atteste le budget participatif lycéen de la région Poitou-Charentes, mené par la figure forte et convaincue de Ségolène Royal, alors présidente de région en 2005.

de lance » en démontrant la faisabilité et les avantages de l'érection d'un tel processus démocratique. L'exemple de Paris est d'ailleurs frappant. En 2015, c'est plus de 25 % des dépenses d'investissement qui sont marquées par la démarche participative, axée notamment sur des priorités fixées par des citoyens de quartiers populaires.

Cette extension par le biais de grandes collectivités constitue une force et une faiblesse de l'outil. Certes, elle est la démonstration de l'intérêt de l'outil et en est *de facto* le témoin de sa diffusion. Mais, dans un autre temps, l'outil devient de moins en moins finalisé par un objectif de justice sociale. En effet, la multiplication du nombre de budgets participatifs en France tend à le faire devenir exclusivement un outil de légitimation des actions publiques et des élus locaux. De moins en moins d'intérêt est porté à la redistribution des richesses. À cet égard, le budget participatif, dans sa conception française, et *a fortiori* européenne, est marqué par le modèle représentatif de la démocratie. Sociologiquement, la démarche porte une logique descendante, verticale, « top down ».

Alors, comme le notent Yves Sintomer, Anja Rocke et Carsten Herzberg, selon le cadre étatique et l'organisation territoriale naît un spectre des budgets participatifs plus ou moins proche du modèle de Porto Alegre[69]. Ainsi, les 3 auteurs développent une typologie en 6 temps des budgets participatifs dont les différences dépendent de divers facteurs : caractère décisoire ou purement consultatif, caractère budgétaire fort ou non, intégration d'acteurs privés [70]. Le budget participatif se voit ainsi différemment utilisé, aussi bien quant à ses fins que ses modalités de mise en œuvre. En effet, les acteurs locaux européens ne reprennent pas foncièrement le modèle pyramidal et les finalités du modèle municipal brésilien. En ce sens, par exemple, le modèle de la ville d'Utrecht, fondé sur des districts locaux et une forte portée managériale, se distingue du modèle brésilien. Il fait de la participation un instrument de requêtes et d'informations citoyennes.

Pour faire œuvre de synthèse, deux grands modèles de budgets participatifs se distinguent : le modèle pyramidal de Porto Alegre et le modèle horizontal,

---

[69] Sintomer/Herzberg/Rocke, *op. cit.*, p.70

[70] En ce sens, une classification de l'ensemble des modèles de budgets participatifs a été conceptualisée. Parmi les 6 modèles, on retrouve le modèle de Porto Alegre fondé sur une logique de discours et de codécision sur des projets concrets, le modèle « participation de proximité », axé sur la consultation ; la forme « consultation sur finances publiques » qui ancre le budget participatif comme outil de transparence budgétaire ; le modèle des « stakeholders » dans lequel des personnes privées, dont des entreprises, abondent les fonds ; les fonds communautaires au niveau local ; les participations d'intérêts organisés. Ces modèles sont transverses et perméables (Voir en ce sens : Sintomer/Herzberg/Rocke, p.74).

« français » par facilité de langage. Ce dernier, quasi-unanimement utilisé aujourd'hui, se fonde sur une relation directe entre élus et participants, tendant à faire du budget participatif une consultation, sans objectif de redistribution de richesses, dans laquelle seul l'avis du citoyen est recherché[71].

Malgré tout, il reste défendable que les modalités de mise en place du budget participatif varient énormément entre les acteurs locaux d'un même État[72]. Il se dégage le sentiment d'un instrument insaisissable dans le modèle français. Au sein même de la définition générique précitée de ce modèle, la portée d'un budget participatif dépendrait de nombreuses variables : son domaine matériel[73], territorial[74], son enveloppe financière[75], la portée donnée au vote citoyen. Notons malgré tout que les projets issus du budget participatif tendent à se fixer sur des domaines privilégiés : cadre de vie, aménagement du territoire, environnement et développement durable[76].

Au sein de cette diversité, il semble se dégager un tronc commun des pratiques, que les cabinets d'études mettent en avant[77]. Ces fondements communs se coupleraient à une finalité qui tendrait à être identique : constituer un palliatif à la démocratie représentative afin de relégitimer les décisions des élus locaux. La modernisation de l'action locale devrait passer par un espace accru de débat en vue de redonner la confiance nécessaire du citoyen envers l'élu. La procédure, quant à elle, tend à se structurer autour d'étapes clés : propositions de projets ou d'idées du citoyen sur la base d'un règlement et d'une enveloppe financière donnée, instruction des projets par l'étude de faisabilité et de compatibilité des projets au règlement aussi bien sur le plan technique que financier, mise au vote et réalisation des projets lauréats.

---

71 Il est possible de voir à travers ces mots la différence avec la définition de Leonardo Avritzer, ce dernier fondant le budget participatif sur la perte du pouvoir décisionnel des personnes publiques.

72 Le Portugal a développé, en 2017 et 2018, dans sa législation, un budget participatif national.

73 On note ici la distinction entre budget participatif général et thématique. Les communes de petite taille tendraient à privilégier la première option, les plus grandes la seconde. Mais un raisonnement au cas par cas prime.

74 Si le plus grand nombre de budgets participatifs est communal, des départements comme le Gers en 2018 ou des régions comme l'Occitanie en 2023 ont lancé leur budget participatif. On notera que le budget participatif de la région précitée est consacré à des thèmes à enjeux : vie étudiante, solutions pour le climat, mer et littoral.

75 Aujourd'hui, la moyenne relève de 5,65 euros par habitant. Paris, modèle sur le territoire national, atteint 45 euros par habitant.

76 BÉZARD Antoine, *Le budget participatif, une opportunité pour développer notre culture de la participation citoyenne*, Rapport Fondation Jean Jaurès, 17 octobre 2022, p.12.

77 Par exemple : IDCITY, Le guide pratique du budget participatif, juin 2020, 19 p.

Malgré des travaux de recherche et de tentative de définition du budget participatif, l'outil reste assez minoritaire, limité dans la pratique. Le dernier rapport de la fondation Jean Jaurès comptabilise, en 2024, le nombre de budgets participatifs français à 465, dont 440 sont communaux ou intercommunaux[78]. Vis-à-vis des 10 081 budgets participatifs mondiaux comptabilisés et des autres outils nationaux de démocratie participative, ce chiffre paraît relativement faible[79].

Mais, il ne faut pas mal interpréter ce dernier chiffre. D'une part, cette valeur est en constante augmentation, notamment à la suite de la crise de la Covid et des différentes crises politiques. De 2020 à 2021, le nombre de budgets participatifs est passé de 92 à 249[80]. En outre, cette expansion se couple d'une « départisation », faisant de l'outil un instrument universel, indépendant de l'orientation politique d'une collectivité. D'autre part, il est à noter que trois quarts des communes de plus de 200 000 habitants ont établi durablement un budget participatif. Un tiers des communes de 50 000 à 200 000 habitants ont fait de même. Nous voyons ainsi se dégager une forme de monopole des grandes collectivités sur l'instrument, pour qui le budget participatif est devenu « une norme »[81]. De manière plus frappante encore, le budget participatif touche symboliquement plus de 19 millions de Français pour 184 millions d'investissement par an, à hauteur de 6,24 euros par an et par habitant[82].

L'expression du citoyen à travers le budget participatif est donc importante et tend à progresser dans les années qui arrivent. Les récentes crises économiques, énergétiques, écologiques sont autant d'éléments qui pourraient penser à une multiplication de son utilisation et de son

---

[78]Au sein du dernier rapport de la fondation Jean Jaurès, on note que, sur ce nombre de 465, 25 sont des budgets participatifs régionaux et départementaux.

[79]Chiffres tirés de l'atlas des budgets participatifs de 2023.

[80]Se remarque malgré tout un fort effet de *benchmark* et de capillarité géographique : les régions bretonne et parisienne comprennent en leur sein la quasi-moitié des budgets participatifs en France.

[81]Selon le dernier rapport de la fondation Jean Jaurès, 91 % des communes de plus de 200 mille habitants ont mis en place un budget participatif., ce qui peut paraître à contre-courant des pratiques participatives locales. Une étude menée sous la direction de Christian Borghesi et Laura Hernandez a démontré que plus la collectivité territoriale est petite, plus la participation est élevée (BORGHESI Christian, HERNANDEZ Laura, LOUF Rémi, CAPARROS Fabrice, *« Universal size effects for populations in group-outcome decision-making problems », Physical Review,* vol.88, décembre 2013*)*.

[82] Ce nombre de 184 millions ne représente néanmoins que 0,3 % des dépenses d'investissements des collectivités en 2023 (BÉZARD Antoine, *Budgets participatifs, un outil démocratique qui donne davantage de pouvoir aux citoyens des grandes villes,* Rapport Fondation Jean Jaurès, 20 novembre 2024, p.7).

appropriation citoyenne[83]. Mais, tout compte fait, cette expansion donne lieu à une conséquence curieuse : elle se double d'une faiblesse des études qui y sont consacrées.

Intérêts et cadre de l'étude

Le développement du budget participatif est proportionnellement inverse à la faiblesse de son étude juridique. En tant qu'outil de démocratie participative locale, des analyses à portée juridique auraient pu être effectuées. Ce n'est pas réellement le cas. En effet, l'étude du sujet connaît le monopole de la science politique, de la science administrative et de la sociologie. Cela ne paraît pas réellement surprenant quand on connaît les finalités données au budget participatif de 1989 ainsi que la place attribuée aux « ambassadeurs ». Ces ambassadeurs du budget participatif sont, comme précités, issus de ces champs disciplinaires[84]. *De facto*, l'appréhension juridique de l'outil est en retrait. Les quelques études de droit public semblent le diluer au sein d'enjeux plus larges de droit constitutionnel, de droit administratif ou de droit des collectivités territoriales. En ce sens, il est essentiel d'étudier attentivement les ouvrages juridiques généraux. Il s'y constate un manque manifeste d'intérêt pour cet objet d'étude. Les rares ouvrages qui le mentionnent y prêtent une attention limitée. À cet égard, les manuels des professeurs Michel Verpeaux et Laetitia Janicot[85] ou celui, pourtant récent, de Vincent Potier[86] écartent toute étude approfondie pour se concentrer sur l'échec qualitatif du dispositif ou ne marquer que la singularité du modèle parisien.

En outre, pour de ce qui est coutume d'appeler « doctrine », se remarque une faiblesse des approches. Si les années 2014, 2015 et 2016 ont donné lieu à une légère croissance des études[87], ces dernières ont été diluées dans des analyses plus générales de la démocratie participative. Le budget participatif paraît alors davantage un exemple des dynamiques du « droit de la participation » qu'un outil singulier en son sein. Cela est d'autant plus surprenant que l'angle budgétaire est ignoré dans l'ensemble de ces études.

---

[83]DOUAT Étienne, « Les budgets participatifs en France : technique budgétaire et exemples politiques », *in* FORT François-Xavier (dir.), *La démocratie participative locale : recherche collective du CREAM*, LGDJ, 2023, p.129.

[84]Porto de Oliviera, *op.cit,* p.61.

[85]VERPEAUX Michel, JANICOT Laëtitia, *Droit des collectivités territoriales,* 3e édition, LGDJ, 2019, 576 p.

[86]POTIER Vincent, *Introduction au droit des collectivités territoriales*, Le Moniteur, 2023, 494 p.

[87]Voir en ce sens : TINLOT Guillaume, « Le budget participatif, outil d'une citoyenneté financière locale rénovée », *RFFP*, 2016, n°135, p.19. On remarquera que cette légère multiplication des études s'explique aussi notamment par l'inspiration des exemples parisiens, bordelais et rennais.

Il serait possible de prendre cela comme un désintérêt pour la discipline des finances publiques locales. Pourtant, même les manuels spécialisés de cette discipline n'apportent plus d'approfondissements, au même titre que les manuels de finances publiques générales[88]. Une des rares exceptions à cela : l'ouvrage des professeurs Matthieu Conan et Raymond Muzellec, définissant brièvement le budget participatif comme un outil de « participation éventuelle de la population locale » au budget[89].

Cette absence d'étude juridique précise sur le budget participatif, sauf rares exceptions, interroge nécessairement. Cela peut sembler problématique alors que le nombre de budgets participatifs progresse. Les autres outils de démocratie participative locale connaissent, quant à eux, de plus profondes analyses, paradoxalement à la faiblesse de leur usage. Cette tendance s'explique par deux éléments. D'une part, ces outils ont une base textuelle et jurisprudentielle importante, donnant la substance suffisante à leur étude. D'autre part, le caractère exceptionnel de certains de ces outils, notamment le référendum, interroge davantage par la singularité de leur caractère décisoire.

Mais cela veut-il dire que le budget participatif doit être moqué par la discipline juridique ? Nous ne le croyons pas. Camille Morio notait justement que le droit est tout aussi bien un espace d'expression, d'expansion que de restriction des outils locaux de démocratie participative[90]. Cette dernière notait aussi que la participation doit se rattacher à la discipline juridique, car elle s'attache aux droits fondamentaux[91]. Même si aucun texte ne le prévoit à proprement parler, le budget participatif ne peut se départir d'une étude juridique. En effet, étudier le cadre existant, s'il existe, ou le cadre potentiel, dans une démarche prospective, relève d'un intérêt aussi bien pour le juriste que pour le praticien local. Pour le praticien, la polyvalence du dispositif et son absence d'unique définition doivent connaître une réponse juridique dans un but de sécurisation de la participation. Pour le juriste théoricien, le budget participatif constituerait l'étude d'un mécanisme grandissant dont l'histoire et l'expansion semblent témoigner d'un caractère décisoire ambigu. Nous trouvons une lame de fond qui passionnerait tout publiciste : l'absence de cadre juridique est-elle une

[88]Voir notamment : WASERMAN Franck, *Finances locales*, 10e édition, La Documentation française, 2023, 170 p. ; BOUVIER Michel, *Les finances locales*, 19e édition, LGDJ, 2022, 339 p. ; BOUVIER Michel, ESCLASSAN Marie-Christine, LASSALLE Jean-Pierre, *Finances publiques*, 22e édition, LGDJ, 2023, 1008 p.

[89]CONAN Mathieu, MUZELLEC Raymond, *Finances locales*, 8e édition, Dalloz, 2022, p.81.

[90]MORIO Camille, « Droit et démocratie participative locale » *in* Fort François-Xavier (dir), *La démocratie participative locale : recherche collective du CREAM*, LGDJ, 2023, p.21.

[91]MORIO Camille, « Pour un droit de la démocratie participative. La démocratie bousculée. Quel renouvellement pour notre démocratie et nos systèmes de décisions ? », 2020, 6 p.

source efficace au développement d'une pratique participative à l'échelon local ?

De surcroît, l'outil en question interroge sur la place du citoyen dans le processus budgétaire. Si le vocable « participatif » est au centre des enjeux, il ne faut pas omettre celui de « budget ». Dans une première approche, cette terminologie paraît excessive. Elle semblerait impliquer une autonomisation de l'outil participatif au budget primitif, ce qui n'est *a priori* pas le cas. Toutefois, si le budget est l'incarnation financière d'un programme politique, il peut sensiblement se rattacher à la dynamique de participation citoyenne. Laisser les citoyens exercer une influence sur ce programme, c'est, par voie de conséquence, leur laisser avoir des effets sur la manière d'élaborer le budget et de décider des arbitrages budgétaires. Alors, la participation semble contester le monopole des exécutifs sur la préparation et l'exécution du budget. En effet, dans le domaine budgétaire, le citoyen se caractérise par une « périphérisation »[92].

Dans une période marquée par la professionnalisation dans la préparation et l'exécution budgétaire[93], la place du citoyen interroge. Elle interroge d'autant plus que ce dernier connaît déjà des manières d'intervenir directement ou indirectement dans les domaines budgétaires et financiers. Le financement participatif ou *crowdfunding*[94] ainsi que les subventions ont des implications budgétaires, même minimes. Comme le note Michel Bouvier, il s'agit aujourd'hui, tant au niveau local que national, de « bâtir une architecture nouvelle en accord avec les nécessités et les idées d'aujourd'hui, c'est-à-dire une nouvelle forme de gouvernance sachant intégrer démocratie, compétence, solidarité et liberté »[95]. Alors, quelle place réelle le budget participatif octroie-t-il au corps citoyen ?

Le choix de notre étude se fonde sur l'échelon communal. Ce choix se comprend aisément par différents éléments.

Patrick Mozol définit la commune comme un « terrain de prédilection » de la participation pour deux principales raisons[96]. D'une part, les enjeux et

[92] WASERMAN Franck, « Le citoyen et la prise de décision financière publique », *RFFP*, 2015, n°135, p.79.

[93] GOURBIER Léonard, « Participation citoyenne et processus budgétaires : quelles configurations possibles ? », *Action publique. Recherche et pratiques*, 2022/1, n°13, p.16-22.

[94] Voir en ce sens : PORTAL Éric, « Les budgets participatifs locaux : un outil de participation citoyenne en développement mais aussi en trompe-l'œil ? », *RFFP*, 2020, n°153, p.245.

[95] BOUVIER Michel, « Comment replacer le citoyen dans la gouvernance des finances publiques ? », *RFAP*, 2022, n°182, p.371-379.

[96] MOZOL Patrick, *La participation du public à la vie municipale*, thèse de doctorat (sous la direction de Jean-Marie PONTIER), Université Aix-Marseille, 2003, p.88.

compétences y sont transverses, le maintien de la clause générale de compétence en est le témoin. D'autre part, les rapports entre les individus et les élus y sont plus fréquents et plus forts. La relation avec l'élu municipal est entendue comme le premier contact politique[97]. Sans qu'il soit nécessaire de rappeler qu'à l'heure actuelle la grande majorité des budgets participatifs relève du bloc communal[98], la commune reste l'échelon de proximité et d'application de la démocratie participative locale. Historiquement, ce sont en effet les municipalités qui ont été d'importants théâtres aux expressions démocratiques. Aujourd'hui encore, comme le reprend le rapport sénatorial du 7 novembre 2018, la commune est l'échelon de l'éducation à la démocratie en raison de l'extrême proximité qui la caractérise[99]. Les auteurs classiques avaient très tôt développé de telles réflexions. En ce sens, Alexis de Tocqueville notait que :

« C'est dans la commune que réside la force des peuples libres. Les institutions communales sont à la liberté ce que les écoles primaires sont à la science ; elles la mettent à la portée du peuple ; elles lui en font goûter l'usage paisible et l'habituent à s'en servir. Sans institutions communales, une nation peut se donner un gouvernement libre, mais elle n'a pas l'esprit de la liberté »[100].

Ainsi, pour des raisons relevant aussi bien du pratique que du symbolique, le choix du territoire communal comme cadre d'étude est cohérent. Si la commune est le ciment territorial de la démocratie, elle semble en être aussi le ciment de son renouvellement.

Proposition de problématique et de plan

À l'aune de ce qui précède, le budget participatif tend à paraître une anomalie dans l'environnement communal. C'est d'abord un outil de participation soumis au volontarisme des élus et non appréhendé, *a priori,* par le droit. Mais c'est aussi une ouverture, dans son apparence terminologique du moins, du citoyen à la procédure budgétaire locale classiquement réservée au monopole de l'exécutif. Il pose de ce fait différentes interrogations qui se synthétisent tout autant dans sa singularité vis-à-vis des autres outils de démocratie participative locale que dans le rapport entre le droit et l'efficacité de la participation.

---

[97]VENDELLI Luciano, « La cellule de base de toutes les démocraties », *Pouvoirs*, 2000, n°95, p.67.

[98]Ce qui permet naturellement d'avoir une base suffisante de données à l'étude de l'objet. En outre, cela nous permet de noter que les réflexions qui vont suivre pourront partiellement s'appliquer pour les budgets participatifs des autres échelons locaux.

[99]Darnaud, *op.cit,* p.102. Le rapport sénatorial de 2018 relatif à la revitalisation de l'échelon communal met notamment en avant la symbolique du bureau de vote, comme premier lieu de découverte de la démocratie.

[100]TOCQUEVILLE (de) Alexis, *De la démocratie en Amérique (1840)*, Gallimard, 1992, p.55.

Se perçoit ainsi une dualité entre les deux domaines disciplinaires des budgets participatifs. Budget participatif. Deux mots, deux disciplines. Peut-on vraiment considérer la procédure budgétaire, même locale, comme ouverte à une intégration de l'acteur citoyen ? Au sein d'un cadre budgétaire dans lequel l'efficacité est recherchée, penser participation, traditionnellement entendue comme source de lenteur administrative, semble dénué de tout intérêt. Nous aurions pu entendre que le budget participatif n'a pas de réelle portée budgétaire, nous ne le croyons pas. Nous aurions pu penser que le budget participatif n'a pas de portée participative, nous ne le pensons pas non plus.

Cet antagonisme des deux natures du budget participatif intrigue nécessairement. D'un point de vue universitaire, il interroge sur la manière dont ces deux domaines se coupleraient ou se paralyseraient. D'un point de vue pratique, il interroge sur la pertinence de cette double nature dans la pérennisation d'un instrument participatif, dans un contexte de crise de la représentation.

En ce sens, il serait pertinent d'étudier dans quelle mesure le budget participatif se singularise dans son environnement par le biais de cette double nature, *a priori* antagoniste. Est-ce que cette dualité de nature lui permet de constituer un outil efficace de participation citoyenne communale ?

Sur ce, se constate une paralysie d'ensemble de l'outil. Plus précisément, le budget participatif se bat, en ce sens, entre le giron de la démocratie participative et sa singularité budgétaire. S'il est avant tout un outil de démocratie participative locale, qui se singularise par moment dans ses conséquences budgétaires (PARTIE 1), il tendrait à devenir un outil d'intégration du citoyen à la procédure budgétaire communale, ouvrant la voie à de nouvelles pratiques financières plus délibératives. Mais ces tentatives de modernisation de la procédure budgétaire tendent à rester intrinsèquement limitées par leur attachement aux défauts de la démocratie participative (PARTIE 2). Le budget participatif, outil d'espoirs dans un renouveau démocratique, se voit ainsi limité par la contradiction de sa double nature originelle.

La présente analyse étudie ce paradoxe-là. De *facto*, elle a pour seconde ambition de permettre de mieux saisir le cadre juridique de l'outil pour mieux en nuancer son intérêt et ses perspectives.

PARTIE 1 : LE BUDGET PARTICIPATIF, UN OUTIL LIMITÉ DE DÉMOCRATIE PARTICIPATIVE LOCALE

Le budget participatif serait-il un objet juridique non identifié ? Son double vocable, « budget » et « participatif » tend à en faire un parfait oxymore. Pour Florence Lérique, cette double nature d'apparence en fait un outil trompeur : il ne serait « ni un budget », « ni participatif »[101]. Les deux vocables composant cette expression unique ne seraient alors que source de confusion.

Un adjectif qualificatif, dans notre grammaire française, a but de précision. En ce sens, il accompagne la détermination de la nature du nom ou de la chose qu'il accompagne. Il agit donc clairement comme une variable à la nature d'une chose. Le qualificatif « participatif » renvoie à l'étymologie latine de « *pars/capare* », littéralement : saisir une partie, prendre part à la partie d'une chose. Il évoque en ce sens l'expression d'un partage ou d'un don. Alors, le budget participatif constituerait une forme de morcellement du budget local. Le qualificatif de « participatif » renverrait précisément au morcellement d'un pouvoir : le biais procédural, la participation, singulariserait son objet, le budget communal. Une telle notion de partage n'est pas exclusive à l'objet budgétaire. Elle est de plus en plus intégrée à nos institutions locales, marquées par le modèle représentatif. Ce partage s'incarne aujourd'hui dans le vocable de « démocratie participative ». Au sein des encyclopédies juridiques[102], le budget participatif n'est jamais attaché à son objet budgétaire : il est intégré comme procédure à proprement parler de démocratie participative. Ainsi, le qualificatif de participation prime *a priori* sur la nature de son objet.

Alors, il est possible de marquer que la nature participative englobe la singularité de son apparence budgétaire. Sans doute faussement dénommé « budget »[103], le budget participatif reste un outil dans l'arsenal de la démocratie participative locale. Ce classicisme dans cette définition tend à imposer un classicisme dans le régime et la portée de l'outil.

---

[101]LÉRIQUE Florence, « Budgets locaux et budgets participatifs », *GFP,* 2023, n° 1, p.12-15.

[102]On pensera notamment au jurisclasseur Lexis Nexis (VERPAUX Michel, SAUVIAT Agnès, DEFFIGIER Clotilde, « Fascicule 350 : Référendum local et consultation locale des électeurs », *Jurisclasseur Collectivités territoriales*, Lexis Nexis, mai 2022) et à l'Encyclopédie Dalloz (VERPAUX Michel, « Droits des habitants : consultations locales des électeurs », *Encyclopédie des collectivités locales*, Dalloz, Folio n°12230, 2021-3).

[103]Il serait possible de s'interroger sur le fait qu'une telle terminologie cherche à davantage attirer le participant potentiel par une surinterprétation de la portée de l'outil.

De prime abord, la nature juridique du budget participatif n'a rien de singulière. Elle se constitue en effet d'une délibération à fins de consultation (Chapitre 1). Ce double vocable renvoie à une double source juridique : constitutionnelle et législative. Le budget participatif se matérialise d'abord par une délibération fondée sur le principe de libre administration des collectivités territoriales. Il constitue ensuite, plus précisément, une consultation de nature facultative, soumise à un cadre législatif récent.

Par la suite découle de cette nature juridique une nature politique. La souplesse que son cadre juridique générique consacre ne doit pas faire penser à un outil libre. Il est marqué, comme l'est intrinsèquement la démocratie participative, par une forme de « paternalisme » de l'élu, plus forte encore à l'échelon communal (Chapitre 2). En dehors du cadre minimal précité, en effet, l'efficacité du budget participatif dépend de la portée et des effets que lui attribuent la figure élective de l'élu et l'exécutif municipal.

Les deux volets qui seront étudiés sont complémentaires : l'un est juridique, l'autre se rapproche davantage de la science politique. Les singularités de la nature *a priori* budgétaire de l'outil restent étouffées. Néanmoins, par rares instants, cette appréhension budgétaire, fondée sur une dépense d'investissement concrète, singularise progressivement ce cadre faussement souple issu du « droit de la participation ».

Chapitre 1 : La soumission au cadre juridique minimal de la participation locale

Le budget participatif est-il réellement un outil en « jachère normative »[104] ? Le budget participatif est apparu de manière instantanée et son développement a été d'une grande rapidité. La rapidité de son expansion en fait une sorte de « révolution silencieuse » au sein de la démocratie locale. Mais ce développement paraît proportionnellement inverse au cadre juridique qui s'est constitué en réponse. Cette versatilité est défendue comme une force à l'outil. Cela voudrait-il dire que le droit y est véritablement inconnu, comme écarté ? Il est envisageable de répondre par la négative.

Marqués par la décentralisation, les acteurs locaux et la démocratie locale sont intégrés au sein du cadre législatif national. S'il était vraiment question de « jachère normative », la procédure du budget participatif serait dangereuse et proprement illégale. En ce sens, le budget participatif s'intègre nécessairement dans un cadre juridique qui est celui des collectivités

---

[104]Lérique, *op.cit*, p.12.

territoriales. Cet encadrement est similaire à tous les autres outils de démocratie participative : il est double, complémentaire et progressif.

Sur un volet constitutionnel, le budget participatif doit intégrer le cadre institutionnel que le modèle représentatif a établi. Organiquement, le budget participatif est avant tout une décision relevant de l'assemblée délibérante communale (Section I). La décision de mettre en œuvre une participation citoyenne relève de la liberté de gestion des affaires locales.

Sur un volet législatif, le budget participatif prend la forme d'une consultation. En l'absence, par principe, de caractère décisoire, il intègre nécessairement le cadre législatif des consultations *sui generis*, cadre construit récemment par le législateur et la jurisprudence attenante (Section II).

En somme, le budget participatif intègre un double cadre : l'un relève d'un classicisme, l'autre d'une innovation récente. Les singularités que ses racines brésiliennes laissaient présager sont réduites par le modèle français. Sauf quelques points sensibles qui seront étudiés, le budget participatif ne se distingue pas au sein de l'arsenal participatif.

I. Le budget participatif comme délibération

La décentralisation ne se traduit pas par une indépendance des collectivités locales. La décentralisation qui a marqué le modèle étatique français s'est doublée d'un encadrement de l'action des institutions locales, encadrement attaché au principe d'unité de la République.

Le budget participatif s'est défini originellement comme un outil d'une double indépendance : des citoyens vis-à-vis des décideurs locaux, des décideurs locaux vis-à-vis de l'ancienne dictature brésilienne. En ce sens, le budget participatif incarnerait, symboliquement, une confrontation entre l'indépendance naturelle qu'il porte et le carcan qui caractérise la décentralisation à la française. Cependant, cette confrontation idéologique ne donne pas lieu à un véritable débat. À la manière des autres outils de participation locale, le budget participatif doit s'inscrire au sein du modèle représentatif français. Comme amorcé en introduction, le système politique et institutionnel influence, en les minorant ou non, les outils de participation. Le budget participatif ne fait pas figure d'exception. L'impulsion à la mise en place d'un budget participatif prend la forme de l'instrument décisionnel local : sa mise en œuvre est conditionnée par une délibération. Cette dernière forme contraint le cadre général dans lequel le budget participatif « à la française » s'intègre. Elle exprime le respect nécessaire des « valeurs institutionnelles »[105]. Alors, si le budget participatif est d'abord conditionné aux fondements des décisions de l'assemblée délibérante municipale (§1), il doit aussi assurer le respect du régime juridique marqué par des règles législatives propres, dont certaines nécessitent une vigilance accrue eu égard à l'originelle singularité de l'objet (§2). Le budget participatif se situe ainsi dans la continuité des autres outils de démocratie participative locale, dont le cadre institutionnel constitue la valeur commune.

§1) Le rattachement du budget participatif au principe central de libre administration des collectivités territoriales

Il est primordial, dans notre entreprise, de revenir aux fondements : l'étude du pouvoir de décision des institutions communales. La diversité de conceptions du budget participatif ne doit pas faire penser à un outil de participation directe. Parce qu'il s'insère au sein du modèle représentatif, le budget participatif est marqué par son cadre, faisant d'abord du budget participatif une délibération, dans le strict respect de ses encadrements matériels et organiques. Il conviendra de rappeler la portée de ce fondement institutionnel (A) avant d'étudier ses conséquences sur la singularité du budget participatif dans son modèle français (B).

A) La liberté de gestion des affaires locales comme premier fondement au budget participatif

La liberté de gestion des affaires locales conditionne la mise en place du budget participatif. Son initiative dépend des organes municipaux.

a) La mise en place du budget participatif, une décision relevant de l'assemblée municipale

Le modèle représentatif de l'échelon local est calqué sur le modèle représentatif national. Néanmoins, les pouvoirs de décision des acteurs nationaux et locaux sont différents. Le pouvoir décisionnel local est en effet encadré. Le contrôle préfectoral s'est certes transformé[106]. Mais cela ne donne pas lieu à un pouvoir de décision libre. Le modèle représentatif du niveau local laisse le pouvoir de décision aux conseils élus, dans le respect du cadre législatif national. Le principe de libre administration, qui acquiert

---

[105]SAOUDI Messaoud, « Les budgets participatifs d'investissement : un dispositif politique et/ou un dispositif citoyen », *GFP,* 2019, n° 3, p.28-31.

[106]La loi du 2 mars 1982 met en effet fin à la tutelle du préfet, à laquelle se substitue un contrôle *a posteriori* de la décision locale.

une force constitutionnelle en 2003[107], s'attache au modèle représentatif. Michel Troper avait à ce propos noté que la libre administration ne désignait, du point de vue constitutionnel, aucun concept et restait « un terme vague et vide (...) dont la fonction est de transposer au niveau administratif l'idéologie politique de la démocratie représentative »[108].

Revenir sur le principe de libre administration doit permettre de s'interroger sur sa fonction fondatrice dans la mise en place des budgets participatifs et, *a fortiori*, des outils de démocratie participative. En effet, le contenu de la libre administration n'est pas clairement fixé. La notion de libre administration est « plus prometteuse que précise »[109]. Malgré sa valeur constitutionnelle aujourd'hui, le principe n'a pas de contenu stable, dépendant des interprétations de la jurisprudence constitutionnelle. Ainsi, si le Conseil des Sages a eu l'occasion d'affirmer que la liberté de recrutement[110] ou la liberté contractuelle[111] en constituaient des composantes, l'utilisation d'outils de démocratie participative n'a pas connu de précision en ce sens.

Toutefois, la libre administration se traduit par une liberté de gestion[112]. C'est dans un cadre aujourd'hui constitutionnalisé que se fonde cette liberté de gestion : « dans les conditions prévues par la loi, ces collectivités s'administrent librement par des conseils élus et disposent d'un pouvoir réglementaire pour l'exercice de leurs compétences »[113]. Par ces mots, la Constitution imprime aujourd'hui une double composante au principe de libre administration : organique et matérielle. Autrement dit, tel qu'il est affirmé par l'article 72 de la Constitution, le principe de la libre administration se présente essentiellement comme un principe de « nature institutionnelle ou organique »[114]. Ainsi, le conseil élu est l'élément organique minimal de la libre administration[115]. Toute décision ne peut venir que de ce dernier. L'initiative du budget participatif, au même titre que la quasi-totalité des outils de démocratie participative, est conditionnée par l'impulsion des élus. La décision de constituer un débat public, de mettre en

---

[107]Loi constitutionnelle n°2003-276 du 28 mars 2003 relative à l'organisation décentralisée de la République.

[108]TROPER Michel, « Libre administration et théorie générale du droit » *in* MOREAU Jacques et DARCY Gilles (dir.), *Variations sur l'idée de libre administration*, Economica, 1984, p.55.

[109]BOULOUIS Jean, *AJDA*, 1982, p.304.

[110]Cons. const., 20 janvier 1984, n°83-168 DC.

[111]Cons. const., 26 juin 2003, n°2003-473 DC.

[112]FAVOREU Louis, « Décentralisation et Constitution », *RDP*, 1982, p.1259.

[113]Constitution du 4 octobre 1958, art.72 al. 3.

[114]CHAPUISAT Jérôme, « Libertés locales et libertés publiques », *AJDA*, 1982, p.354.

[115]ROUX André, « Le principe constitutionnel de la libre administration des collectivités territoriales », *RFDA*, 1992, p.435.

place un budget participatif, de recourir à une consultation ouverte « dépend de leur bon vouloir »[116].

Comme liberté de gestion par des conseils élus, la libre administration conditionne, dans la lettre du texte constitutionnel, le pouvoir d'initiative du budget participatif. En ce sens, le principe de libre administration est une notion qui vient fonder et limiter l'utilisation des outils de démocratie participative. Si l'établissement du budget participatif relève d'un caractère discrétionnaire pour la commune, le conseil est aussi l'unique compétent pour l'érection du projet final à la procédure consultative. La décision finale relève des organes délibératifs : il ne peut y avoir de caractère décisoire dans l'avis citoyen. L'absence de normes juridiques encadrant spécifiquement le budget participatif le prive ainsi, juridiquement, d'effet décisoire. Comme l'a écrit le professeur Charles Eisenmann, il ne peut y avoir délégation de pouvoir décisionnel sans un texte l'autorisant. À défaut, la collectivité se défausserait de sa compétence dans une situation d'incompétence négative. Or, cette forme d'illégalité « doit être également réprimée, car s'il n'est pas permis à une autorité d'étendre le cercle de ses pouvoirs, il ne lui est pas non plus permis de le restreindre »[117].

Plus précisément, dans la pratique, il est nécessaire de noter, préalablement, l'influence essentielle du maire sur la décision de mettre en place un budget participatif. Non seulement ce dernier constitue théoriquement une forme de partage de pouvoir, mais le cadre institutionnel communal favorise une primauté de l'exécutif local sur l'assemblée délibérante. Les modalités de scrutin, notamment, comme le décrit Anicet le Pors, « bénéficient aux tendances dominantes et renforcent le lien permanent entre l'électeur et le représentant »[118]. Ces derniers mots permettent d'introduire la logique présidentialiste forte qui constitue l'échelon communal et qui sera indispensable à la suite de notre réflexion.

Ce fondement organique se couple à un fondement financier pour affirmer le caractère non décisoire de principe du budget participatif[119]. Sans qu'il soit nécessaire de développer ce qui sera établi plus tard dans notre réflexion, notons d'ores et déjà que la libre administration comporte un volet financier, aussi constitutionnalisé. Cette autonomie financière, nécessaire à la liberté de gestion, consacre en premier lieu une liberté dans le choix de la dépense[120].

---

[116] CLUZEL-MÉTAYER Lucie, « La e-démocratie locale », *in Mélanges en l'honneur d'Olivier Févrot, La mémoire du droit*, Dalloz, 2016, p.132-154.

[117] LAFFERIERE Édouard, *Traité de la juridiction administrative et des recours contentieux*, Berger-Levrault, 1887, p.236.

[118] LE PORS Anicet, *La citoyenneté*, PUF, Que sais-je ?, 2011, p.73.

[119] Cf. *infra* p.120.

[120] Constitution du 4 octobre 1958, art.72-2 al.1.

Au sein de l'échelon communal, le maire doit proposer le budget et le conseil municipal le voter. La loi ne prévoit aucune décision budgétaire populaire. Conférer aux administrés un pouvoir décisionnel sur le budget, c'est renoncer à exercer cette compétence. Ce caractère financier, expression de la dualité de nature du budget participatif, accompagne la dualité de ses fondements. Cela protège, à des fins vertueuses, le cadre représentatif. En fin de compte, si l'objet budgétaire singularisait la participation, il en renforcerait parallèlement l'absence de caractère décisoire.

Ainsi, il y a rattachement intrinsèque entre démocratie participative locale et libre administration. La loi autorise la mise en place de ces outils, dans le cadre général de la libre administration. Elle y impose ainsi une vraie impossibilité du corps citoyen de contester un tel monopole décisionnel. Un pareil raisonnement appelle à étudier certaines conséquences, vis-à-vis, notamment, du modèle originel du budget participatif.

b) Un budget participatif français consécutivement « vertical »

À l'aune de ce qui précède, il s'affirme que le modèle représentatif justifie le modèle « top down » du budget participatif. Il conviendra d'étudier précisément ici deux points complémentaires.

D'une part, les principes constitutionnels précités imposent un caractère vertical dans la définition du budget participatif. Si le modèle français octroie une visée horizontale dans l'exécution du budget participatif[121], la décision de sa mise en place répond à un caractère vertical et descendant. Cela justifie qu'il relève de la volonté quasi-exclusive des élus locaux de faire émerger et multiplier les budgets participatifs. Yves Broussolle explique, en ce sens, que « la mise en œuvre des budgets participatifs est surtout le fruit d'une forte volonté politique venue d'en haut »[122].

Il sera admis que le budget participatif se situe ici dans le classicisme des autres outils de démocratie participative, exception faite des instances consultatives obligatoires, du référendum local et du droit de pétition. La grande majorité de l'arsenal de la participation est conditionnée par le modèle représentatif. L'élection et le pouvoir d'expertise des élus municipaux priment en leur sein. La participation ne conteste pas le transfert de pouvoir décisionnel aux organes élus, afin de laisser ces derniers la compétence à définir ce qui relèverait du bien de tous.

---

[121] Le budget participatif dans le modèle français ne se traduit pas communément par la présence d'assemblées intermédiaires. Il ne constituerait qu'un lien entre l'élu et le citoyen.

[122] BROUSSOLLE Yves, « Les budgets participatifs », *GFP*, 2019, n°3, p.32-38.

D'autre part, le budget participatif semble donner une finalité différente au principe de libre administration. En effet, ce dernier a été établi progressivement comme un instrument de distinction entre les collectivités locales et l'État. Le professeur Michel Verpeaux marque le principe comme le fondement d'une séparation verticale des pouvoirs[123]. De ce fait, il est un principe invoqué à l'égard des empiétements du législateur sur les compétences communales et à l'égard des atteintes à la liberté de gestion des élus locaux[124]. Si c'est au législateur de fixer les conditions d'exercice des libertés locales[125], le Conseil des Sages en constitue un garde-fou nécessaire.

La singularité du budget participatif, dans son histoire, sa finalité et la diversité de ses conceptions, oblige à penser la libre administration comme un outil de protection contre les demandes venant du « bas ». La lettre constitutionnelle laisse parfois textuellement penser à une intervention citoyenne directe au processus décisionnel [126]. En ce sens, certaines réflexions relatives à une autogestion des affaires locales émergent. Ces demandes, sous pression sociale, tendraient, à l'avenir, à devenir de plus en plus fortes.

Par ailleurs, l'émergence de « l'idéal » que pouvait invoquer Porto Alegre semblait ouvrir la voie à ces nouvelles pratiques plus directes. En effet, le modèle de la municipalité brésilienne se caractérisait par une initiative des citoyens et une influence forte de ces derniers sur les élus municipaux. D'architecture pyramidale, des assemblées par quartier se réunissaient afin d'établir des priorités et d'élire des mandataires qui siégeaient au sein de l'instance supérieure où étaient synthétisés les besoins et élaborés les différents projets à mettre en œuvre[127]. Le transfert de l'outil en France a pu ouvrir la voie à des réclamations citoyennes vers une démocratie directe dans la gestion de la commune. La proximité était un argument premier. Dans le modèle français marqué du sceau du représentatif, s'il peut y avoir une co-construction du règlement du budget participatif[128], il ne peut y avoir d'autogestion citoyenne dans l'utilisation des deniers publics, ni d'intégration de citoyens non élus au sein des organes délibérants. Le modèle

---

[123]VERPEAUX Michel, « La décentralisation et la démocratie locale », *Cahiers du Conseil Constitutionnel*, Titre VII, Octobre 2022, n°9.

[124]Cons. const., QPC, 2 juillet 2010, Commune de Dunkerque, n°2010-12 DC.

[125]Constitution du 4 octobre 1958, art. 34.

[126]En ce sens, voir l'article 14 de la Déclaration des Droits de l'Homme et du Citoyen : « Tous les Citoyens ont le droit de constater, par eux-mêmes ou par leurs représentants, la nécessité de la contribution publique, de la consentir librement, d'en suivre l'emploi, et d'en déterminer la quotité, l'assiette, le recouvrement et la durée ».

[127]Goguel-Mazet, o*p.cit.*, p.259.

[128]Le règlement qui fixe le cadre du budget participatif peut être mis en place en commun par les élus et les citoyens. Le premier budget participatif de Porto Alegre fonctionnait selon ce modèle-là.

originel du budget participatif est contradictoire avec le cadre institutionnel local français. Le modèle français s'écarte logiquement du modèle originel du budget participatif. Du moins, il en prendrait une forme différente. Il se perçoit ici la distinction des deux définitions portées par Leonardo Avritzer et Yves Sintomer. Le premier invoque le budget participatif comme une perte de souveraineté des élus. Le second fait de l'outil une délibération d'une assemblée élue, dans l'espace budgétaire.

Malgré tout, ce cadre institutionnel français, déconstruisant la définition originelle du budget participatif, ne fait plus aujourd'hui l'objet d'une quelconque contestation. Lors des rencontres nationales des budgets participatifs des 7 et 8 novembre 2019, a été ardemment marqué que le budget participatif devait « donner un pouvoir d'agir, pas donner du pouvoir »[129].

Finalement, se dessine une conception « centralisée » du budget participatif. La libre administration est invoquée comme fondement dans l'initiative du budget participatif, tandis que l'autonomie financière semble être le fondement de la représentation dans l'exécution du projet lauréat. Le respect des « valeurs institutionnelles » revient à réaffirmer le principe de la démocratie locale comme englobé, pour l'essentiel, dans le principe de la démocratie représentative : l'élection demeure le seul fondement de la légitimité politique locale. Le budget participatif constitue un approfondissement de la démocratie participative ne remettant pas en cause ce principe dominant le fonctionnement des institutions locales françaises[130].

Non loin de critiquer le modèle représentatif, ces mots ne cherchent qu'à constater que le budget participatif se consacre par et au sein du cadre représentatif. Au respect de ce cadre institutionnel se dégagent certaines conséquences dans l'élaboration et la mise en œuvre pratique du budget participatif.

B) La conséquence binaire du principe de liberté de gestion

Le principe de libre administration implique le respect des conditions fixées par la loi. En l'absence de cadre législatif propre, l'attachement du budget participatif à la décentralisation oblige à penser que ce dernier doit se réaliser dans le respect des compétences communales et avec la présence d'un intérêt public local. Ce sont deux éléments logiques, conséquences de

---

[129]Déclaration de clôture des rencontres nationales des budgets participatifs – 7 et 8 novembre 2019 à Paris – Principes fondamentaux du budget participatif en France.

[130]Saoudi, *op.cit.*, p.28.

l'entreprise décentralisatrice, qui doivent être respectés aussi bien dans l'initiative du budget participatif que dans son projet lauréat.

a) Une conséquence matérielle : le respect total des compétences communales

L'échelon communal est éminemment marqué par le maintien de la clause générale de compétence[131]. Caractéristique originelle de cet échelon[132], la clause générale de compétence semble intrinsèquement attribuer un champ d'action large à la commune.

Au préalable, notons que le respect des règles de compétences n'a pas réellement d'effet sur la décision de mise en place d'un budget participatif.

Le respect strict des règles de compétences se traduit davantage dans le choix du projet lauréat issu du budget participatif. L'ensemble des règlements des budgets participatifs précise que « le projet doit répondre aux compétences de la commune ». La simplicité de ces termes ne doit pas cacher la difficulté, aujourd'hui, à définir ce qui relève de la compétence communale. La clause générale de compétence n'implique pas ni un effet de simplification ni un domaine d'action aussi large qu'il serait possible de le penser. Si le terme « générale » semblait impliquer un champ d'action ample, force est de constater que les compétences communales sont complexes, dépendant d'une détermination par défaut. En ce sens, le projet d'un budget participatif ne doit pas contester le domaine matériel des compétences de l'État ou d'un autre échelon de collectivité. On s'accordera à reconnaître que cela implique une forte pédagogie envers le citoyen proposant son projet[133].

En outre, à cette difficulté s'ajoute la complexité de l'intercommunalité. Dans une réflexion d'un budget participatif strictement communal, le domaine du projet dépendra naturellement des compétences transmises obligatoirement à l'intercommunalité à fiscalité propre[134] ou déléguées de manière facultative. En ce sens, le passage depuis les années 2010 à une intercommunalité forcée de projet réduit la portée du projet lauréat du budget participatif. Si l'on croit ainsi la clause générale de compétence large, elle reste conditionnée. Il est possible ici de « parler d'aspiration, comme un gaz

[131]Malgré sa suppression par deux fois en 2010 et 2015 pour les départements et les régions, la clause générale de compétences a été maintenue pour l'échelon communal.

[132]En ce sens, la loi municipale du 5 avril 1884 disposait que « l*e conseil municipal règle, par ses délibérations, les affaires de la commune* ».

[133]Cf. *infra* p.180.

[134] On signalera ici le développement progressif de la diversité des compétences obligatoirement exercées par les EPCI à fiscalité propre, à hauteur de leur caractère intégrateur : eau et assainissement, GEMAPI, gestion des déchets, pour ne citer qu'elles.

est aspiré, en ce sens que les compétences communales sont de plus en plus absorbées, happées, par des structures qui sont à un niveau supra-communal, les structures des établissements de coopération intercommunale »[135].

La portée matérielle du projet lauréat tend ainsi à paraître réduite. Cette limitation s'exacerbe dès lors que s'y ajoutent d'autres externalités restrictives aux projets. En effet, un règlement strict et une enveloppe financière réduite constituent une source d'orientation forte des projets proposés[136]. Cela explique sans doute, paradoxalement à la liberté d'action qu'impliquerait la clause générale de compétence, le domaine relativement restreint des différents projets lauréats.

Derrière ces remarques, se perçoit que le budget participatif et le projet qui en découle répondent de la proximité d'usage. Cette proximité d'usage, justifiant certains projets tangibles et réalisables rapidement, se traduit aussi dans la présence d'un intérêt public local, autre conséquence de l'entreprise décentralisatrice sur le cadre juridique des collectivités locales.

b) Une conséquence finaliste : la présence d'un double intérêt public local

Au-delà des compétences, le budget participatif doit doublement répondre à un intérêt public local. Il persiste un débat sincère sur la proximité entre les notions de clause générale de compétence et d'intérêt public local. Or, il n'est plus concevable de ne pas voir la notion d'intérêt public local comme une notion autonome [137]. Néanmoins, les deux notions se voient complémentaires en ce sens que l'intérêt public local permet d'être fondement et limite de l'action locale, communale en l'espèce. L'intérêt public local constitue la finalité dynamique de l'exercice des compétences, ce que le juge administratif a eu à cœur de confirmer en 2014 : « les compétences dont disposent les collectivités s'exercent au nom d'un intérêt public local »[138]. En ce sens, une telle notion permet tout autant de distinguer les intérêts extérieurs de ceux de la commune que de justifier l'adaptation des actions locales pour satisfaire les nouveaux besoins des administrés, complémentairement à l'approche plus énumérative des compétences[139].

---

[135]PONTIER Jean-Marie, « Quelles compétences pour quelles communes ? », *RFAP*, 2015/4, n°156, p.989-1004.

[136]Cf. *infra* p.91.

[137] C'est ce que note la thèse de Tiphaine Rombauts-Chabrol: « la CGC cantonne les collectivités à sa dualité avec l'État » tandis que « l'intérêt public local justifie et finalise l'action des collectivités » (ROMBAUTS-CHABROL Tiphaine, *L'intérêt public local*, thèse de doctorat (sous la direction de Guylain CLAMOUR), Université de Montpellier, 2016, p.169).

[138]CE, Ass., 30 décembre 2014, Société Armor SNC, n°355563.

[139]VERPEAUX Michel, « Vous avez dit 'clause générale de compétence' ? », *Commentaire*, 2010/1, n°129, p.81-88.

Ainsi, l'intérêt public local, entendu comme notion plus large que celle de « compétences », structure le budget participatif. En effet, le budget participatif, laissant le citoyen proposer une modification de l'aménagement du territoire, il y a là proximité entre le budget participatif et la notion d'intérêt public local. Les deux permettent de créer une providence commune, que synthétisent les mots du professeur Bertrand Faure : « l'intérêt public local est un, c'est-à-dire qu'il permet de déterminer pour un groupe localisé d'administrés une part de leur destin collectif »[140]. Or, le budget participatif se matérialise dans une cocréation de l'espace territorial, d'une organisation, certes limitée, de la commune par les citoyens. Même si le budget participatif est naturellement limité par les grands principes constitutionnels, il doit comprendre un intérêt public local comme « intérêt propre de nature politique », « se rattachant à l'intérêt volontariste qui gouverne »[141]. Si l'intérêt public local se définit selon les circonstances de temps et de lieu, il se traduit concrètement à deux égards : un intérêt public local justifiant l'initiative du budget participatif et un intérêt public local justifiant le projet lauréat.

D'une part, le maire peut décider de la mise en place d'un budget participatif car il y perçoit un intérêt public local ou de la modification de son programme politique à cette fin. L'intérêt public local renvoie aussi bien « à des finalités qu'à des méthodes utilisées »[142]. Il semble tout à fait cohérent de penser que l'établissement d'un budget participatif se fait au cas par cas selon les volontés des élus de répondre aux besoins de participation de leurs citoyens-administrés. Une telle entreprise a une vraie vocation politique. Ici, le vocable de « politique » sera entendu au sens noble du terme : la poursuite d'un destin collectif. Fondamentalement, la commune est une personnification juridique d'un groupement d'habitants ; elle a vocation à servir leurs intérêts communs et à pouvoir exprimer leur volonté commune[143]. Ce point-ci n'interroge pas davantage.

D'autre part, vis-à-vis du projet lauréat, la présence d'un intérêt public local ne fait, non plus, l'objet d'aucune contestation. Le juge administratif a eu l'occasion de confirmer qu'une collectivité ne peut intervenir qu'en présence d'un intérêt public local et en l'absence « d'atteinte aux compétences de

---

140FAURE Bertrand, *Droit des collectivités territoriales*, Dalloz, 7e édition, 2024, p.537. Ce dernier trouve commun à la collectivité et à l'entreprise la matière collective de la personne morale.

141SANSON Nathalie, RANGEON François, « Le maire et l'intérêt public local », *in* KADA Nicolas (dir.), *L'intérêt public local, regards croisés sur une notion juridique incertaine*, Dalloz, 2009, p.71-84.

142*Ibid.*

143 VERPEAUX Michel, « Droits des habitants : consultations locales des électeurs », *Encyclopédie des collectivités locales*, Dalloz, Folio n°12230, 2021-3.

l'État, d'autres personnes publiques ou des bailleurs »[144]. De ce fait, la présence d'un intérêt public dans le projet lauréat est impérative. Il est un vocable, une notion qui traduit la réponse à un besoin déterminé par le citoyen dans le cadre d'un budget participatif. Parallèlement aux compétences, il est cohérent que le projet suive la présence d'un intérêt local, précisé et incarné dans le territoire collectif. L'intérêt public local d'une commune donnée ne sera pas le même au sein d'une autre.

Alors, cela pose une question terminologique importante. Dans différents règlements de budget participatif, la présence nécessaire de l'intérêt public local au projet se traduit par divers vocables : « intérêt général », « intérêt collectif », « intérêt local », « intérêt communal ». Cette diversité de terminologie interroge nécessairement dans une entreprise de sécurisation de la participation locale.

De manière naturelle, intérêt public local et intérêt général ne sont pas deux notions qui s'opposent. Malgré le débat doctrinal relatif à leur lien de réciprocité[145], leur finalité reste identique : empêcher l'engagement de deniers publics à des projets d'intérêt privé ou détaché de l'intérêt de tous. L'intérêt général « donne un but à l'action administrative et fournit tout à la fois sa justification et sa limite »[146]. Les deux notions conservent donc une valeur transcendante, ne consistant pas en une multiplication des intérêts privés. L'intérêt public local est un intérêt général, validé et défini par l'exécutif municipal pour ce qui relève du budget participatif. L'emploi des notions d'« intérêt local » ou « communal » ne pose en ce sens aucune complication supplémentaire.

La proximité avec la notion d'« intérêt collectif » pose davantage d'interrogations. En effet, cette dernière est communément définie comme l'intérêt d'un groupe déterminé, de manière détachée à l'intérêt général. Cette terminologie pourrait renvoyer à la lettre des mots du professeur Faure, précitée plus tôt. L'emploi de ce terme, s'il est maladroit et source de confusion, matérialiserait alors une symbolique forte. En d'autres termes, il renverrait alors à la nature de la commune définie comme personne morale. Malgré tout, cette idée de la présence d'un groupe collectif pose l'ambiguïté du budget participatif et interroge sur la conception objective du projet. Une telle terminologie porterait une certaine ambivalence. Ainsi, éviter une telle rédaction éviterait une lecture utilitariste de l'intérêt général.

---

[144]CE, 29 juin 2001, Commune de Baroueil, n°193716.

[145]Cf. *infra* p.213. De manière synthétique, certains auteurs voient en l'intérêt public local une réciproque de l'intérêt général. D'autres y voient une déclinaison directe (Cf. BAHOUGNE Louis, « Identification du service public », *Répertoire du service public*, Dalloz, 2021).

[146]Bahougne, *ibid.*, p.28.

Un tel raisonnement reste admissible sauf à considérer que le terme de « collectif » répond à un cas spécifique : celui d'un budget participatif répondant en l'espèce à une enveloppe dédiée à l'intérêt d'une association. Nous nous situerions donc dans un autre cas ici : celui d'un budget participatif à destination des associations. Le bon emploi du terme « collectif » dépendrait alors de l'économie d'ensemble de la rédaction du règlement.

Pour conclure, la présence d'un intérêt public local dans la mise en place et l'exécution du budget participatif est une conséquence du monopole des élus dans le modèle représentatif. C'est en sa qualité de fondateur de cet intérêt qu'il peut initier, valider ou mettre fin à l'outil participatif. La définition d'un intérêt public local comme notion circonstanciée donne un aspect subjectif fort au budget participatif, comme c'est le cas vis-à-vis des autres outils de participation locale.

Si le budget participatif est encadré par des règles structurantes de la décentralisation, ne doivent pas être omises les études de quelques points sensibles, aussi bien en amont qu'en aval du choix du projet lauréat.

§2) Le respect de règles « périphériques » aux décisions locales : analyse de points de vigilance

Si l'organe délibérant communal administre librement, c'est dans l'impératif respect des conditions fixées par la loi. En ce sens, les délibérations qui sont prises doivent respecter le cadre législatif et réglementaire, cadre qui conditionne leur légalité. Dans un premier temps, le cadre réglementaire attaché aux procédures et formes des délibérations doit être respecté : obligations de publicité numérique et papier, respect du quorum de la délibération, non-discrimination des décisions. Initié par une délibération, le budget participatif ne déroge pas à cela.

Ici, le choix est fait d'étudier certains points particuliers pour le budget participatif, de tension potentielle dans le respect de ces règles administratives. Ces points de tension s'expriment aussi bien en amont qu'en aval de la décision finale constatant le projet lauréat. Seront assumés les aspects didactiques de la démarche.

A) En amont du vote du projet

a) La protection des données personnelles, prudence importante

En tant qu'outil de démocratie locale, le budget participatif s'est ouvert à la voie numérique. L'utilisation de voies dématérialisées est aujourd'hui un instrument fort à l'encouragement à la participation en vue d'intégrer « la démocratie des refusants »[147]. L'utilisation des nouvelles technologies de l'information et de la communication (NTIC), aussi appelées *civils techs* répond à un désir de développer le dialogue tout en facilitant l'instantanéité de la participation. En ce sens, Internet est conçu comme l'outil privilégié de l'émancipation citoyenne[148]. Mais un tel développement a dû s'accompagner d'une vigilance accrue à la protection des droits des participants.

Très tôt, les budgets participatifs ont été sensibles à cet appel du numérique. Notons, en ce sens, les exemples des communes avant-gardistes de Juan en Espagne[149] ou de Grigny en France[150]. Plus précisément, l'ensemble des phases du budget participatif peut se voir attribuer une forme dématérialisée plus ou moins poussée : accès au projet par le site internet de la commune, dépôt du projet en ligne, vote dématérialisé du projet lauréat. Il est à souligner, aujourd'hui, que plus de 70 % des communes ont mis en place des outils de *civils techs* afin de développer, complémentairement à d'autres outils ou au sein de plateformes de démocratie participative préexistantes, leur usage du budget participatif[151].

Cet usage du numérique est susceptible d'entraîner *de facto* l'utilisation de données de l'administré. Lors du vote numérique ou lors du dépôt en ligne d'une candidature, certaines données de l'administré peuvent être saisies : nom, prénom, adresse[152]. Même si l'utilisation de ces données dépend de la politique de la collectivité et de la rédaction du règlement, l'augmentation croissante du nombre de budgets participatifs entraînera sans aucun doute une augmentation du nombre de données utilisées, nécessitant une vigilance accrue.

---

[147]ROSANVALLON Pierre, *La contre-démocratie : la politique à l'âge de la défiance*, Le Seuil, 2006, p.257.

[148]Cluzel-Métayer, *op.cit,* p.132.

[149]Cela consiste avant tout en des chats collectifs via Internet.

[150]La commune de Grigny a notamment mis en place un blog dédié, composé avec des questionnaires thématiques.

[151]Sur l'exemple parisien, voir : DOUAY Nicolas, « La numérisation des dispositifs de participation de la Mairie de Paris. Le cas du budget participatif et de la plateforme ' Madame la Maire, j'ai une idée !' », *Réseaux sociaux et territoires*, 2016, 30-3/4, p.249

[152]La question de l'adresse est importante, notamment lorsque le règlement limite à 1 le nombre de vote par foyer.

Notons au préalable que l'anonymisation des données est possible. Durant le dépôt du projet par l'administré ou durant la phase de publicité dudit projet, l'anonymisation entraînerait logiquement une absence d'application des règles du Règlement général sur la protection des données (RGPD)[153]. Mais ce possible choix réduit l'un des effets recherchés du budget participatif : recréer du lien entre l'administré, le territoire et les représentants. En cas d'anonymisation, le premier acteur que constitue l'habitant porteur du projet est dilué. En outre, une telle anonymisation entraînerait des difficultés à contrôler la sincérité de la démarche participative[154].

De ce fait, en absence d'anonymisation, notamment en ce qui concerne le dépôt de projet, le régime du RGPD doit s'appliquer.

Naturellement, le cadre du budget participatif intègre celui du RGPD. Admettons d'abord que les données traitées sont bien des données à caractère personnel, permettant d'identifier directement l'auteur de la proposition. Admettons ensuite que l'instruction du projet et sa diffusion répondent à la définition de traitement de données comme opération de captation, d'usage, de traitement ou de diffusion desdites données à caractère personnel. Par ces deux points, le régime du RGPD s'applique, imposant des obligations pour les communes. Ces dernières doivent, en effet, garantir la finalité[155] et la proportionnalité de l'utilisation de ces données. Elles doivent aussi garantir l'ensemble des droits des administrés[156] : droits d'accès, d'opposition, d'information, d'effacement et de limitation de l'utilisation des données. Il y a, en effet, un droit général à l'information aussi bien quant à la finalité du traitement qu'à la portée des données traitées ou du nombre de données utilisées[157].

La rédaction du règlement du budget participatif des quartiers de la métropole toulousaine est ainsi un exemple de bonne pratique préventive :

« Les données recueillies font l'objet d'un traitement informatique destiné à solliciter les usagers dans une démarche de participation citoyenne relative aux projets à l'échelle de la commune de Toulouse. La mairie de Toulouse est responsable du traitement, représentée par la direction de l'action territoriale. Seuls les agents habilités des directions en charge des projets et les élus concernés sont destinataires des données qui seront conservées la durée du projet. Conformément à la législation relative à la protection des données personnelles, vous

---

153Règlement UR 2016/679 du Parlement européen et Conseil du 27 avril 2016 dit RGPD, art.4 : le RGPD ne s'applique qu'en présence de données à caractère personnel.

154Cf. *infra* p.77.

155RGPD, art.5 : Les données de la collectivité doivent avoir une finalité déterminée, explicite et légitime. Cela se couple d'une obligation de minimisation de leur utilisation et collecte.

156Loi n°78-17 du 6 janvier 1978 relative à l'information, aux fichiers et aux libertés, art.48.

157LAMBLIN-GOURDIN Anne-Sophie, « Protection des données personnelles : les nouveaux principes s'imposant aux communes (1re partie) », *AJCT*, 2021, p.79.

bénéficiez d'un droit d'accès, de modification et de suppression des données qui vous concernent. Vous pouvez exercer ces droits en vous adressant par voie postale à la direction de l'action territoriale, 34 rue Pargaminières, 31000 Toulouse ou par courriel à contact.participation@mairie-toulouse.fr. La base légale de ce traitement est le consentement »[158].

On notera avec ce précédent exemple la mention d'un droit pour l'administré de demander des comptes quant à la protection de ses droits auprès d'un acteur dédié. Ce même exemple démontre l'importance d'une transparence complète. C'est un dispositif de prévention qui reprend la démarche du « privacy by design » : anticiper les effets néfastes aux droits des administrés et en prévoir les réponses.

Tout ceci permet de responsabiliser les acteurs, communément aux usages d'autres outils de démocratie participative. Mais une telle approche permet aussi d'accroître la confiance envers les citoyens, qui reste l'un des points essentiels à la réussite de toute entreprise participative. Cette perspective de sécurité s'incarne aussi dans la prévention d'autres dérives dans l'utilisation de l'outil, dérives qui peuvent aussi connaître des effets contentieux.

b) Le rattachement récent au contentieux électoral

L'une des singularités du budget participatif se fait par la symbolique du vote qui en conclut la démarche. Le budget participatif, différemment des autres outils de démocratie participative locale, connaît une tangibilité plus forte pour la « cogestion » de la commune. Contrairement aux outils de pétition ou de consultation obligatoire, le budget participatif tendrait à développer un vote à portée formelle qui engagerait l'utilisation directe de deniers publics. Ce vote exprime nécessairement un accord avec un projet déterminé. Mais il pourrait tendre aussi à exprimer un accord envers la politique du représentant. L'accord prendrait ainsi une double valeur : la validation de la volonté pour ce dernier de se décharger de son pouvoir de fonder la ville au profit du citoyen et la validation, la légitimation du projet comme continuité du programme politique de l'élu. Cette symbolique, censée recréer un lien entre l'élu et le citoyen, est un égard du citoyen à la faveur de l'élu. Si les dérives d'une instrumentalisation de l'outil ne sont pas à exclure[159], il est tout aussi probable de définir la communication autour du budget participatif comme un outil de propagande électorale.

---

[158] Règlement budget participatif Toulouse Métropole, « Mes idées pour mon quartier », 2023/2024.

[159] Cf. *infra* p.91.

En ce sens, le Code électoral précise bien que :

« Pendant les six mois précédant le premier jour du mois d'une élection et jusqu'à la date du tour de scrutin où celle-ci est acquise, l'utilisation à des fins de propagande électorale de tout procédé de publicité commerciale par la voie de la presse ou par tout moyen de communication audiovisuelle est interdite.

À compter du premier jour du sixième mois précédant le mois au cours duquel il doit être procédé à des élections générales, aucune campagne de promotion publicitaire des réalisations ou de la gestion d'une collectivité ne peut être organisée sur le territoire des collectivités intéressées par le scrutin (…) »[160].

L'objectif de telles dispositions est de permettre l'égalité entre les candidats et d'éviter l'utilisation de deniers publics à des fins personnelles de réélection. Il s'agit de ne pas confondre la communication institutionnelle de la collectivité et la propagande électorale[161], personnelle par définition. Le principe est d'empêcher ainsi la confusion entre l'élu et la collectivité tout en évitant une inégalité entre l'élu sortant qui pourrait être assimilé, dans l'esprit des électeurs, à la collectivité locale, et les autres candidats qui ne bénéficieraient pas du même vecteur publicitaire[162]. Nous noterons que la mention de « publicité » renvoie ici à l'ensemble des outils usuels de communication des échelons locaux : bulletins mensuels, sites internet, dépliants, panneaux publicitaires.

Ainsi, s'il est possible de trouver dans le budget participatif une sensibilité propre, dans sa finalité et ses procédures, à une communication de campagne, il serait possible de voir la publicité du budget participatif comme un élément sensible à la veille de scrutins. À cet égard, la jurisprudence administrative et constitutionnelle a eu l'occasion de se prononcer sur cette question, plusieurs fois au cours de ces dernières années, dans le contentieux naissant des budgets participatifs.

À l'heure actuelle, il n'y a pas eu de décision sanctionnant un non-respect des dispositions du Code électoral. Ni le Conseil d'État[163], ni le Conseil constitutionnel[164] n'a constaté une telle atteinte. Dans les deux décisions sous-entendues précédemment, si le juge rappelle la législation relative aux publicités électorales, il note, malgré tout, que la publicité du budget participatif entre dans le giron des manifestations publicitaires classiques de la commune. Dans l'une des décisions du Conseil des Sages, la publicité dans la mise en place d'un budget participatif répond à une principale

[160]Code électoral, art. L52-1.
[161]Commentaire article L52-1 Code électoral, édition Dalloz.
[162]CAMBY Jean-Pierre, « À quoi sert le L52-1 du Code électoral ? », *LPA,* 2001, n°6, p.4.
[163]CE, chambres réunies, 16 février 2021, n°446729.
[164]Cons. const., 5 mars 2021, n°2020-5690 DC.

finalité : celle d'informer et d'encourager à la participation. Sur l'exemple d'un journal municipal, la haute-juridiction administrative énonce les éléments suivants : « eu égard à son contenu et à sa périodicité, il n'apparaît pas qu'il ait eu d'autre portée que d'informer la population de celles-ci, et, s'agissant en particulier de la consultation ouverte du 31 août au 31 octobre 2020 pour l'élaboration d'un 'budget participatif', de lui permettre d'y contribuer »[165].

Néanmoins, de telles décisions ne doivent pas laisser penser que tout risque est exclu. Si aucune décision de sanction n'a été constatée et qu'il semble faire penser que seule une grande maladresse sanctionnerait un élu, une telle maladresse n'est pas impossible. De plus, ces dernières décisions ont été prises dans une période post-Covid, protectrice des élus locaux par une jurisprudence plus souple que les précédents ante-Covid. En ce qui concerne la portée du contrôle du juge sur cette question, la souplesse prédomine aujourd'hui, sans doute temporairement [166]. La portée du contrôle juridictionnel administratif s'effectue sur 4 points : l'antériorité, la régularité, l'identité et la neutralité de la publicité. En d'autres termes, le juge se concentre à étudier *in concreto* l'objet, les finalités et les effets de la publicité. Un tel raisonnement pourrait se voir transposer dans le cas de la publicité du lancement du budget participatif. Cette vigilance pourra être accrue dans le cas d'une première mise en place d'un tel outil à la veille d'une élection. Dans ces cas, le juge se concentrerait sur le contexte de la diffusion, son caractère habituel[167], et sur un ensemble d'éléments concrets, notamment les photographies[168].

Malgré tout, à l'heure actuelle, la sanction risquerait d'être rare. Un tel risque de sanction est moins rare pour les points de vigilance en aval du vote du projet.

B) En aval du vote du projet : précautions quant aux effets économiques du projet

Le budget participatif est une démarche qui, en principe, se conclut par l'émergence d'un projet. Des deniers publics sont utilisés afin de répondre au dit projet. Le projet qui conclut le processus doit ainsi répondre et respecter les grands principes « juridico-économiques » de la commande publique et du régime des subventions, dans le cas où le budget participatif est l'instrument d'un tel objet. Les risques de requalifications et d'atteintes au

---

[165]CE, chambres réunies, 16 février 2021, n°446729.
[166]Voir en ce sens : CE, 16 avril 2021, n°445398.
[167]Voir en ce sens : CE, 10 juillet 2009, Élections municipales de Briançon, n°322670.
[168]Voir en ce sens : CE, 13 février 2009, Élections municipales de Gilette, n°317232.

principe de non-concurrence sont importants. La présence d'une procédure participative comme celle du budget participatif renouvelle ces questions sur des points précis, appelant alors à une certaine vigilance.

a) Une attention portée au respect des règles de la commande publique

Le budget participatif se caractérise par un ou plusieurs projets proposés par un citoyen et votés par un corps de citoyens. Ces différents projets, qui constituent la plupart du temps une dépense d'investissement[169], aboutissent à inscrire une ligne budgétaire en vue de sa réalisation. Alors, des deniers sont employés afin de faire appel aux outils de la commande publique pour concrétiser le projet. Que cela constitue des travaux, des aménagements, l'achat de fournitures ou, à plus faible mesure, une prestation de services, le cadre de la commande publique doit être respecté.

Au premier abord, la forme du budget participatif n'a pas d'effet spécifique quant au respect de cette réglementation en grande partie de nature communautaire. Le projet respecte, par principe, les critères de définition du marché public ou de la concession[170]: un pouvoir adjudicateur que constitue la commune, un opérateur économique déterminé afin de répondre à un besoin fixé par le citoyen en échange d'une contrepartie onéreuse (la somme d'argent que l'enveloppe, entière ou partielle, du budget participatif constitue).

De ce fait, le critère de la notion étant rempli, le régime de la commande publique peut *de facto* s'appliquer, en particulier les grands principes tels que consacrés par le Conseil des Sages[171] et repris par les textes internes et européens. Liberté d'accès, égalité de traitement et transparence sont autant de principes transcendants à l'ensemble de la procédure : obligations de publicités, mise en concurrence et choix de l'offre économiquement la plus avantageuse.

Mais l'objectif n'est pas ici de reprendre l'ensemble de la réglementation de la commande publique. Il est de déterminer les singularités qu'implique un budget participatif sur cette dernière. En effet, la procédure préalable du budget participatif interroge et renouvelle le respect de ce cadre juridique communautaire en faveur des principes de liberté et de non-discrimination. Deux éléments interrogent et ouvrent la voie à une surveillance accrue.

---

[169]Cf. *infra* p.111.
[170]Code de la commande publique, art. L2.
[171]Cons. const., 26 juin 2003, n° 2003-473 DC.

Premièrement, il est nécessaire de renforcer l'attention sur une potentielle atteinte singulière à la concurrence. Comme il a été rappelé, le budget participatif se constitue d'un projet déterminé par le citoyen. Dans le cadre communal, notamment pour certaines communes rurales ou peu peuplées, il pourrait y avoir un cas singulier : celui d'un porteur de projet qui serait le seul ou fortement l'un des seuls, en théorie, à pouvoir répondre au projet dans le cadre du marché public qui s'en suit. Le faible montant de l'enveloppe obligera souvent à se positionner dans le cadre d'un « marché à procédure adaptée » (MAPA). L'élu pourrait se voir amené à choisir cette personne-là, convaincue de son projet et fondatrice de ce dernier, pour y répondre. Une telle facilité d'usage ne doit pas empêcher l'application des principes précités. Une rigueur est alors de mise dans la justification de la qualité de prestataire de service ou du marché. Un second problème serait consécutif à celui-ci : le détournement de deniers publics à des fins privées.

Afin d'éviter de tels risques, le respect strict des règles et de la procédure de commande publique est indispensable. Une mise en concurrence juste et préalable, justifiée dans l'ensemble des documents du marché et dans les impératifs de publicité, doit permettre de motiver en quoi ce candidat est le plus apte à répondre aux besoins de la collectivité. En outre, il pourrait être opportun, afin d'éviter tout risque, de préciser dans le règlement du budget participatif une interdiction pour tout porteur de projet de se voir attribuer le marché public concrétisant le projet. Il faut essayer de se prémunir de ce risque, car, ici, le budget participatif, démarche préalable à la procédure de commande publique, constitue une clé de lecture à l'atteinte à la concurrence.

Deuxièmement, se pose la problématique plus théorique de l'évaluation du besoin. Dans une procédure de marché public, la personne publique doit définir préalablement son besoin. Cette évaluation doit permettre de faire correspondre ledit marché à un besoin d'intérêt général et de garantir, de ce fait, une bonne utilisation des deniers publics face aux arbitrages que doit faire le pouvoir adjudicateur. Dans le cadre du budget participatif, si la commune semble formellement définir son besoin par sa délibération, il ne faut pas omettre que l'initiative reste citoyenne. Ainsi, même si la personne publique intègre le besoin défini par le citoyen comme étant son propre besoin, elle perd *à minima* l'initiative de la définition de ce besoin. Mais, nous verrons aussi, par la suite, que l'élu encadre par divers moyens la portée du projet lauréat. Toutefois, symboliquement, le budget participatif ouvre la voie à une multiplication des acteurs dans l'évaluation du besoin, corollairement à la finalité donnée à toute consultation.

Selon toute vraisemblance, tout risque dépendra, en réalité, de la manière dont le citoyen précise le projet ou simplement l'idéalise. On peut soutenir que la personne publique possède toujours la possibilité de réadapter le projet lauréat, de manière directe ou plus indirecte[172].

b) Une attention portée au régime des subventions aux associations

Un autre risque se trouve vis-à-vis du projet lauréat au budget participatif et concerne un cas précis : la possibilité d'une subvention à une association. Si la portée du projet lauréat est limitée par les effets du règlement, cela n'empêche pas le projet de se concrétiser par le biais d'autres acteurs, notamment privés. Le choix notamment de confier l'enveloppe ou une partie de l'enveloppe à une association est une possibilité tout à fait pertinente, notamment dans la flexibilité qu'elle offre. Le modèle associatif, traditionnellement complémentaire des acteurs locaux, est un excellent palliatif aux difficultés dans l'action communale, soit en raison de l'absence de compétence, soit en raison de la flexibilité du modèle associatif dans la mise en œuvre d'actions, complémentairement ou subsidiairement à l'action administrative de la commune.

La possibilité de faire du budget participatif une enveloppe à une association ne doit pas pour autant cacher les risques de requalification. Si, aujourd'hui, aucune décision jurisprudentielle ne requalifie la subvention issue du budget participatif en marché public, la prudence reste de mise. En effet, la qualification de marché public impose un régime plus restrictif. Il faudra, de ce fait, porter une vigilance sur la présence d'une contrepartie et d'un prix, deux critères essentiels du marché public. Dans le cas où une enveloppe est dédiée à une association, le projet ne doit pas être trop précis. Cette vigilance est commune au cas où le budget participatif fait l'objet d'un appel à projet, objet juridique qui connaît aussi un tel risque de requalification.

Il est tout autant nécessaire d'être vigilant quant au respect du régime général des associations. Certes, le projet est citoyen. Mais le filtre de l'exécutif doit permettre de faire le choix d'une association organiquement[173] et matériellement légale[174]. Une attention doit ainsi être apportée à la défense de l'intérêt public local dans l'objet social de l'association. Ici, l'intérêt public se lit nécessairement aussi bien sur le plan territorial, parallèle aux compétences de la collectivité, que de l'objet social. Ainsi, dans un raisonnement logique, il est unanimement refusé toute subvention à caractère cultuel ou syndical sauf exceptions prévues par les textes ou la

---

[172]Cf. *infra* p.107.

[173] En ce sens, la loi du 1e juillet 1901 relative au contrat d'association vient définir l'association et pose le principe de déclaration en préfecture.

[174] Voir en ce sens : Loi n°2014-856 du 31 juillet 2014 relative à l'économie sociale et solidaire.

jurisprudence[175]. En effet, une subvention est par définition justifiée par un intérêt général, destinée à la réalisation de projets, d'investissements ou d'activités associatives, sans contrepartie. *A fortiori*, il pourrait y avoir des risques de qualification, quand les critères de définition sont remplis, en prise illégale d'intérêt ou de gestion de fait, risques sur lesquels notre attention ne se porte pas ici davantage.

Ce cadre ne limite pas pour autant le recours au modèle associatif[176]. Mais cela semble encourager à laisser le budget participatif à un stade d'idéation plus que de projet.

En tout état de cause, il se perçoit, de ce début de réflexion, la double composante du budget participatif, à la fois outil participatif et projet citoyen. Ce caractère binaire se rattache à deux étapes de sa procédure : sa mise en place et son exécution. Mais ces deux étapes se voient malgré tout attachées à un principe commun : l'absence de caractère décisoire de la participation. En l'absence d'un tel caractère, le budget participatif se rattache *de facto* au modèle consultatif. Cette proximité rapproche davantage le budget participatif des outils préexistants de participation.

II. Le budget participatif comme consultation

Si le budget participatif ne peut gagner en caractère décisoire, il demeure de *facto* une procédure à caractère consultatif. Nous retrouvons ici la dichotomie juridique des décisions à caractère décisoire et non décisoire, division classique des actes administratifs. Au sein de cette dichotomie, la notion de consultation constitue un domaine large, marqué par une variabilité d'outils, tantôt encadrés, tantôt non saisis par le droit. La démocratie participative est matérialisée du sceau de la diversité. Mais le droit français n'a pas hésité à construire un régime commun à l'ensemble de ces consultations. Ce droit commun constitue le second cadre juridique du budget participatif, dont le caractère indéterminé le fait s'y intégrer naturellement (§1). Au sein de cette définition générique, chaque outil connaît ses singularités, précisant le budget participatif comme une consultation naturellement « originale », comme le sont toutes les consultations dites « innomées ».

De surcroît, une notion juridique s'accompagne toujours d'un régime. En ce sens, si le budget participatif se définit comme consultation « innomée », il y

---

[175]Sur les exceptions dans le domaine cultuel, voir : CE, 4 mai 2012, Fédération libre pensée et aide sociale du Rhône, n°336462.

[176]On notera que d'autres éléments, rédigés dans le règlement, limitent ce recours (cf. *infra* p.120).

intègre le régime générique, second volet de notre étude (§2). Encadrer le budget participatif comme outil consultatif, c'est assurer deux objectifs : protéger la consultation face aux dérives de l'insincérité et encourager son développement.

Cette proximité entre la consultation et le budget participatif constitue la deuxième étape de notre raisonnement. Plongeant plus en profondeur dans la hiérarchie des normes, elle démontre que le budget participatif n'y présente que très peu de singularités. Mais ces singularités, qui seront retrouvées dans le reste du corps de la réflexion, matérialisent d'importantes tendances de la démocratie locale contemporaine.

§1) La qualification originale du budget participatif comme consultation

Étudier la relation entre consultation et budget participatif peut sembler une mission vaine. Les naissances du budget participatif et de la consultation se sont fondées sur une base commune : la volonté d'intégrer le citoyen à la décision publique. Ce n'est donc pas incohérent si, dans un premier temps, le budget participatif est qualifié de procédure consultative. Non consacré dans un texte, il est plus précisément une consultation facultative, ouverte, « innomée » (A). Toutefois, dans l'analyse d'une possible particularité, il faut noter à quel point la définition du budget participatif se singularise naturellement au sein de ce récent tronc commun de la consultation locale (B).

A) Une intégration au noyau dur de la définition des consultations « innomées »

Si le budget participatif est une délibération qui introduit une démarche participative, il semble naturellement entrer dans le giron de la consultation locale. Marqué dans une récente mais forte dynamique des consultations « innomées »[177](a), le budget participatif se voit compatible aux critères fondamentaux de définition de cette forme générique de consultation (b).

a) Rappels sur la notion récente de consultation « innomée »

La consultation est devenue un outil juridique de participation à part entière. Néanmoins, son étude juridique n'est que récente. Si nous retrouvons des traces d'études contentieuses des procédures de consultation[178], pendant

[177]SAUNIER Sébastien, « L'association du public aux décisions prises par l'administration », *AJDA*, 2015, p.2426.

[178]Voir notamment : WEBER Yves, *L'administration consultative*, thèse de doctorat (sous la direction de Claude DURANT-PRINBORGNE), Université de Nancy, 1968, p.185.

longtemps, l'absence de caractère contraignant de la consultation amenait un relatif désintérêt de la matière.

Le développement d'outils consultatifs dans les années 1970 a poussé à la progression des études attachées. En effet, à l'appui des nouvelles réclamations sociales et environnementales et en lien avec le développement des nouvelles technologies de l'information et de la communication, se sont développés débats et enquêtes publiques comme outils d'aide à la décision. De surcroît, ces outils ont cherché à accroître la légitimité de décisions administratives parfois sensibles. La consultation se développe de telle sorte que des classifications naissent et viennent structurer l'outil : consultations ouvertes ou fermées, facultatives ou obligatoires, engagées et portées par des acteurs publics[179]et/ou privés[180].

Cette diversité de procédures et de textes constitutifs ne doit pas cacher leur finalité commune : améliorer la décision administrative grâce aux avis des destinataires de ladite décision. Ainsi, la consultation n'agit pas en premier lieu sur le fond de la décision, mais se rattache à sa procédure d'élaboration. Il est ainsi possible de la concevoir comme un processus, à l'initiative d'une personne publique, qui prend place entre le déclenchement du processus décisionnel et l'édiction de la norme. Sa matérialisation se fait par un avis, qui ne contraint pas, par définition, l'autorité consultante[181]. C'est un changement de paradigme décisionnel qui, s'il est source de complexification inutile pour certains auteurs, traduit une tendance à l'appui sur l'aide, l'avis, le conseil citoyen. La consultation vient éclairer l'administration et renouveler le rôle du citoyen. Le citoyen devient ainsi aussi bien un acteur important de propositions qu'un destinataire d'informations approfondies. Transparence et efficacité de la prise de décision sont recherchées[182]. Toutefois, synthétiquement, la consultation se fonde sur un caractère non contraignant. Ce caractère-là, indispensable dans une démocratie représentative, fait varier sa force pratique entre « une force référentielle » et « un modèle qui orientera les conduites »[183].

La codification des relations entre le public et l'administration est venue structurer l'ensemble de ces outils consultatifs. De manière pédagogique, le

---

[179]Notamment, l'ensemble des collectivités territoriales et des autorités administratives et publiques indépendantes.

[180]On pensera notamment à l'appui des entreprises et des associations.

[181]DARGEANT Fleur, *La consultation en droit public interne*, thèse de doctorat (sous la direction de Ariane VIDAL-NACQUET), Université Aix en Provence, Droits international, comparé et européen, 2016, p.200.

[182]La charte européenne de l'autonomie locale du 15 octobre 1985 encourage cela.

[183] DELHOSTE Marie-France, « Démocratie participative : de l'échec de l'organisation étatique à l'avenir du projet citoyen », RFDA, 2007, p.1061.

titre III du CRPA renvoie à la diversité de typologie des consultations : consultation ouverte aux électeurs[184], consultation sur Internet[185], référendum local[186], enquête publique[187]. Cette démarche complète et synthétise la lettre d'autres codifications, en premier lieu le Code de l'environnement. Ainsi, à chaque outil correspondent un domaine et un régime différents.

Néanmoins, cela n'a pas empêché les acteurs publics locaux de développer des outils de consultations *sui generis*. Ce pouvoir de création de procédures consultatives *ad hoc* trouve son fondement au sein du pouvoir réglementaire secondaire et subsidiaire des collectivités locales [188]. La jurisprudence administrative a admis la légalité de ces dispositifs au début du XXe siècle[189]. Par une décision de 1982, le juge administratif a réaffirmé la possibilité de créer des consultations *ad hoc* dès lors qu'elles ne s'opposaient pas à une disposition textuelle[190].

Face à une dynamique bouillonnante, contrastée, évolutive[191], le rapport du Conseil d'État « Consulter autrement, participer effectivement » du 27 juin 2011 est venu préconiser l'adoption d'une loi-cadre qui poserait les principes généraux des consultations, notamment lorsque ces dernières n'ont pas été instituées par un texte[192]. En réponse à cette recommandation, le nouvel article L131-1 du CRPA, issu de l'ordonnance du 23 octobre 2015[193], dispose en ce sens que :

> « Lorsque l'administration décide, en dehors des cas régis par des dispositions législatives ou réglementaires, d'associer le public à la conception d'une réforme ou à l'élaboration d'un projet ou d'un acte, elle rend publiques les modalités de cette procédure, met à disposition des personnes concernées les informations utiles, leur assure un délai raisonnable pour y participer et veille à ce que les résultats ou les suites envisagées soient, au moment approprié, rendus publics. »[194].

---

[184]CGCT, art. L1112-15 et s., repris dans la lettre du CRPA, art. L135-2.

[185]CRPA, art. L132-1 et s.

[186]CRPA, art. L135-1.

[187]CRPA, art. L134-1 et s.

[188]Constitution 4 octobre 1958, art. 72 al.3.

[189]CE, 19 février 1904, n°7497.

[190]CE, Sect., 9 janvier 1982, S.A.R.L. « Chocolat de régime Dardenne », n°17270.

[191] DAUMAS Vincent, « Les modalités d'encadrement du recours à une procédure de consultation du public par une collectivité locale » - conclusions du Rapporteur public, CE, Ass., 19 juillet 2017, n° 403928, 403948, publié au recueil Lebon, p.5.

[192]CONSEIL D'ÉTAT, *Rapport public 2011, Consulter autrement, participer effectivement*, La Documentation française, 2013, 158 p.

[193]Ordonnance n°2015-1341 du 23 octobre 2015 relative aux dispositions législatives du Code des relations entre le public et l'administration.

[194]CRPA, art. L131-1.

Ce cadre minimal, dont la volonté manifeste est celle du supplétif, sécurise les expériences démocratiques développées au cours des dernières années. La souplesse de la lettre législative est « alors bienvenue et le cadrage plus précis apporté par le juge administratif permet de garantir un usage rationalisé respectueux des attentes démocratiques en consolidant le dispositif juridique »[195].

Non consacré par un texte, le budget participatif semble naturellement intégrer le domaine de ce texte. S'il semble défini théoriquement comme consultatif, il reste néanmoins nécessaire de vérifier la compatibilité du budget participatif avec les domaines de définition des consultations locales « innomées ».

b) Une double comptabilité, organique et matérielle, à la définition du CRPA

Dans notre ambition scientifique, les composantes matérielle et organique de la définition de la consultation « innomée » doivent être étudiées.

Sur le plan organique, l'intégration du budget participatif à la lettre du CRPA ne pose pas véritablement de problème. Ladite codification s'applique en effet à l'« administration ». Par le biais énumératif, l'article L100-3 du CRPA fait soumettre aux dispositions du Code « les administrations de l'État, les collectivités territoriales, leurs établissements publics administratifs et les organismes et personnes de droit public et de droit privé chargés d'une mission de service public administratif (...) »[196]. Les communes et intercommunalités entrent assez naturellement dans ce domaine-ci. Par ailleurs, outre cette définition énumérative, la jurisprudence attachait cette notion d'« administration » à celle « d'autorités administratives »[197] ou « d'entités publiques »[198], proposant de *facto* un cadre organique large à l'application de l'article L131-1 du même Code.

Sur le plan matériel, l'intégration du budget participatif à la démarche consultative interroge davantage. Néanmoins, une proximité entre budget participatif et consultation « innomée » existe, aussi bien par une définition positive que négative de cette forme générique de consultation.

---

195 VERPEAUX Michel, SAUVIAT Agnès, DEFFIGIER Clotilde, « Fascicule 350 : Référendum local et consultation locale des électeurs », Jurisclasseur Collectivités territoriales, Lexis Nexis, mai 2022, p.19.

196 CRPA, art. L100-3.

197 CE, 14 novembre 2012, Commune de Mandelieu la Napoule, n°342327.

198 CE, Ass., 19 juillet 2017, Association citoyenne pour Occitanie et Pays Catalan et autres, n°403928, Publié au recueil Lebon.

D'un point de vue positif, le budget participatif intègre la définition des outils d'association du public aux décisions prises par l'administration. Dans l'arsenal d'outils participatifs, la finalité reste identique : laisser intervenir le citoyen à des degrés différents afin de rendre la décision administrative finale plus légitime. Tous ces outils sont liés par « la culture de la proximité » et l'appui sur l'expertise citoyenne. Les consultations, dans toutes leurs formes, cherchent génériquement à « recueillir des observations, des idées, voire des propositions »[199] ou à soumettre ces propositions à un vote pour avis. De telles démarches restent possibles et admises dès lors qu'elles n'écartent pas le pouvoir d'appréciation de l'administration. Le budget participatif intègre naturellement cette définition. Il s'agit en effet de laisser le citoyen proposer des projets qui feront l'objet d'un vote pour avis du citoyen. Si le CRPA mentionne, au sein de l'article L131-1, l'association du public à « la conception d'une réforme ou à l'élaboration d'un projet ou acte de l'administration », le budget participatif y entre par cette définition précitée. La terminologie large du texte semble parfaitement idoine à l'intégration du budget participatif. Même si ce dernier connaît une diversité d'approches et de définitions, sa conception française renvoie bien à un dépôt de projet sur lequel l'administration reste garante de la décision finale.

De manière négative et complémentaire, le budget participatif intègre tout aussi naturellement le domaine de l'article L.131-1 du CRPA. Comme il a été indiqué antérieurement, intègre le domaine du texte toute procédure participative qui ne relève pas de dispositions précises autres. À l'heure actuelle, le budget participatif ne peut se fonder sur aucun texte dédié. On s'accordera à reconnaître alors que, au-delà d'être une consultation, le budget participatif est une consultation facultative ouverte. La volonté de l'ordonnance de 2015 est un caractère supplétif, ce qui en explique son caractère général. Ces consultations n'existent qu'en l'absence de texte constitutif, les consultations déjà instituées ne possédant pas le monopole de la consultation. C'est ce que confirme le Conseil d'État en 2017, dans une décision précisant le champ du texte codifié :

> « Si ces dispositions permettent aux collectivités territoriales de soumettre une question relevant de leur compétence à référendum local ou d'organiser une consultation des électeurs sur un projet de décision, elles n'ont ni pour objet ni pour effet de faire obstacle à ce que les collectivités territoriales puissent associer le public à la conception d'une réforme ou à l'élaboration d'un projet ou d'un acte en procédant à une consultation du public selon des modalités qu'elles fixent »[200].

---

[199] Daumas, *op.cit.*, p.6.

[200] CE, Ass., 19 juillet 2017, Association citoyenne pour Occitanie et Pays Catalan et autres, n°403928, Publié au recueil Lebon.

Ainsi, le budget participatif ne doit pas relever d'autres dispositifs de consultation locale. Dans ce dernier cas, il y aurait requalification du budget participatif si ce dernier s'exerçait dans le même domaine qu'une autre forme de consultation[201]. Sa singularité l'empêche en réalité de se placer dans les critères souvent restrictifs des consultations sur Internet ou des consultations des électeurs.

Par conséquent, la proximité entre consultation et budget participatif est manifeste. Mais, comme le titre III du Code l'indique, la consultation tendrait à être une discipline juridique à proprement parler, avec des outils variés et variables qui se distinguent les uns des autres. C'est pourquoi le budget participatif connaît des points qui le singularisent au sein de la somme des consultations « innomées ».

B) La présence de singularités à cette définition générique

Le budget participatif est bien une procédure consultative. Néanmoins, s'il est qualifié d' « innomé », des points de singularité doivent le définir. Ces singularités n'ont pas d'effets sur le régime juridique qui en découle. Mais elles expriment des particularités qui poseront certains fondements scientifiques pour la suite de notre réflexion.

a) Le budget participatif, une double consultation

Le budget participatif n'est pas une consultation unique : il est une double consultation. Il ne s'agit donc pas d'une consultation classiquement utilisée, qu'elle soit ouverte ou fermée. En effet, la grande majorité des consultations sont en réalité « uniques », fixées sur un seul objet, au sein d'une seule étape de procédure[202].

Cette binarité des consultations se matérialise dans le *distinguo* entre la proposition de projet et le vote d'un projet lauréat. Comme le synthétise Léonard Gourbier, « au moment de la construction du budget participatif, une première phase de consultation permet à des porteurs de projets de proposer des idées et à d'autres citoyens de voter pour leurs projets favoris »,

---

[201] On réitéra la décision précitée de 1982. On pensera aussi à la décision « Commune de Ventalieu » (CE, 17 mars 1995, Commune de Ventalieu, n°108753). Cette dernière reprend le principe selon lequel à chaque définition s'attache un régime précis. Une décision de la Cour administrative de Lyon (CAA Lyon, 4e chambre, 9 juillet 2020, 18LY02733) applique un même raisonnement au sujet d'un budget participatif et ouvre la voie à la possibilité de requalification du budget participatif si ce dernier s'écarte des éléments de définition des consultations innomées.

[202] Par exemple, dans le cadre du contentieux relatif au nouveau nom de la région Occitanie, le litige concernait un QCM à trois choix sur le nom de la future région.

lors d'une seconde phase[203]. Le *distinguo* s'exprime ainsi aussi bien sur le plan temporel que matériel. Temporellement, l'une des consultations succède l'autre. Matériellement, les domaines de la consultation et les modalités de sélections sont différents. La phase de proposition de projets est une consultation ouverte, tandis que la seconde consultation est conditionnée par les effets de l'instruction. La première consultation est ouverte et cocréatrice. Elle permet aux participants déterminés dans le cadre du règlement de déposer une idée ou un projet. La seconde paraît plus classique, constituant un avis sur le projet dont les participants au vote souhaiteraient la réalisation.

Plus précisément, on remarquera alors que la deuxième consultation voit son domaine conditionné par le citoyen. Les deux consultations dépendent l'une de l'autre, le vote du projet dépend du domaine déterminé par la première consultation, après exercice du filtre de l'instruction par les services de l'administration. Ainsi, le citoyen joue un rôle structurel dans la définition du domaine de la seconde consultation. Par rapport aux autres outils participatifs, il y a une co-construction forte du déroulement de la procédure consultative. En ce sens, le citoyen est tout aussi bien un fondement de la procédure consultative que la finalité du projet lauréat. La première consultation est rattachée intrinsèquement à la seconde et, *de facto*, à la mesure finale qui sera le projet soumis à vote. Nous nous situons donc dans une démarche différente du classicisme de la consultation, se détachant d'une certaine « forme ritualisée »[204].

Alors, il reste possible d'affirmer que la consultation en question n'est pas entièrement verticale et descendante. La proposition ouverte dans la première phase conditionne la norme finale[205], même si elle ne peut avoir de caractère décisoire par définition. Ainsi, pour l'administration, la seule façon de se défaire d'un budget participatif en cours reste de tout rejeter ou de modifier de manière non substantielle le projet final. En ce sens, l'administration n'a pas une totale maîtrise, elle se voit conditionnée sur la portée du projet final. Le budget participatif ne répond donc pas pleinement à la consultation « traditionnelle ». À cet égard, le budget participatif consacre, en effet, un pouvoir de fabrication, d'idéation, incarné par la logique de projet, plus fort que dans la plupart des consultations locales.

Un autre point singularise cette double consultation : son rattachement à la procédure budgétaire. En ce sens, la double consultation s'effectue en réponse à une ligne budgétaire préfixée. Comme il sera vu et approfondi

---

[203] Gourbier, *op.cit*, p.16.

[204] YAZI-ROMAN Medhi, « De l'information à la co-construction : la démocratie participative dans tous ses états », *AJCT*, 2018, p.240.

[205] Sur le possible caractère contraignant du projet lauréat, cf. *infra* p.120.

dans le corps de notre réflexion, le budget participatif est une consultation définie comme outil d'aide à la décision budgétaire. La souplesse de l'outil se couple d'un ancrage budgétaire véritable. Néanmoins, ce point doit faire l'objet de nuances : le budget participatif ne reste qu'un outil mineur de démocratie locale attaché au budget. Le budget participatif comme le budget restent conditionnés à leur décideur politique.

b) Un éclatement de l'échelle classique de la participation locale, de l'information à la co-construction

Outil constitué d'une double consultation, on remarquera une transcendance de l'échelle de participation citoyenne. Le budget participatif éclate les classifications de la participation citoyenne. S'il se définit, au sens juridique, comme une consultation, la science politique n'attribue pas totalement le même qualificatif. Nous le savons, le budget participatif est tout autant une affaire de science politique que de droit, il doit s'étudier au croisement des deux disciplines.

Alors, on pourrait constater une confrontation entre la vision juridique et la vision « science-politiste » de l'outil, qui singularise *de facto* le budget participatif. Cette confrontation pourra interroger sur le cadre juridique propre au budget participatif[206]. Le budget participatif semble en effet éclater les échelles de la participation telles que différents auteurs ont essayé de les dessiner[207]. Si ces échelles de la participation sont diverses, elles distinguent, dans l'ensemble des cas, information, consultation et co-construction/partenariat. Le budget participatif semble ne pas entrer dans une case précise au sein de ces distinctions. En reprenant les travaux fondateurs de Sherry Arnstein, le budget participatif semble aussi bien se relever, en fonction des modalités de mise en œuvre, de la consultation que de la concertation[208]. S'il n'a pas d'obligation de prise en compte du résultat, il n'est pas pour autant une consultation « pure et dure », entendue dans un sens juridique strict.

Les deux consultations, au sens juridique, qui composent le budget participatif sont en réalité une co-construction de projet suivie d'un vote qui relève d'un avis simple. En effet, la première étape du budget participatif, première consultation, est en réalité une proposition de projets qui sont construits, sur la base d'un cadre orienté des élus, par des citoyens, avec

---

206 Cf. *infra* p.210.

207 L'étude de Sherry Arnstein reste le travail de référence : ARNSTEIN Sherry, « A Ladder of Citizen Participation », *Journal of American Institute of Planners*, 1969, n°35/4, p. 216-224.

208 Préalablement, notons, comme il sera vu dans la suite de notre réflexion, que le budget participatif s'accompagne d'une communication forte et renforce les obligations d'information budgétaire.

l'aide des services administratifs. Nous nous situons bien davantage dans de la co-construction de projet que dans la simple consultation. Par définition, la consultation est temporaire, ne cherchant qu'à récolter des avis sans avoir d'influence définitive, tandis que la co-construction est une création à plusieurs mains qui influence effectivement une décision finale, parfois alors cofabriquée. Plus précisément, la co-construction est un processus « institué de participation ouverte et organisée d'une pluralité d'acteurs à l'élaboration, à la mise en œuvre, au suivi et à l'évaluation des politiques publiques »[209]. Schématiquement, le budget participatif semble alors une co-construction de projet qui aboutit à une consultation sur sa réalisation concrète. Cela n'aboutit pas pour autant à une co-construction du budget mais à une co-construction d'une partie de son exécution.

Est-ce que le droit prend en compte cette distinction, ce caractère consultatif « binaire » et transversal ? Dans une première approche, il semblerait que non. En effet, la terminologie de la « co-construction » n'existe que peu dans le vocabulaire juridique, contrairement aux vocables de « consultation » ou de « concertation ». Néanmoins, le CRPA mentionne la notion « d'association du public » à la décision. Ce terme implique un cadre plus large, plus apte à intégrer le budget participatif et la logique précitée. En ce sens, au sein de la réforme de 2015, « le mot 'association' est, sous cet angle, parfaitement bien choisi »[210]. En effet, ce vocable n'empêche pas le développement d'autres pratiques, plus ouvertes au simple domaine de la consultation entendue au sens strict.

Tout bien considéré, cela interroge, par la suite, le cadre juridique qui doit s'y appliquer. Les principes de l'article L131-1 du CRPA sont-ils suffisants ? La singularité ici démontrée du budget participatif n'obligerait-elle pas un cadre juridique spécifique ? Si cette question est posée et donnera lieu à une proposition de réponse dans la suite du corps de notre réflexion[211], il faut noter que, malgré tout, le cadre générique des consultations « innomées » connaît un noyau dur que l'on soit dans une démarche de consultation ou de co-construction. Ainsi, le budget participatif est soumis au respect de ce cadre juridique minimal à toutes les consultations.

---

[209] FRAISSE Laurent, « La co-construction de l'action publique : définition, enjeux, discours et pratiques », Fondation maison des sciences de l'Homme, 2018, 69 p.
[210] Saunier, *op. cit.*, p.2426.
[211] Cf. *infra* p.210.

§2) L'intégration à un régime souple, compromis entre encouragement au développement de l'outil et protection des participants

Le budget participatif, défini comme outil d'association du public à la décision administrative, est soumis au régime de ces derniers. Dessiné par la réforme de 2015 précitée, ce régime a ensuite été approfondi par la jurisprudence administrative. Ainsi, des principes généraux applicables à la diversité des outils consultatifs sont déterminés pour former un cadre protecteur aux participants (A). Le budget participatif se singularise dans ce cadre en s'ancrant plus fortement à un principe de sincérité démocratique (B).

A) Le respect primaire des principes généraux des consultations « innomées »

Au sein du droit administratif, l'intégration de démarches consultatives est relativement récente. Cette dynamique progressivement établie a nécessité la création de principes généraux qualifiés de « cardinaux » (a), que l'on retrouve au nombre de 3 : transparence (b), pertinence du cadre (c) et délai raisonnable (d) de la participation.

a) Des principes constituant un « droit commun » des consultations

Précédemment cité, le rapport du Conseil d'État de 2011 marquait la volonté de créer une loi-cadre posant des principes des consultations *ad hoc*. Il s'agissait de prévoir « les principes directeurs qui doivent guider l'association du public aux réformes et opérations projetées par l'administration, y compris lorsque celle-ci agit en dehors des cas régis par des dispositions existantes »[212].

L'objectif posé était clair : sécuriser les démarches, protéger les administrés et éviter ainsi toute dérive, pénalement répréhensible ou non, dans l'utilisation de ces procédures. L'objectif est donc « de mieux encadrer, par des garanties et procédures minimales, les consultations ouvertes qui interviennent beaucoup plus en amont de la décision, quand il est encore temps d'influer sur la décision »[213]. En effet, depuis le début des années 2000, nombre de collectivités ont développé des politiques intensives de consultation du public[214]. Sécuriser ces outils permettrait alors un développement dénué de risques juridiques. Si l'autorité administrative

---

212CONSEIL D'ÉTAT, *Rapport public 2011, Consulter autrement, participer effectivement*, La Documentation française, p.117.

213*Ibidem.*

214On trouve notamment le cas marquant de la ville de Grenoble, pionnière nationale à grande échelle de ces démarches.

établit des outils non encadrés, cela ne signifie pas qu'elle peut agir à sa guise, de manière arbitraire, dans leur exécution. Le texte de l'article L131-1 fixe ainsi des « principes cardinaux »[215], empreints de souplesse et dont on laissera à la jurisprudence administrative l'opportunité d'en détailler la portée.

Quelques remarques s'imposent avant d'étudier l'appréhension de ces dispositions par les budgets participatifs.

À titre liminaire, les auteurs se rejoignent sur le fait que ces principes cardinaux s'inspirent des principes de la démocratie environnementale, codifiés au sein du Code de l'environnement[216]. Cette proximité met en avant la puissante finalité des principes : rendre le citoyen éclairé et libre de rendre un avis qui finalisera la consultation.

Nous verrons en ce sens que les principes sont aussi proches de certains principes généraux de droit administratif, dont la mise en application se révélera proche.

Alors, en se rattachant à des principes clairs et reconnus, le budget participatif intègre ce qui se dénommerait « droit commun de la participation du public »[217]. Il s'agit, en d'autres termes, d'assurer le respect de plusieurs principes généraux, orientés vers une recherche de « sincérité » dans la consultation[218]. Il est à noter que ces principes donnent lieu à diverses classifications. Dans l'optique de notre étude, le choix a été fait de se situer dans la proximité de la lettre de l'article L131-1 du CRPA pour étudier l'application de tels principes au sein du budget participatif.

b) Le principe de transparence : préalable indispensable à la protection des participants

Le principe de transparence n'est pas inconnu du droit administratif. Il en est au contraire un principe transversal. Comme noté par l'ancien vice-président du Conseil d'État Jean-Marc Sauvé, la transparence est un principe fondamental de l'action publique, permettant la confiance envers le

---

[215]DAVID Jules, « Précisions sur le régime des consultations facultatives du public », *LPA*, 2017, n°247, p.13.

[216]Voir notamment : Code de l'environnement, art. L120-1.

[217]TESTARD Christophe, « Les premiers pas prometteurs d'un droit commun de l'association du public », note sous CE, 19 juillet 2017, Association citoyenne pour Occitanie et Pays Catalan et autres, req. n°403928, *JCP A*, 2017, n°37, p.1601-1604.

[218]Sur le principe de sincérité de la consultation : cf. *infra*. p.79.

représentant[219]. C'est un moyen de lutte contre l'opacité administrative. D'ailleurs, le législateur en a fait un principe essentiel de la démocratie locale, indissociable de la libre administration des collectivités territoriales[220].

Les outils de participation sont marqués du fer de cette obligation de transparence. Comment réussir à faire participer si aucune mesure de publicité n'est mise en place ? Comment permettre une consultation effective sans le respect minimal du droit à l'information ? Au sein de la démocratie participative locale, la transparence s'incarne principalement dans un droit à l'information, juste, suffisante et éclairée, dans la limite des grands principes de respect du secret, de discrétion, de sécurité nationale.

Dans le cadre d'un budget participatif, respecter cette transparence dans les procédures et son déroulé doit permettre d'éviter toute frustration du citoyen. Elle doit aussi lui donner les clés d'un déroulement sain de la démarche. D'une manière générale, la transparence permet aux citoyens, mais aussi, le cas échéant, aux agents publics, de comprendre les objectifs poursuivis, d'adhérer à la politique menée, voire d'y contribuer par un comportement facilitateur[221]. Si le budget participatif est relativement un outil nouveau, force est de constater qu'il doit acquérir l'adhésion des participants.

Si la transparence s'exprime principalement par un devoir d'information, notons que cette dernière doit être suffisante, utile et fiable.

En premier lieu, pour le budget participatif comme pour toute consultation, l'information doit être suffisante. L'information conditionne l'exercice effectif et efficace des droits politiques tant des élus locaux que des citoyens. En effet, « l'information permet, selon les cas, de voter ou de décider en toute connaissance de cause, de se prononcer de manière éclairée, de prendre part aux débats et de jauger l'action de l'élu local »[222]. Il s'agit d'abord d'être informé de la tenue du budget participatif. Il s'agit ensuite d'être informé du contenu matériel et des effets du budget participatif. Cela s'illustre principalement dans le règlement du budget participatif ainsi que dans tous les documents qui peuvent être transmis ou diffusés durant la procédure. Ledit règlement doit être complet. Il devra mentionner l'ensemble des étapes du budget participatif ainsi que les objectifs de chacune d'elles et les droits accordés aux participants. Le cadre est celui d'une publicité régulière, aussi bien individuelle que collective. Nous remarquerons que cela se couple au

---

[219] SAUVÉ Jean-Marc, « Transparence et efficacité de l'action publique », discours au Conseil d'État du 3 juillet 2017.
[220] CGCT, art. L2141-1.
[221] Sauvé, *op.cit.*
[222] DUBREUIL Charles-André, « La démocratie et la transparence », *RFDA*, 2016, p.655.

régime général existant de publicité pour toute délibération administrative. Nous noterons de surcroît l'importance des NTIC dans la diffusion des informations et leur mise à jour.

Ensuite, plus précisément, le Code mentionne la présence d'informations « utiles ». La décision de 2017 et les conclusions du rapporteur public Vincent Daumas ont validé l'interprétation d'une information « claire et suffisante », déterminée en « fonction de l'objet et des modalités »[223] de la consultation. Il ressort de cette interprétation un objectif de pragmatisme dans l'information : il tendrait à y avoir une proportionnalité dans l'importance de l'information vis-à-vis de la finalité participative. Cette logique de proportionnalité n'est pas inconnue du droit public. Au sujet du droit à l'information, le Conseil d'État, en 2012, a caractérisé l'information suffisante en fonction « des circonstances de droit et de fait », adaptée de ce fait à la nature et à l'importance des affaires en question[224]. Valérie Grillet-Carabajal, dans sa note sous l'arrêt « Commune de Mandelieu-la-Napoule », estimait que les membres de l'organe délibérant « doivent simplement pouvoir comprendre la teneur du projet soumis à leur vote et en mesurer la portée. Ils doivent donc être informés de son contexte, être mis à même d'en apprécier la régularité par l'exposé des motifs de fait et de droit qui le fondent et être placés en situation d'en percevoir les enjeux de toute nature »[225].

Si la variabilité du budget participatif peut laisser la place à une définition et expression larges de ce droit à l'information, tout ceci laisse à penser que l'information et la transparence doivent être lues à un prisme finaliste. Toute information nécessaire aux participants doit ainsi être précisée. Il est communément admis que le règlement du budget participatif prévoira des informations sur le dépôt de projet et posera une grille de lecture relative à l'instruction des projets. Les modalités de vote aussi seront présentées. Particulièrement, une vigilance peut être portée quant à la présence des possibilités de recours citoyen ou d'amendements de l'administration. En cas de refus de projet, il semblerait d'ailleurs être nécessaire de motiver de telles décisions défavorables.

Toutefois, il est possible de noter que, si le juge administratif n'interprète pas la lettre de l'article au prisme de la compréhensibilité de l'information, une pédagogie devra être faite pour permettre à l'outil d'être accessible à l'ensemble des participants. Cela est d'autant plus important lorsque des enfants participent. Si cela peut sembler *a priori* difficile à mettre en place,

---

[223] Daumas, *op.cit.*, p.12.
[224] CE, 14 novembre 2012, Commune de Mandelieu la Napoule, n°342327.
[225] *Ibid.*

force est de constater la présence de nombreuses pratiques communes à nombre de collectivités en vue d'intégrer un public large[226].

Finalement, l'information présentée ne doit pas induire en erreur le participant. L'information doit certes être complète, mais elle doit aussi être fiable. Or, le budget participatif est une procédure de consultation double et dont la multiplication des documents informatifs est possible[227]. Il est ainsi nécessaire de trouver une information identique dans la diversité de ces documents, d'autant plus si ces derniers sont numérisés. C'est l'un des fondements d'un contentieux d'espèce mettant en cause le budget participatif de la ville de Grenoble[228]. Cette diversité d'information doit notamment affirmer le caractère final non contraignant de la procédure. En ce sens, dans l'ensemble des documents à destination du public, la clarté des informations doit permettre de faire savoir le caractère non décisoire de l'acte et le pouvoir d'amendement de l'administration.

Relativement à la fiabilité de l'information, un second point de prudence a été marqué par Camille Morio : la distinction des procédures de faisabilité et de recevabilité[229]. En effet, les critères de recevabilité et de faisabilité des projets sont différents. Étant donné les différences de domaines de ces deux étapes, une clarté d'ensemble doit permettre d'éviter tout contentieux[230] et de donner confiance en l'outil.

Le respect adéquat du principe de transparence de l'information est d'autant plus important qu'il est le corollaire des principes d'égalité et d'impartialité. La lettre de l'article L131-1 place les principes d'égalité et d'impartialité dans ces premiers mots. Ces principes ne pourront être respectés qu'à travers une information elle-même impartiale et égale. Ces devoirs d'impartialité et d'égalité s'expriment aussi en cas de présence d'instances structurant la procédure participative. Notons alors, en cas de présence d'un conseil d'évaluation ou de notation, une nécessaire impartialité de ces instances et une information régulière envers elles.

---

226 Cf. *infra* p.111.

227 Règlement, FAQ, charte de la démocratie participative, notamment.

228 Camille Morio préconise la possibilité de prévoir « une séquence de vérification », de compatibilité entre les documents (MORIO Camille, *Guide pratique de la démocratie participative locale*, Berger-Levrault, 2020, p.77).

229 Morio, *op.cit.*, p.80.

230 En cas de rejet de projet, cela semble aboutir à la perte du droit à participer. En ce sens, une motivation de ce rejet, qui sera différente selon les critères de recevabilité et de faisabilité, semble être indispensable.

Ce rapprochement entre consultation et impartialité se retrouve analogiquement dans un second principe : la pertinence du cadre du budget participatif à sa vocation consultative.

c) Le principe de pertinence du cadre du budget participatif : une proportionnalité des moyens aux objectifs de la participation

Le vocable de « pertinence » renvoie à une diversité de définitions. Pouvant renvoyer à une forme de « bon sens », la pertinence dont il est question ici se lit davantage dans un paradigme de cohérence du cadre de la procédure consultative à son objectif. Nous le notions : l'intérêt du régime générique de l'article L131-1 est de poser un cadre d'application, organique et matériel, large[231]. Mais cette liberté n'est pas absolue. Au-delà du respect classique des règles de droit administratif, l'objet consultatif doit respecter une pertinence dans les règles vis-à-vis de son objet. Le budget participatif ne fait pas exception à cela. Les moyens dans la mise en place du budget participatif[232] doivent se structurer, limités, autour de sa singulière vocation : faire participer par la co-construction et le vote d'un projet citoyen.

La décision « Association citoyenne pour Occitanie Pays Catalan » est venue préciser ce point. En validant le fait de limiter à 15 ans le domaine personnel de la consultation, le Conseil d'État pose le principe selon lequel les cadres organiques et matériels de la consultation doivent être conformes à l'objet de la procédure, duquel est déduite sa régularité : « la régularité de la consultation implique également, d'une part, que la définition du périmètre du public consulté soit pertinente au regard de son objet »[233]. Il pose ainsi un principe de relativité du cadre à l'objet de la consultation. Nous retrouvons ici la souplesse recherchée au cadre consultatif : tant que l'objectif de donner tous les moyens à faire participer efficacement, la consultation est correctement établie. De manière complémentaire, ce pragmatisme à l'objet s'incarne aussi vis-à-vis des mesures garantissant la sincérité du vote : « d'autre part, qu'afin d'assurer sa sincérité, l'autorité administrative prenne, en fonction de cet objet et du périmètre du public consulté, toute mesure relative à son organisation de nature à empêcher que son résultat soit vicié par des avis multiples émanant d'une même personne ou par des avis émis par des personnes extérieures au périmètre délimité »[234]. Ainsi, plus que d'établir un cadre adéquat de participation, cette dernière doit offrir les

[231]David, *op.cit.*, p.13.

[232]Nous penserons notamment aux différents domaines : âge des participants, domaine géographique, moyens matériels mis en place afin d'attirer le participant.

[233]CE, Ass., 19 juillet 2017, Association citoyenne pour Occitanie et Pays Catalan et autres, n°403928, Publié au recueil Lebon.

[234]*Ibid.*

moyens pour garantir, sans tomber dans l'excès de la restriction, la justesse de l'expression citoyenne.

Dans le cadre d'un budget participatif, ce point ne donne lieu à une quelconque complication. Si la dualité de consultations oblige à raisonner différemment quant à la pertinence des deux domaines, la grande liberté dans la rédaction du règlement permet ainsi une quasi-liberté dans le thème, le cadre personnel, le cadre de l'objet du budget participatif.

Le juge contrôlera au cas par cas les différents domaines personnel et matériel du cadre du budget participatif. Le pragmatisme et le « bon sens » tendent à laisser une interprétation large de ces cadres. Certains usages sont rationnellement prohibés sur ce fondement. Par exemple, la logique répondra en ce sens que les participants ne pourront être des enfants de très bas âge (0-3 ans).

Plus sectoriellement, un point sensible interroge davantage quant à ce principe de pertinence : la présence d'un délai raisonnable à la participation citoyenne.

d) Le respect d'un délai raisonnable laissé à la participation

Comme pour tout outil de participation, et d'autant plus avec leur adaptation au numérique, les documents et les procédures doivent être cohérents et respecter continuellement l'application des deux principes précités.

Ce principe de cohérence connaît malgré tout un terrain d'expression plus singulier : le jeu du temps. Pour qu'une procédure de consultation soit réussie, il faut laisser le temps nécessaire aux citoyens pour comprendre l'enjeu en question et être éclairés pour voter[235]. Les deux phases de consultations que constituent le budget participatif singularisent énormément cette gestion du temps. Il y a ainsi deux délais à fixer, faisant du budget participatif, par définition, une procédure étendue dans la durée.

En ce sens, l'article L131-1 du CRPA pose le principe de « délai raisonnable ». Le législateur n'a pas précisé ce délai, laissant une relative flexibilité de définition au juge et aux acteurs locaux. Pour le moment, le juge administratif n'a pas eu l'opportunité de statuer sur ces dispositions vis-à-vis des budgets participatifs.

---

[235]Voir en ce sens : CE, 25 févr. 2005, Syndicat de la magistrature, n°265482, Lebon ; *AJDA*, 2005, p.995 : « Considérant, d'autre part, que les parties, qui ont obtenu communication du résultat de cette consultation le 11 juillet 2012, ont disposé d'un délai suffisant pour pouvoir présenter utilement leurs observations ».

Néanmoins, en raison de la proximité naturelle entre les différents outils consultatifs, il est possible de déterminer, par jeu de comparaison, ce qui constituerait un délai raisonnable. L'appui sur les pratiques locales et un brin de logique peuvent permettre une telle entreprise.

S'il peut être exclu de prendre en compte le délai des débats publics[236], le docteur en droit Florian Pinel a eu l'occasion, dans sa thèse, de mettre en avant un standard de 15 jours pour les procédures de consultations ouvertes. Les consultations sur Internet[237], pour cause d'expropriation ou de projet portant atteinte à l'environnement, proposent toutes un délai minimal de 15 jours entre le dépôt du dossier et la consultation. Dans l'ensemble, le législateur semble estimer que, par un tel délai de quinze jours, le public dispose d'un temps suffisant pour s'informer sur le projet, préparer et émettre ses observations[238]. Il est largement soutenu une contestation de ce délai, souvent jugé trop court[239]. Si ce standard est critiquable à bien des aspects, son intégration dans le budget participatif est théoriquement admissible.

Ce préalable noté, en pratique, néanmoins, des délais plus longs sont laissés aussi bien pour la phase de dépôt de projet que de vote. Dans les usages, le délai de dépôt est plus long que celui du vote. On notera en ce sens que le règlement du budget participatif albigeois pour 2024 pose des délais de 3 mois et de 2 mois pour les phases respectives de dépôt et de vote. Les pratiques du budget participatif se situent, en moyenne, dans ces mêmes délais, dépendant des pratiques et des calendriers budgétaires de chaque commune.

L'interrogation se reporte alors sur le délai maximum des procédures constitutives. Dans une perspective de bonne administration et de réduction des coûts, la tendance est à la limitation de ce délai. C'est un point sur lequel la portée budgétaire du budget participatif le singularise. Rattaché nécessairement au budget communal, le principe d'annualité obligera un délai d'un an maximum[240].

---

[236]En d'autres termes, 6 mois.

[237]Voir en ce sens : CRPA, art.L.132-3.

[238]PINEL Florian. *La participation du citoyen à la décision administrative,* thèse de doctorat (sous la direction de Gweltaz EVEILLARD), Université de Rennes, 2018. Français, p.587.

[239]Selon Florian Pinel, « le standard de quinze jours apparaît en effet assez court au regard des fonctions associées à ces procédures de consultation du public, qui doivent en principe permettre au public de contester le projet, de participer démocratiquement à son élaboration, de l'améliorer en soumettant des propositions et des contre-propositions de nature constructive, enfin de le rendre plus légitime. » (*Ibid.,* p.595).

[240]Sur la possibilité d'un budget participatif pluriannuel : cf. *infra* p.155.

L'ensemble de ces principes permet de favoriser égalité et impartialité de l'entreprise consultative. Un autre objectif commun se greffe à cela : éviter de faire dévier la justesse de l'expression citoyenne. Tout semble ainsi faire découler un principe de sincérité, principe qui prend alors, vis-à-vis des consultations innomées, une forme renouvelée. Le budget participatif matérialise plus fortement cette tendance.

B) Le respect second d'un principe émergent de sincérité de la participation

Les lectures de l'article L131-1 et de ses approfondissements jurisprudentiels tendent à intégrer une logique de sincérité, traditionnelle au scrutin électoral, aux procédures consultatives. Les singularités du budget participatif le rendent plus sensible à cet office-là : il tendrait à le matérialiser davantage.

a) Le rapprochement récent entre sincérité du scrutin et droit commun de la consultation

Le principe de sincérité se définit comme la recherche d'un *optimum*[241], la recherche d'une vérité, d'une honnêteté dans l'action administrative. Dans une perspective démocratique, il s'agirait de tout mettre en place pour révéler « la vérité » de l'expression citoyenne. Si la notion de sincérité s'incarne dans de nombreux domaines du droit[242], elle n'en reste pas moins une « notion impressionniste »[243] par un défaut de visibilité juridique et d'études attachées. Il est certain que le principe de sincérité a une portée politique, sensiblement attachée à la philosophie de la morale. Juridiquement, son incarnation dans le scrutin le fait matérialiser dans deux domaines : individuel et collectif, comme instrument de lutte contre toute exaction envers le scrutin qui vicierait les choix de l'électeur[244]. Une participation sincère serait ainsi celle qui offre au citoyen, non seulement une faculté de s'informer de manière claire, mais aussi de s'exprimer selon des modalités suffisantes, promouvant dans les deux cas une forme d'objectivité.

---

[241]Pinel, *op.cit.*, p.607.

[242]Au sein du droit civil comme pénal, le principe existe.

[243]GHEVONTIAN Richard, « La sincérité: une notion impressionniste ? », *in Sincérité et démocratie : colloque organisé le 29 janvier 2010, à la Faculté de droit et de science politique d'Aix-Marseille,* Presses universitaires d'Aix-Marseille, 2011, p.7.

[244]Dans le cadre d'un colloque consacré au principe de sincérité, la professeure Nathalie Dompnier distingue les dimensions individuelle et collective du principe de sincérité. La seconde est un outil de lutte contre les fraudes. Elle est, de ce fait, de nature « algébrique ». La première, attachée à la personne même du citoyen et à l'objet du vote, se perd aujourd'hui. Elle constituerait davantage une question de bonne connaissance des enjeux. (DOMPNIER Nathalie, « Pour une sociologie historique de la 'bonne élection'. Les rapports tumultueux entre sincérité et légitimité » *in Sincérité et démocratie : colloque organisé le 29 janvier 2010, à la Faculté de droit et de science politique d'Aix-Marseille,* Presses universitaires d'Aix-Marseille, 2011, p.97).

Par l'invocation des notions de transparence et de pertinence du cadre consultatif, le Conseil d'État, en 2017, semble faire découler un impératif de sincérité des principes cardinaux d'impartialité et d'égalité :

« Il incombe en particulier à l'autorité administrative qui organise une consultation dans les cas qui relèvent de l'article L. 131-1 du code des relations du public et de l'administration d'en déterminer les règles d'organisation conformément aux dispositions de cet article et dans le respect des principes d'égalité et d'impartialité, dont il découle que la consultation doit être sincère ».

D'ailleurs, c'est sur le fondement du principe de sincérité que le rapporteur public Vincent Daumas a proposé d'approfondir la lettre de l'ordonnance de 2015[245]. Le juriste Jules David note à ce propos que le Conseil d'État a suivi les propositions du rapporteur public. Il précise que la décision de 2017 « étoffe les contraintes » par l'obligation faite à l'administration de prendre « en fonction de cet objet et du périmètre du public consulté, toute mesure relative à son organisation de nature à empêcher que son résultat soit vicié par des avis multiples émanant d'une même personne ou par des avis émis par des personnes extérieures au périmètre délimité »[246].

Nous remarquerons aussi que le juge administratif renforce l'ensemble des principes précités aux yeux du principe de sincérité. Un tel principe de sincérité semble ainsi l'élément transversal, le dénominateur commun des principes de transparence, de pertinence et de délai raisonnable. Les principes de pertinence et de transparence traduisent l'ensemble de la doctrine portée sur le principe de sincérité en droit public. Ils cherchent à éviter toute instrumentalisation et vice du résultat, pour protéger « la vérité » de l'expression citoyenne. En ce sens, les principes précités de la participation du public tendent à aboutir au même objectif que le principe de sincérité : l'absence de manipulation des résultats et la mise en place de tout moyen afin d'éclairer le participant. Par de tels termes, le juge administratif, qui suit les conclusions du rapporteur public, rapproche le droit de la participation du droit électoral[247]. Garantir une égalité dans la participation et une impartialité de l'information doit permettre de donner les armes

245« Au-delà de ces principes généraux énoncés par l'article L. 131-1 du CRPA, au-delà des règles déjà explicitées par votre jurisprudence en matière de procédures non obligatoires, nous croyons également que toute procédure de consultation du public, même suivie à titre facultatif, est soumise à une exigence de sincérité » / « Ainsi, dans le cas d'une procédure de consultation du public suivie à titre facultatif, comme celle en cause dans la présente affaire, il est difficile de ne pas regarder certains des principes énoncés par l'article L. 131-1 du CRPA comme des garanties - garanties données au public et tendant à assurer que la consultation, certes suivie à titre facultatif, sera sincère » (Daumas, *op.cit.*, p.14).

246David, *op.cit*, p.13.

247MORIO Camille, « Le droit électoral et le droit de la démocratie participative : de nouvelles frontières ? », *Bulletin juridique des collectivités locales*, 2020, n°12, p.89.

nécessaires à la juste expression du corps citoyen. Le principe de délai raisonnable permet, quant à lui, de donner le temps nécessaire aux participants de s'informer et d'être le mieux éclairé possible avant toute prise de décision. Alors, il semble cohérent que les outils de démocratie participative, en raison de la valeur que le législateur tend à leur donner, respectent un tel principe de sincérité. Le référendum d'initiative locale y est soumis[248].

Rendre concret un tel principe n'est pas facile pour les outils de participation. En tant qu'outil consultatif, le budget participatif tendrait-il à matérialiser une telle dynamique ? Les singularités dans sa mise en œuvre permettent de répondre par l'affirmative.

b) Le budget participatif comme matérialisation du principe de sincérité de la participation

« L'institution du budget participatif introduit une nouveauté notable par rapport à des demandes exclusivement consultatives (...) il s'agit cette fois de transférer directement une partie du pouvoir de décision à la population en lui permettant d'imposer des directives »[249]. Si ces propos paraissent archaïques aujourd'hui, ils expriment une singularité du budget participatif face aux autres outils de consultation. Cette singularité, que le budget participatif tire de ses racines brésiliennes, semble devoir faire matérialiser plus fortement un principe de sincérité.

Le budget participatif, par son caractère constructif et son développement récent, semble, en réalité, justifier davantage ce principe de sincérité. Puisqu'il aboutit à une utilisation directe de deniers, il tendrait à obliger une sécurisation plus forte de la sincérité de la consultation. Si le risque de détournement de procédure ne connaît pas pléthore d'exemples, ces risques ne sont pas à exclure. En effet, nous savons que le budget participatif peut être soumis à de la triche[250]. De telles triches, par les diverses formes qu'elles puissent prendre, réduisent la légitimité de l'avis donné comme base de la décision administrative finale. Les bienfaits démocratiques du budget participatif semblent fortement découler du respect d'un tel principe. Le

---

[248]Voir en ce sens CAA Lyon, 9 septembre 2020, Ville de Grenoble, n°18LY02733. Le juge administratif attache ici le référendum d'initiative locale au respect des principes fondateurs du scrutin électoral.

[249]BLONDIAUX Loïc, *Le nouvel esprit de la démocratie, Actualité de la démocratie participative*, La République des idées, Le Seuil, 2008, p.50.

[250]LE FOLL Clément, « Les budgets participatifs menacés par la triche », *Gazette des communes*, 24 août 2020. Ce dernier article donne deux exemples de triches : des faux profils numériques (Commune de Courbeneuve) et un bourrage des urnes dans le cas d'un vote papier (Commune de Metz).

principe de sincérité impliquerait notamment l'utilisation de tout moyen devant éviter tout détournement.

D'abord, la singularité du budget participatif se voit dans l'ensemble des outils mis en place afin de garantir l'application du principe. Symboliquement, certaines collectivités ont mis en place une procédure proche du scrutin électoral : urne, enveloppe, vote et dépouillement. Hormis la symbolique qui fait penser le budget participatif comme une compensation du temps long entre deux élections, l'utilisation de ces outils propres au scrutin permet d'éviter les dérives et détournements de la consultation.

A fortiori, se perçoit une proximité réelle du budget participatif avec la démarche du scrutin. Les deux se rattachent à une promesse quant à la mise en place d'une politique publique ou d'aménagements [251] . Les deux fonctionnent à partir d'une démarche de campagne, certes à des degrés différents. Les deux se concluent par un vote. Plus que le scrutin, la campagne et le vote sont les éléments principaux de cette proximité recherchée. De telles démarches tendent à protéger les 2 volets du principe de sincérité, comme définis dans les travaux de Richard Ghevontian[252] : liberté et égalité du scrutin. Le budget participatif est une matérialisation poussée du respect de ces deux composantes.

D'une part, la liberté du scrutin, qui correspond à la liberté et à la neutralité du vote, connaît une portée importante. À l'aune de ce qui précède ces mots, il n'y a pas de contestation à affirmer cela. Néanmoins, s'il est poussé jusqu'au bout, un tel raisonnement interrogerait sur le secret du vote. « Il ne peut y avoir sincérité sans vote secret »[253]. Le secret du vote, comme défini par l'article L.59 du Code électoral, est un instrument fort en faveur du principe de sincérité collective. Le cadre versatile du budget participatif tend à faire persister, dans les pratiques, une absence de publicité du vote. Une tendance récente lui donnerait une force plus probante, notamment dans sa recherche subsidiaire d'éducation à la citoyenneté.

D'autre part, l'égalité du scrutin connaît aussi une matérialisation, dans ses deux aspects : « conditions de compétition » et « égalité de décompte »[254]. Garantir une transparence égale et une pertinence efficace au cadre du budget participatif donne un corps à un principe d'égalité comme fil rouge de la procédure. Il suffit, en ce sens, de s'intéresser aux kits de participation

---

[251] Sur l'engagement variable au projet : cf. *infra* p.120.

[252] Ghevontian, *op.cit.*, p.7.

[253] GHEVONTIAN Richard, « La notion de sincérité du scrutin », *Cahiers du Conseil Constitutionnel*, n°13, Janvier 2003.

[254] *Ibidem.*

et de campagne, tous deux garantissant une égalité des candidats. La matérialisation des principes cardinaux tente, en un sens, d'exclure une influence trop importante du politique. Si celle-ci est indispensable, elle ne doit influencer la procédure et le résultat de la consultation de telle sorte que l'avis des citoyens soit trop orienté. Le but est de laisser le budget participatif aux mains de ceux qui en sont acteurs. Du moins, si cette influence de l'élu existe comme indispensable, elle doit être suivie par une information envers les participants de ses effets sur la participation. C'est le cas, par exemple, du possible droit de veto du maire sur les projets qui réussissent la phase d'instruction. La singularité dans la co-construction et la perte plus importante de souveraineté mettent le budget participatif au plus près des consécrations du principe, surtout quand en sont perçues les triches[255].

Ce rapprochement entre budget participatif et sincérité est cohérent car le principe de sincérité est intrinsèquement lié au concept de démocratie. La sincérité « est consubstantielle à la notion de démocratie à tel point qu'elle apparaît induite et que l'on n'y prête plus quasi attention »[256]. Le principe de sincérité fait lien entre démocratie représentative et démocratie participative en tant que dénominateur commun. Si la sincérité se rattache traditionnellement au modèle représentatif de la démocratie, pourquoi ne pas l'invoquer au sein du modèle participatif ? Si la démocratie s'élargit et change d'expression, ses conséquences et ses cadres aussi doivent changer de forme. Lors d'un colloque dédié au principe de sincérité, Marthe Fanti Rouge Stéfanini le remarque justement[257]. La démarche du vote, qui est propre au modèle représentatif et que le budget participatif matérialise dans le modèle consultatif, oblige à un lien de confiance entre le représenté et le représentant. C'est en ce sens qu'une obligation de moyens à cette sincérité est établie dans la jurisprudence[258]. La sincérité cherche le reflet du corps citoyen dans l'élection[259]. Cet idéal de démocratie représentatif intègre assez

---

[255] CONQUET Emma, « Budget participatif : les petits arrangements de la mairie de Toulouse », Médiacités, 19 décembre 2021.

[256] PHILIPPE Xavier, « Préface », *in Sincérité et démocratie : colloque organisé le 29 janvier 2010, à la Faculté de droit et de science politique d'Aix-Marseille*, Presses universitaires d'Aix-Marseille, 2011, p.3.

[257] Il y aurait, selon elle, une proximité entre le scrutin national et référendaire, proximité marquée sur le principe de sincérité (FATIN-ROUGE STEFANINI Marthe, « La sincérité de l'expression référendaire : étude de droit comparé », *in Sincérité et démocratie : colloque organisé le 29 janvier 2010, à la Faculté de droit et de science politique d'Aix-Marseille*, Presses universitaires d'Aix-Marseille, 2011, p.329).

[258] CE, Ass., 19 juillet 2017, Association citoyenne pour Occitanie et Pays Catalan et autres, n°403928, Publié au recueil Lebon.

[259] Sur l'absence d'inclusion du participant à la démocratie participative : cf. *infra* p.209. Reproduire le corps social n'est pas facile. La démocratie participative, et plus particulièrement

logiquement la démocratie participative dont les singularités du budget participatif constituent un symbole fort.

Cette proximité entre budget participatif et scrutin oblige à s'interroger sur la question suivante : quelle serait la limite à l'application de sincérité du scrutin électoral ? Si la sincérité se rattache aux outils consultatifs dont le budget participatif est « porte-drapeau », cela voudrait-il faire appliquer l'ensemble du régime attaché à ce principe ? Pourrait-on avoir une harmonisation du droit du vote au sein des deux modèles de démocratie, car il y aurait des enjeux parallèles ? Comme annoncé plus tôt, les différents référendums y sont attachés. La question se pose notamment vis-à-vis de l'application potentielle du contentieux électoral. Pourtant, rattacher les spécificités de ce contentieux, notamment de la lettre du Conseil des Sages et du Conseil d'État[260], ne semble pas opportun. En effet, cela tendrait à rigidifier un cadre juridique qui trouve une force dans sa souplesse. En outre, ce serait nier la distinction de corps électoral entre les deux objets juridiques : une telle réflexion reviendrait à faire appliquer entièrement un principe du droit du scrutin, fondé sur les électeurs, à une consultation fondée sur la notion d'« habitants » au sens plus large. En effet, est amorcé ici un changement dans la conception de la notion de « citoyen » : le budget participatif se fonde davantage sur l'approche « située », « localisée », du citoyen.

Finalement, il se perçoit ainsi que la sincérité protège une relation élu-citoyen saine sur le plan juridique. En effet, en obligeant le respect des conditions qu'il s'est fixé et en forçant le respect de principes cardinaux du droit administratif, le principe traduit une justesse dans l'expression de la participation citoyenne, le citoyen n'étant pas trompé et son avis non vicié.

Il n'empêche, si un tel cadre existe, il reste conditionné par les principes de libre administration et de liberté de gestion des affaires locales. Cette liberté conditionne l'outil, malgré ses fondements juridiques, à une conception politique des affaires locales et, alors, de la participation. Le budget participatif n'en est pas une exception.

Chapitre 2 : Le conditionnement à la volonté politique des élus

Le modèle représentatif existe par l'action élective. Si la discipline juridique y est structurante, la représentation se fond, parallèlement, au sein d'une autre discipline : la science politique. Le budget participatif ne peut pas se

---

le budget participatif, connaît une difficulté à faire participer un panel suffisamment large et représentatif des locaux.

[260] Voir notamment CE, 5 avril 1996, n°176905.

détacher d'une étude dans ce champ disciplinaire. En effet, les outils de participation connaissent une étreinte de la figure élective. Le budget participatif n'en est pas exception : il s'intègre dans le giron du « paternalisme » des élus, en premier lieu du maire pour ce qui relève de la commune.

Nous remarquerons d'abord que ce « paternalisme » est une conséquence du principe de libre administration (Section I). En ce sens, le « paternalisme » des élus tire son fondement de la liberté de gestion des communes. Néanmoins, ce dernier ne peut pas être total. Outre les limites législatives et constitutionnelles étudiées plus tôt, l'action des élus est conditionnée par le renouvellement des moyens humains et techniques à faire participer.

Plus précisément, ce « paternalisme » se matérialise dans l'objet du règlement (Section II). Ce dernier, qui détaille l'ensemble des règles auxquelles la collectivité se soumet, en est l'outil de son expression primaire. Le règlement exprime ainsi une manière plus ou moins souple et plus ou moins efficace de permettre la participation au budget participatif. Il en découle une volonté variablement importante des élus de partager les « tâches décisionnelles ».

I. Le budget participatif soumis à l'autorité quasi totale des élus sur la participation locale

En dehors du cadre minimal précité, le budget participatif reste un outil de démocratie locale libre. Si, en dehors du cadre minimal, le budget participatif est laissé libre, il est laissé libre aux acteurs qui le mettent en place. En d'autres termes, il y a un conditionnement naturel de la participation aux élus, conditionnement attaché au modèle représentatif. De ce fait, le budget participatif est contraint par les intentions des élus. Les élus sont ici entendus dans leur double nature : figure politique locale et individu convaincu. En ce sens, cette intégration naturelle est la continuité du conditionnement des autres outils de participation (§1). Le budget participatif en suit ainsi les risques, certes potentiels, de dérives de la participation.

Néanmoins, cette présence de l'élu n'est pas absolue. Des limitations plus pratiques s'opposent à cela. La démocratie participative renouvelle la gouvernance et, par-là, les moyens techniques et financiers d'ingénierie administrative. Le renouvellement de cette ingénierie constitue une nécessité à cette présence politique alors « quasi totale » de l'élu (§2). L'innovation que représente le budget participatif oblige davantage à interroger ce dernier point.

§1) La dépendance originelle du budget participatif au « paternalisme » des élus

Si la libre administration des collectivités territoriales, principe juridique, est un fondement à l'absence de caractère décisoire de principe du budget participatif[261], elle est aussi un fondement à l'exercice du pouvoir élu. Au sein de la discipline de la science politique, dont il est sectoriellement question ici, le budget participatif connaît un intérêt et une efficacité dépendants de celui qui le met en place, l'élu, en l'espèce le maire et les délégations spécialisées. Plus particulièrement, car le budget participatif est pensé traditionnellement comme un outil de contre-pouvoir, le maire reste au centre du dispositif participatif, en sa qualité de chef de l'administration et d'ordonnateur des dépenses. Se perçoit alors la dépendance naturelle du budget participatif au modèle représentatif communal, singularisé par un présidentialisme fort (A). Cette dépendance naturelle à l'élu n'écarte pas les risques d'instrumentalisations du budget participatif (B), risques fréquents pour toute participation, locale comme nationale.

A) Une dépendance à la double figure de l'élu

Ce conditionnement naturel de la participation à l'élu est cohérent. Il est la traduction dans le domaine de la science politique du modèle juridique représentatif. Ce conditionnement connaît deux volets. Il s'agit d'abord d'un conditionnement à la figure de l'élu comme représentant municipal (a) avant d'être un conditionnement à l'élu comme individu, avec son parcours et ses aspirations personnels (b), auxquels le budget participatif est particulièrement sensible.

a) Un conditionnement premier à la figure politique de l'élu municipal

La conception en science politique de l'élu ne peut se détacher de son appréhension juridique. Elle en découle même. Si la démocratie représentative comme modèle de gouvernement local est une évidence sur le plan juridique, elle entraîne aussi des répercussions dans la conception politique de l'élu et son rôle, notamment à l'échelon communal.

La démocratie représentative s'est progressivement ancrée dans le système local comme inspirée de la représentation nationale. En ce sens, le système politique et institutionnel communal rime tout autant avec une présidentialisation des institutions qu'avec la faiblesse de son parlementarisme. Même si, théoriquement, le pouvoir de décision relève du

[261] Cf. *infra* p.120.

conseil municipal[262], l'exécutif local, dont le maire, ne connaît pas de contre-pouvoir conséquent. Le scrutin mélangeant proportionnel et majoritaire laisse la voie à un exécutif fort et à un présidentialisme poussé. Les phénomènes consécutifs de fait majoritaire et d'irresponsabilité politique expriment une même tendance. La culture n'est pas celle de la participation.

De ce fait, l'élection est et demeure la source première de la légitimité de l'élu municipal. On notera que la notion d'élu renvoie, ici, en premier lieu au maire. Mais l'ensemble des élus municipaux sont aussi acteurs de la dynamique qui est étudiée ici. Le suffrage universel par liste communale constitue le fondement juridique du modèle représentatif municipal. Le principe est celui d'un élu, détenteur du monopole de l'impulsion politique, plus apte à définir ce qui relève de l'intérêt général. De surcroît, ce monopole d'impulsion à la décision se double d'un monopole sur le budget et son exécution. Ainsi garant des intérêts d'un groupe de citoyens, l'élu est la source de la mise en place d'outils de démocratie participative locale, plus fortement lorsque ces décisions entraînent des répercussions financières. Ce « volontarisme » dans l'association des citoyens à la décision budgétaire s'inscrit au sein d'une tradition française marquée par une pratique « quasi monarchique » du pouvoir local. Le maire est en effet juridiquement chef de l'exécutif et président de l'assemblée délibérative[263]. Il en découle alors que l'élu fait dépendre le budget participatif de son pouvoir décisionnel issu de sa légitimité élective.

Dans une période « d'impératif participatif et délibératif »[264], l'élu reste néanmoins libre de mettre en place de tels outils et de décider de la manière de les mettre en œuvre. S'il n'est pas seul à le mettre en place, accompagné des services et directions plus techniques, il est aval et amont de la décision consultative.

Aujourd'hui, la légitimité élective ne peut plus être la seule source d'acceptation de la décision par la population locale. Si l'élection reste la source originelle de la légitimité municipale, elle est concurrencée. Pour Dominique Rousseau, par exemple, « l'élection n'est pas, en soi ou nécessairement, le principe unique et exclusif, suffisant et distinctif de la démocratie ; elle n'a pas été et elle n'est pas le seul mode de participation populaire à l'exercice du pouvoir, le seul ressort de la légitimité

---

[262]On retrouvera par ces mots la lettre de l'article 72 alinéa 2 de la Constitution du 4 octobre 1958.

[263]PORTAL Eric, « Les budgets participatifs locaux : un outil de participation citoyenne en développement mais aussi en trompe-l'œil ? », *RFFP,* 2020, n°153, p.245.

[264]BLONDIAUX Loïc, SINTOMER Yves, « L'impératif délibératif », *Rue Descartes,* 2009/1, n° 63, p.28-38.

démocratique »[265]. Alors, la légitimité tirée du scrutin électoral tend à se réitérer au cours du mandat politique par le biais de divers outils. Le budget participatif, par sa répétition annuelle, répond à cet impératif de « justification constante » de l'élu, dans un paradigme d'intégration de la démocratie participative au modèle représentatif. L'émergence d'outils non législatifs volontaristes, n'aboutit toutefois pas à mettre fin à une initiative « encore largement descendante »[266].

Le degré de pertinence et d'efficacité des modalités du budget participatif dépend des élus et de l'équipe municipale, le maire au premier plan. Parfois sous influences[267], le maire entraîne la dynamique participative et, dans notre cas, la réussite d'un budget participatif. L'application d'un pouvoir décisionnel plus horizontal est conditionnée par ledit élu. Une telle réflexion est d'autant plus forte dans le cas où il s'agirait de la mise en place d'un premier budget participatif, comme c'est le cas pour nombre de municipalités.

L'organisation du budget participatif est en ce sens contrôlée légitimement par les élus, dont le maire, ordonnateur des dépenses. S'il peut décider, avec l'ensemble des élus, de coconstruire avec le citoyen le règlement, il ne peut ne pas être responsable de ce dernier. Les élus sont ceux qui fixent le cadre décisionnel du budget participatif, car ce sont eux qui en font l'engagement. Par ces mots, il ne faut pas omettre le rôle actif des services, qui, aidant à mettre en œuvre, restent sous la hiérarchie des élus.

Ainsi, il est facile d'affirmer que « la conception même du budget participatif est profondément marquée par une forme de paternalisme des élus vis-à-vis de la population (..) si la participation des habitants est revendiquée (..) celle-ci doit se fondre dans le cadre précisément délimité que l'équipe municipale »[268].

---

[265] ROUSSEAU Dominique, « La démocratie continue : fondements constitutionnels et institutions d'une action continuelle des citoyens », *Confluence des droits,* 2020, n°2, p.7.

[266] « L'initiative de la participation est encore très largement 'descendante', les autorités mettant en œuvre des processus de leur propre initiative ou parce qu'elles y sont contraintes par les textes. Des initiatives citoyennes existent, mais elles ont été largement neutralisées par le jurislateur. » (DUVAL Eugénie. *Participation et démocratie représentative : le cas de la France,* thèse de doctorat (sous les directions de Jean-Manuel LARRALDE et Marie-Joëlle REDOR-FICHOT), Université de Normandie, 2020, p.278).

[267] En cas notamment d'absence de connaissances précises dans ce domaine complexe et nouveau pour nombre d'élus municipaux.

[268] SAINTY Jessica, « La démocratie participative au secours du paternalisme des élus. À propos des usages politiques d'un budget participatif », *Participations,* 2020/1-2, n°26-27, p.77-103.

Une telle dépendance à l'élu est juste et logique. Elle est une continuité du modèle représentatif qui caractérise les institutions locales. La démocratie participative se fond naturellement dans le fonctionnement des institutions représentatives, en raison du respect du principe d'unité territoriale. Toutefois, elle ne doit pas néanmoins laisser penser que l'élu se sentirait dépossédé de son pouvoir par l'usage d'outils participatifs. Le budget participatif n'est pas une exception à cette dynamique. Il « continue à susciter le débat, notamment en ce qu'il peut parfois être perçu comme un facteur de remise en cause de nos systèmes de représentation politique »[269]. Au contraire, « ses plus fervents défenseurs y voient à l'inverse l'avant-garde d'une gouvernance locale refondée »[270]. Le modèle du régime représentatif est un obstacle aujourd'hui infranchissable à une déresponsabilisation des élus. La « dévitalisation » de son pouvoir n'est que politique et reste décidée et conditionnée par l'élu lui-même[271]. En ce sens, le budget participatif est souvent une composante à part entière des programmes électoraux, renforçant ici le rattachement intrinsèquement politique du budget participatif au maire. En outre, l'élu conserve la possibilité de contrôler cette « délégation de pouvoir décisionnel » par de nombreux biais qui seront étudiés par la suite[272].

Une conception dérivée de la démocratie participative en fait dériver les effets. Ces mauvaises conceptions sont doubles. Soit la participation est perçue comme un outil de réduction inextricable de pouvoir souverain, ce qu'elle n'est pas, et ses bienfaits peuvent être *de facto* réduits. Soit l'élu utilise cet outil afin de reconfirmer sa légitimité. Sur ce dernier point, ne serait-ce déjà que sur le point de vue « idéologique », la participation et le budget participatif perdraient leur finalité première : le partage du travail démocratique, perdu au détriment d'un gain au profit unique de l'élu[273]. Comme le notait en 1999 Jacques Chevallier, « la participation est parfois utilisée par des élus comme moyen (…) de confirmer leur légitimité »[274]. Ces deux dérives semblent témoigner parfois d'un manque de connaissance des élus aussi bien quant à la portée des outils, qui fait naître certains fantasmes, que dans les bénéfices qu'apportent ces outils.

Cette dépendance au maire et aux élus fait aussi, de manière plus précise, conditionner l'outil à la personnalité des principaux élus concernés, en tant qu'individus.

---

[269]Tinlot, *op.cit.,* p.19.

[270]*Ibid.*

[271]Cf. *infra* p.120.

[272]Cf. *infra* p.107.

[273]Nous amorçons le risque d'instrumentalisation du budget participatif : cf. *infra* p.91.

[274]CHEVALLIER Jacques, « Conclusion », *in* BLONDIAUX Loic (dir.), *La démocratie locale. Représentation, participation et espace public*, 1999, PUF, p.401.

b) Un conditionnement second aux idées et au parcours personnels de l'élu

À titre liminaire, notons que la mise en place d'un budget participatif n'est aujourd'hui plus conditionnée à la couleur politique des élus municipaux. Si le développement au sein du territoire national du budget participatif a été influencé par des groupes politiques progressistes, le budget participatif français est aujourd'hui un outil neutre sur ce point-là[275]. Néanmoins, la couleur politique reste déterminante dans le degré de ferveur et d'encouragement à la participation au budget participatif[276].

Quoiqu'il en soit, la personnalité de l'élu, son militantisme et ses convictions constituent des éléments seconds à prendre en compte dans la mise en place d'un budget participatif, comme outil effectif à la participation locale. C'est en effet du maire que va dépendre la dynamique participative, en relation directe avec l'ensemble des services et des élus respectifs.

Ainsi, la formation, la professionnalisation et les idées propres d'un élu jouent un rôle prépondérant dans le développement d'une politique participative au sens large[277]. Le manque de connaissance sur ce point-là, sans que ce terme paraisse dégradant ou dis-qualificatif de l'élu, pourrait se traduire en une méfiance injustifiée envers le budget participatif et, *a fortiori*, de toute démocratie participative locale. Les usages des conseils de quartiers sont ici de bons exemples de cette dynamique. Si pour certains élus, les conseils de quartiers sont des outils de rencontres citoyennes efficaces, pour d'autres, les conseils de quartiers apparaissent tels des « chambres d'enregistrement ».

L'étude de la sociologie de l'élu comme personnalité politique et militante est primordiale dans l'appréhension du cadre général du budget participatif[278]. Une telle analyse est essentielle dès lors que l'outil relève d'une véritable innovation. En ce sens, différentes études ont mis en avant l'importance d'une personnalité forte et convaincue de l'élu à l'émergence d'un budget participatif efficace. Ce fut particulièrement le cas pour la commune d'Avignon[279]. Le maire de cette dernière, arrivé en 2014, a mis en place un budget participatif pour l'année 2018 comme marqueur de

---

[275]Voir en ce sens : Bézard, *op.cit.*, 2022, p.5.

[276]Ibidem.

[277]« Mais il reste que c'est parmi les élus que se retrouvent celles et ceux qui 'plébiscitent l'amalgame participation et proximité pour se dispenser de procédures trop contraignantes', 'domestiquent la démocratie participative sous la forme d'un jeu de l'expérimentation participative' » (PETIT Guillaume, « Les élu·es aiment-elles et ils la démocratie ? », *Participations,* 2020/1, n° 26-27, p.7-40).

[278]Le règlement du budget participatif incarne cela : cf. *infra* p.107.

[279]Sainty, *op.cit.,* p.77.

distinction au précédent mandat. La décision de mise en place d'un tel outil n'était qu'une initiative de ce dernier, étant le seul à en connaître l'existence et les règles attenantes. Ancien universitaire, son expérience le rend convaincu des bienfaits de la démocratie participative et fait donc de l'élu une véritable impulsion d'une culture qui perdure aujourd'hui. Les connaissances et appétences d'un élu sont alors souvent le point de départ d'un projet participatif d'ensemble[280]. Si les élus cherchent à faire participer, c'est qu'ils ont conscience de l'enjeu de légitimation des décisions et de leur mandat que permet la démocratie participative[281].

Mais de telles connaissances pourraient aussi avoir des côtés pervers. Une mauvaise connaissance entraîne une certaine méfiance à l'utilisation du budget participatif. La méfiance, fondée sur la raison précitée de potentielle perte de pouvoir, est souvent alors une erreur de conception, et du budget participatif, et de la démocratie participative locale *a fortiori*. Le cadre juridique et politique protège le modèle représentatif. La participation ne le conteste pas, elle le renouvelle. Certains élus ont tendance à opposer démocraties représentative et participative. Or, les deux se complètent. Les deux sont marqués par un noyau commun dont seules les méthodes d'application diffèrent. En doctrine positive, la démocratie participative est définie comme une complémentarité procédurale, en accompagnement de la prise de décision locale. « Démocratiser l'administration » ne veut pas dire se décharger de ce pouvoir. Au contraire, il s'agit de conserver l'expertise de l'élu en y intégrant le citoyen : l'intégration de la démocratie participative à la démocratie représentative s'inscrit en effet dans un projet de révision de la division du travail politique jusqu'ici pratiquée. Il signifie un rapprochement entre le savoir profane et le savoir expert[282]. La personnalité de l'élu est inégalement sensible à cette réflexion, nécessitant des efforts de formation.

Refuser, par cette méfiance erronée, la mise en place d'un budget participatif ne doit pas venir traduire le refus de toute ouverture à la consultation. Le risque serait d'empêcher toute mesure de renouvellement des pratiques[283]. Néanmoins, comme il sera remarqué par la suite, le budget participatif est marqué de plus en plus par une dynamique d'engagement de l'élu à la réalisation du projet voté. Si cet engagement semble politiquement louable, il floute la ligne rouge entre représentation et participation que constitue l'absence de caractère décisoire de la participation.

---

[280] Cette conscience démocratique est aussi substantiellement influencée par d'autres externalités dont le degré de formation des élus et la concurrence entre territoires.

[281]Talpin, *op.cit.*, p.34.

[282]BHERER Laurence, « Les relations ambiguës entre participation et politiques publiques », *Participations*, 2011/1, n° 1, p.105-133.

[283]C'est aussi le cas de certains comités participatifs locaux dont la parole est strictement encadrée.

Face à cela, nous venons d'amorcer un risque important pour la démocratie participative et sa légitimité, risque auquel le budget participatif est relativement sensible : l'instrumentalisation de la participation citoyenne.

B) Une dépendance source potentielle d'instrumentalisations du budget participatif

La démocratie participative a des objectifs qui lui sont originellement attribués : légitimer la décision, intégrer le citoyen à la prise de décision par la redéfinition du besoin général, créer un dialogue entre les destinataires et le créateur de la décision. Le budget participatif suit parfaitement cette démarche. De ses origines brésiliennes, il en développe des objectifs de justice sociale et d'intégration citoyenne au processus décisionnel budgétaire.

Néanmoins, de tels objectifs louables cachent, en réalité, des risques, dénommés « instrumentalisations » (a). L'une d'entre elles nous intéresse particulièrement : la légitimation citoyenne des projets et des politiques publiques. Un instrument précis au profit de cette instrumentalisation potentielle sera ainsi étudié : la communication (b), qui, à l'échelon communal, apparaît particulièrement ambiguë.

a) Une dérive commune aux autres outils de participation locale : la perspective d'un « sceau citoyen »

Le budget participatif est porté par un objectif louable. Il apparaît comme une réponse à la défiance progressive envers les élus. Il semble constituer une source de bienfaits pour renouer la confiance publique[284]. Néanmoins, le fort rattachement de l'habitant local à l'élu municipal peut laisser penser à une instrumentalisation des outils de participation. La volatilité du budget participatif ainsi que la versatilité de l'élu dans son contrôle peuvent amener à penser à une dérive des objectifs premiers de la participation. Une diversité d'instrumentalisations existe et s'exerce en effet sur le modèle du « sceau citoyen », c'est-à-dire sur « l'utilisation » de la figure citoyenne à fin unique de protection du mandat et de légitimation des décisions. À l'heure actuelle, sur la question du budget participatif, cela constitue, malgré tout, davantage des risques qu'une pleine réalité.

Pourtant, l'impératif participatif auquel les élus font face aujourd'hui soumettrait la participation à la dérive du « faire participer pour faire participer ». Les outils de participation deviendraient plus une finalité que des outils dans une démarche d'ensemble. Pour Rémi Lefebvre, « la démocratie participative obéit à une logique de monstration de la modernité :

[284] Saoudi, *op.cit.,* p.28.

elle permet d'afficher symboliquement le changement dans un contexte où il est très valorisé »[285]. De manière synthétique, sans se préoccuper des réels objectifs et des moyens de mise en œuvre d'une stratégie, une démarche de participation peut conduire à diverses dérives. En ce sens, les outils de participation peuvent vite ressembler à une « caution participative », un outil uniquement opposé pour démontrer la volonté des élus à partager ponctuellement le pouvoir, en s'abstenant de développer une vraie démarche plus délibérative. Le risque de l'effet de mode de la démocratie participative instrumentalisée est ainsi un risque. Elle entraînerait inévitablement un effet contre-productif face à des citoyens alertes mais déçus, renforçant leur frustration.

Vis-à-vis de la participation au niveau national, un tel phénomène a semblé s'exercer. Il y aurait alors retranscription du contrôle de la démocratie participative par les instances gouvernantes du national au local. Des exemples récents ont pu interroger sur la portée réelle donnée à la démocratie participative. Une noble intégration citoyenne n'est en ce sens pas toujours l'objectif premier. À cet égard, la convention citoyenne sur le climat, si sont écartées ses difficultés de mise en place, a pu être vue comme un moyen de répondre temporairement à la crise des « gilets jaunes ». L'absence de réelle prise en compte des avis issus de la convention a pu définir la démarche comme un moyen de calmer la révolte sociale. La participation constituerait ici alors une réponse purement formelle à une revendication.

Au niveau local, il n'est pas difficile d'affirmer une même réticence envers la démocratie participative.

Une lame de fond structure cette réflexion-là : le distinguo « Politique/politique ». La légitimation de l'action locale, si la terminologie peut ici sembler maladroite, connaît une fine limite avec une forme d'instrumentalisation de l'outil. La première terminologie du terme « Politique » se rattache à une forme de gouvernance de la cité. La seconde prend une forme rattachée au scrutin et à l'élection, moins noble *de facto*, plus proche du vocable de « politicien ». Appropriation et instrumentalisation sont deux faces d'une même pièce. Le premier répond à un impératif de bonne gouvernance, le second cherche à renforcer l'emprise des élus sur la décision locale. Alors, une telle instrumentalisation aurait des effets néfastes face à la situation présente. Le budget participatif, par nombre de ses singularités, renforce ce phénomène et interroge en l'espèce sur l'application du distinguo « Politique/politique ».

---

[285] LEFEBVRE Rémi, « La démocratie participative absorbée par le système politique local », Métropolitiques, 29 octobre 2012.

Si le budget participatif est, en principe, un outil effectif dans la redéfinition des besoins d'une population, il peut, sous l'influence des élus, devenir un outil de réélection, du moins d'élection temporaire, de légitimation instrumentalisée. La présence des élus au déroulement du budget participatif est alors un point sensible : si cette présence semble constituer un encouragement à la participation citoyenne[286], cela peut aussi faire du budget participatif une tribune électorale[287]. Nous l'avions noté, il y a une proximité entre élection et budget participatif, marquée par un contentieux récent. Parler de dérive démagogique serait excessif et déplacé. Mais, en un sens, le budget participatif constitue une forme de scrutin. Derrière le projet, le vote exprime l'accord du citoyen à se voir déléguer un pouvoir, certes contrôlé par l'élu. Le budget participatif pourrait constituer une nouvelle forme d'élection régulière, non pas sur un projet, mais sur la question « est-ce bien de déléguer son pouvoir ? », question à laquelle l'élu sortirait régulièrement gagnant.

Le cas du budget participatif interroge alors nécessairement. Sa logique de proximité, le vote qui le conclut, sa répétition annuelle sont autant d'éléments qui le rendent singulier par rapport aux autres outils facultatifs de participation. Si la logique du budget participatif est de coconstruire, il devrait en toute vraisemblance poursuivre cette finalité. À défaut, l'outil ne deviendrait qu'une finalité à part entière, ce qui constituerait la cause d'un essoufflement du dispositif. Le budget participatif doit rester à l'état d'outil [288] . S'il devient finalité, il entrerait dans les dérives de la « consultation information » ou de la « caution citoyenne ». Cette dernière image symbolise d'ailleurs l'une des principales dérives dont il peut être question : faire valider un projet, dans le cadre d'un règlement restreint[289], afin de le rendre strictement conforme au programme politique. Cela constituerait la légitimation d'un projet qui n'aurait rien de véritablement créateur.

Parallèlement, la professeur Lucie Cluzel-Métayer a eu l'occasion d'étudier une autre forme d'instrumentalisation du budget participatif, dans l'attraction

---

[286]« Pour certains, cela contribue à garantir une participation minimale des citoyens (effet ' invité de marque' de la réunion, mais aussi politisation positive des enjeux) » (BRANDELEER Céline, *Le budget participatif : un outil de citoyenneté active au service des communes*, Mémoire de recherche Think Tank Pour la solidarité (sous la direction de Denis STOKKINK), *Cahiers Participation citoyenne*, n°33, octobre 2014, p.26.

[287]« Dans les expérimentations européennes où les élus ne faisaient pas partie du processus, l'on remarquait la tendance du politique à se désinvestir du processus, ce qui peut également entraver la chaîne décisionnelle et l'impact du processus. Dès lors, la participation des élus semble importante, pour autant que leur rôle soit bien déterminé à l'avance » (*Ibid.*, p.26).

[288]Comme c'est le cas de l'enquête publique en matière environnementale : la consultation n'aboutit que rarement à un changement réel de comportement ou de projet.

[289]Sur la variabilité de rédaction du règlement : cf. *infra*, p.107.

de l'outil par l'opposition municipale. Dans certains cas, le budget participatif est utilisé pour s'opposer à la majorité, sans se préoccuper d'une quelconque attention participative, envers le citoyen[290]. Cela ne pose aucune interrogation sur le plan juridique, mais, éthiquement, c'est la valeur de la participation qui se trouve atteinte.

Cela interroge de manière plus large le rapport de l'élu à la démocratie participative locale, le budget participatif étant, par définition, un outil politique noble dans ses intentions[291]. Jusqu'où le politique, dans un sens non noble, interviendrait au sein du budget participatif pour faire dériver l'outil de son objectif principal, recréer de la confiance ? Comment distinguer ce qui relèverait d'une recherche de confiance et ce qui relèverait d'une démarche purement politicienne ? En effet, le budget participatif est intrinsèquement lié à une dérive politique, constituant un outil direct dans la relation élus-citoyens. À Porto Alegre, le budget participatif n'a-t-il pas été un outil de distinction avec le régime dictatorial, un instrument à visée électorale pour le Parti des travailleurs[292] ? Si l'élu constitue la valeur d'ajustement à la finalité du budget participatif, cela serait faire du budget participatif une démarche politicienne dans ses racines[293].

Une telle interrogation est pertinente dans le sens où la démocratie participative cultive une même réflexion. Pour certains auteurs, cette dernière s'est développée « alors qu'on peut mettre en doute l'existence d'une réelle demande sociale de participation, laquelle est le plus souvent construite par les élus pour légitimer leurs dispositifs que véritablement portée par les citoyens »[294]. Le problème serait donc intrinsèque au concept de démocratie participative ?

À ce même titre, deux autres formes d'instrumentalisations peuvent aussi interroger, sans être totales. Comme le souligne Loïc Blondiaux, « derrière chacun de ces instruments se profile une définition de la participation

---

[290]CLUZEL-METAYER Lucie, « Les budgets participatifs : une émancipation citoyenne sous contrôle », *in* BOUDET Jean-François et CABANNES Xavier, *Finances publiques citoyennes*, LGDJ, 2017, p.172.

[291]Cf. *supra* p.23 : la mise en place du budget participatif est avant tout un objectif politique du Parti des Travailleurs à Porto Alegre.

[292]Rosenfield, *op.cit.*, p.101.

[293]« La mise en place du BP à Avignon tient donc largement à l'influence du *politics* : la mise en scène de l'alternance, le souci de la mise en œuvre des promesses de campagne, le leadership mayoral s'avèrent plus déterminants dans le choix du BP que les problèmes publics de l'espace urbain » (Sainty, *op.cit.*, p.77).

[294]Lefebvre, *op.cit.*

légitime – une manière de construire l'opinion et de gérer les citoyens participants »[295].

La première relèverait de la recherche de paix sociale. Comme indiqué antérieurement, la démocratie participative a eu été utilisée pour répondre à une crise citoyenne précise. Dans le cas du budget participatif, cette dérive reste extrêmement mineure. La pression sociale reste plus importante au niveau national que communal[296].

La seconde serait de créer un distinguo avec le mandat précédent, comme ce fut le cas pour la commune d'Avignon[297]. L'utilisation du budget participatif est ici une réponse à une culture d'image, politique dans un sens non noble, comme promesse de campagne passée et outil politique présent. La « sacralisation » de l'élu municipal rend admissibles de telles manœuvres.

La période de « sur-justification » des actions locales tend à mener à une légitimation de la décision qui en devient ainsi instrumentalisée. Tout relèverait d'une question d'équilibre entre les différentes approches de la participation. Il ne faudrait pas que le budget participatif soit un simple symbole de la participation, ce qui tendrait, dans certains exemples, à être le cas.

Divers éléments et outils techniques matérialisent et justifient nos propos. L'un nous intéresse davantage : la communication.

b) La communication, outil en faveur des instrumentalisations

La communication constitue un impératif, une obligation législative pour les acteurs locaux[298]: tout habitant de la commune doit être informé des affaires de celle-ci. Relevant de ce domaine, le budget participatif doit se voir assurer une information quant à sa mise en place, son déroulement et la réalisation du projet lauréat. Cela est un corollaire au principe de transparence, étudié précédemment. C'est, en ce sens, une condition impérative à la légalité du budget participatif comme outil consultatif[299].

Mais, au-delà d'assurer la légalité de la décision, la communication assure la connaissance et crée de l'adhésion au budget participatif. Une diversité d'outils, classiques ou nouveaux, est ainsi mise en place dans cet objectif-ci,

---

[295] BLONDIAUX Loïc, *Le nouvel esprit de la démocratie, Actualité de la démocratie participative*, La République des idées, Le Seuil, 2008, p.74.
[296] Sur l'opportunité d'un budget participatif au niveau national : Cf. conclusion p.223.
[297] Sainty, *op.cit.*, p.77.
[298] CGCT, art. L2141-1.
[299] Cf. *supra* p.61.

aussi bien au niveau interne qu'externe. Médias, ateliers, conférences, sites internet, affichages publics, tracts sont ainsi autant d'outils qui permettent de faire adhérer au dispositif. On classifie généralement ces instruments selon leur forme : écrits, oraux ou visuels. Il s'agit d'une condition essentielle à la réussite de l'outil. En ce sens, les règles juridiques et les pratiques se combinent dans un objectif commun : encourager à la participation au budget participatif et y faire adhérer aussi bien en interne qu'en externe[300]. La communication institutionnelle peut alors devenir un outil de communication « politicienne ». Si elle est une obligation d'information à fin d'intérêt général, elle peut être un outil de « campagne intermédiaire ». Notre interrogation ne se situe pas dans le cadre de l'article L.52-1 du Code électoral : nous évoquons ici le cas de la communication du budget participatif dans un cadre temporel libre, sans attendre les 6 mois précédant le scrutin.

Comme le note Georges Burdeau, « la communication est une sorte de confirmation quotidienne de la légitimité du pouvoir »[301]. L'équilibre à trouver entre « politique et Politique » se retrouve ici. Qu'est-ce qui relèverait de l'information communale et qu'est-ce qui relèverait de la promotion électorale ? Dans le cadre municipal, lorsque la commune communique, le modèle présidentialiste fait du maire l'acteur central. C'est une singularité de l'échelon communal marquée par la forte personnalité de son élu principal. Plus largement, l'élu est une figure symbolique de la commune qu'il représente : sociologiquement, tout projet de la commune est réalisé, aux yeux de l'habitant, par le maire. Le maire y est un véritable porte-drapeau, ce dernier bénéficiant naturellement de la stratégie de communication communale. Or, une communication trop affirmée en faveur de cet élu aboutirait à une « confusion entre démocratie locale, légitimité et fonction mayorale »[302].

Si le rapport entre « politique et Politique » semble ici inextricable car trop complexe à démêler, la communication renforce l'interrogation sur les intentions de l'élu vis-à-vis des outils consultatifs. Le budget participatif entre ainsi parfois dans le champ de la communication politique[303]. Cette dernière doit trouver un équilibre entre le « trop plein » et le « pas assez ». Le « trop plein » semblerait suspect sur les intentions de l'élu, le « pas assez » n'encouragerait pas suffisamment à la participation. Le « pas assez »

---

[300]La commune de Roubaix, en 2023, a mis en place une fête municipale pour remettre le prix au lauréat, créant une forme de convivialité autour de la participation.

[301]BURDEAU Georges, *Traité de science politique*, *Tome X*, 2e édition, LGDJ, 1977, p.98.

[302] LEYVAL-GRANGER Anne, « La communication locale : entre service public et promotion politique », *Communication et langages,* 1999, n°120, p.41-54.

[303]Le guide pratique ConsultVox fait en ce sens la distinction entre la communication interne, attachée au service, et externe, à destination du citoyen.

nierait tout effet positif de la participation, le « trop plein » porterait atteinte à la crédibilité des dispositifs dans ses intentions [304]. La démocratie participative peut se présenter comme une ambition politique, dont un affichage trop velléitaire peut engendrer la suspicion[305].

Plus largement, la communication pourrait servir d'outil marketing au profit de l'élu. C'est une illustration de la différence à faire entre information et promotion[306]. Par exemple, le budget participatif et son déroulement peuvent être communiqués par le biais d'un journal communal. La figure de l'élu est au centre des photographies ; au sein dudit journal, les termes employés vont souvent en sa faveur. Si cette communication est nécessaire, elle sert irrémédiablement la figure électorale, parfois au détriment de véritables intentions participatives.

Un tel raisonnement peut paraître singulier, il se fonde sur un idéal de participation fondé sur le partage des tâches démocratiques. Ce n'est pas la recherche de légitimation qui est contestée ici[307], mais le jeu politique qui fait dériver la participation de son objectif originel. Le jeu de la communication est ainsi un vecteur important de cette ambiguïté-là.

L'élu semble donc être une limite, un encadrement supplémentaire, à vocable politique, pour le budget participatif. Mais, comme la communication se dote d'outils à sa mise en œuvre, le budget participatif doit aussi être doté de moyens à son établissement. La logistique est une limite à cette liberté de l'élu. Peu pratiqué, le budget participatif implique plus précisément un renouvellement de l'ingénierie administrative, aussi bien sur des volets humains que financiers.

§2) Un contrôle conditionné par une ingénierie administrative à renouveler

Si le cadre minimal du budget participatif se double de la volonté politique de l'élu, ce dernier est conditionné par un enjeu logistique. Mettre en place un budget participatif, et en assurer la permanence et l'effectivité, n'est pas chose aisée. Cela s'accompagne nécessairement d'une diversité de moyens,

---

[304]Le scrutin municipal amène nécessairement une forte personnification de l'action publique. La stratégie de communication est un outil phare de l'élu. La répétition des budgets participatifs et de chacune de ses étapes sont autant d'éléments qui peuvent permettre à l'élu de multiplier les finalités, originelles comme dérivées, de la participation.

[305]POQUET Guy, « Démocratie de proximité et participation des habitants à la politique de la ville. De la promiscuité des cages d'escalier à la reconnaissance du citoyen-usager », GREDOC, Cahiers de recherche, 2001, n°156, p.9.

[306]Cf. *supra* p.69.

[307]Il y a aujourd'hui une obligation de justification au nom du principe de transparence et de sincérité budgétaires (Cf. *infra* p.144).

aussi bien à destination des citoyens (A) qu'au sein des services (B), témoin d'une évolution administrative interne.

A) Au niveau externe : à la recherche d'une attraction du participant

Si la démocratie n'a pas de prix, elle a un coût. La mise en place d'un budget participatif, comme tout outil de démocratie locale, nécessite des moyens aussi bien humains que matériels. Cela entraîne alors un coût financier, parfois source de réticence, que les collectivités doivent prendre en compte. Le développement d'une telle logistique externe doit permettre aux élus comme aux citoyens d'exprimer leurs droits et de participer effectivement[308]. Pour les services, cela pourra constituer une charge de travail supplémentaire. La diversité de ces instruments d'ingénierie a alors une double finalité : inclure et aider à l'idéation de projet (a). De nos jours, l'appui récent sur les NTIC est, en ce sens, essentiel (b).

a) Le besoin de moyens matériels et humains importants

Synthétiquement, le besoin de moyens humains et matériels répond à une double finalité : se rapprocher du participant et l'aider à déterminer son projet.

Afin de gagner en efficacité, la démocratie participative, dans laquelle se moule ici le budget participatif, s'accompagne d'une démarche de professionnalisation et de marchandisation [309]. L'objectif y est clair, l'accompagnement de la population participante à toute étape du budget participatif : dépôt de projet, motivation des actes de refus de projet, élection du projet lauréat. Cette démarche inclusive, qui est transverse à l'ensemble des étapes de la procédure, doit permettre d'attirer les citoyens à la participation. À défaut de tels efforts, le budget participatif ne pourra prétendre aux gains de ses promesses. Cette démarche inclusive connaît un panel large d'outils. Il peut d'abord s'agir d'outils « formels » : tractations, flyers, affiches. Il peut s'agir ensuite d'outils « dynamiques » de débat : conférences ou forums. Tous ces outils se voient portés à un objectif de communication, dans une démarche de « l'aller vers » le citoyen. Sur le terrain du droit à l'information, les techniciens tendent à permettre une information accessible. Cette proximité se traduit aussi bien dans la forme, par la multiplication des supports de diffusion, que dans le fond, par

[308]« La démocratie participative nécessite un certain apprentissage de la citoyenneté active, upposant certaines capacités d'écoute, de consensus, de vision d'ensemble et de ompréhension des enjeux, mais aussi la capacité de s'exprimer et de faire valoir ses droits » Brandeleer, *op.cit.*p.22).

[309] Voir notamment l'ouvrage d'Alice Mazeaud et Magali Nonjon : MAZEAUD Alice, ·IONJON Magali, *Le marché de la démocratie participative*, Éditions du Croquant, 2018, 365 p.

l'utilisation d'un langage accessible à tous. Nous remarquerons que l'appui sur la presse locale est aussi essentiel à cette fin.

À cet égard, nous noterons que ces moyens techniques sont aussi la continuité des règles juridiques minimales[310]. Par exemple, sur la question de l'égalité des chances à participer[311], certaines collectivités ont développé les pratiques des kits de communication. Ces derniers garantissent une égalité dans la communication de campagne des porteurs de projets. Ils permettent aussi d'aider le participant à structurer la défense de leurs projets. En ce sens, les kits sont des exemples d'une corrélation entre le cadre juridique et le cadre technique du budget participatif, toutes deux recherchant un compromis entre protection des participants et faveur au développement de la participation.

Ensuite, il s'agit de mettre en place des outils d'aide à la fabrication des idées et des projets. Que le budget participatif se constitue d'une idée ou d'un projet[312], le rôle des services envers les participants est d'aider à la mise en œuvre de leurs ambitions. Face à la diversité des contraintes juridiques et politiques, il conviendra d'affirmer comme essentiel le soutien aux habitants dans l'énonciation de leur idée ou projet. Chaque acteur local a ainsi développé des pratiques propres afin d'aider à construire un projet ou une idée, face aux nombreux critères du règlement. Dans une approche directe du citoyen, la commune de Portet-sur-Garonne s'est notamment appuyée sur les marchés de plein vent pour venir au contact de l'habitant local. La métropole de Lille s'est, quant à elle, appuyée sur son triporteur « Vos projets pour Lille » pour permettre des rencontres directes entre services et habitants, afin d'accompagner à la formalisation des idées. La multiplication de ces outils en permet une efficacité plus grande, tout en garantissant une neutralité de l'administration dans l'accompagnement de la formation des idées. En ce sens, le premier budget participatif de Paris en 2014 est souvent alors défini comme un modèle d'organisation. S'appuyant sur la complémentarité entre les supports papier et numérique, la ville de Paris a développé un arsenal de moyens et démarches dans l'accompagnement du citoyen, symbolisé par la multiplication de réunions techniques citoyennes.

Malgré tout, la multiplication de ces démarches se heurte souvent à une nécessaire innovation au sein des services internes. Si l'appui sur les pratiques de collectivités voisines est encouragé, « la mise en œuvre

---

[310]Cf. *supra* p.69.

[311]Sur le principe naissant de sincérité de la participation : cf. *supra* p.77.

[312]La distinction budget participatif idée/budget participatif projet est effectuée par le guide pratique du cabinet Consultvox (CONSULTVOX, Le budget participatif : guide pratique, 2020, 27 p.).

localisée est marquée par un bricolage »[313], aujourd'hui encore. Cela s'explique notamment par l'absence de culture démocratique dans la relation avec l'administré. On peut soutenir que les collectivités habituées aux démarches consultatives connaissent des habitudes internes qui leur permettent d'en réduire les coûts. Mais, en se fondant sur la moyenne des pratiques, Jessica Sainty témoigne d'un régulier « faible investissement procédural »[314].

Ces deux démarches, si elles donnent lieu à une relative énumération des outils, appellent à deux remarques.

D'une part, une telle entreprise semble impliquer une valeur humaine forte. Si le budget participatif est fondé sur le « volontarisme » de l'élu, sa réussite se fonde aussi sur la motivation des agents. La période d'instruction est ainsi souvent lourde et implique des moyens humains relativement importants. L'aide à l'idéation demande aussi une diversité de points d'accroche entre citoyens et services. Alors, se perçoit l'importance de la volonté militante chez les agents eux-mêmes[315]. Il est évidemment soutenable, en effet, que le développement du budget participatif doit incorporer une dose de conviction, souvent à valeur militante, dans le corps des agents. Du moins, une telle « conscience interne » permet au budget participatif de gagner en efficacité dans sa vocation citoyenne. On remarquera un parallèle à l'incorporation militante chez les élus[316]. En ce sens, il est cohérent de noter que le développement d'une participation efficace s'écarte idéologiquement du paradigme bureaucratique.

D'autre part, si certaines communes ont internalisé ce travail humain, d'autres l'ont externalisé. Si l'appui sur des experts et des cabinets de conseil entraîne des coûts, il permet de sensibiliser et d'acculturer à une nouvelle démarche participative d'ensemble. Au-delà des cabinets spécialisés, un ensemble d'acteurs externes à la commune se développe dans un même but. Il est commune mention de parler de « passeurs de citoyens » ou de « facilitateurs »[317] pour englober l'ensemble de ces acteurs externes. Mais le tissu associatif et le service public sont aussi d'excellents moyens de

---

[313]Petit, *op.cit.*, p.7.
[314]Sainty, *op.cit.*, p.77.
[315]« Les coordinateurs de ces projets sont des individualités formées aux techniques et au discours du développement, dont l'engagement professionnel et la sensibilité à l'approche participative sont proches de l'engagement militant » (Goehrs, *op.cit.*, p.223).
[316]Cf. *supra* p.88.
[317]« Un budget participatif peut déjà mobiliser et consacrer une partie de ses montants pour former ces passeurs, par exemple, pour les indemniser lorsqu'ils viennent passer du temps pour le processus. C'est important de reconnaître et de légitimer ce rôle d'intermédiaire pour ramener les « non-publics » (Brandeleer, *op.cit.*, p.23).

diffusion du modèle, aussi bien partenaires dans la cocréation des idées qu'acteurs dans la promotion de l'outil[318]. Dès lors, on pensera à l'emploi de différents relais, implantés sur le territoire et habitués ou non aux démarches participatives. Par exemple, le service public scolaire offre de larges possibilités de diffusion et d'accompagnement des plus jeunes au dépôt de leur idée ou projet.

En définitive, l'objectif est de multiplier les possibilités d'accroche citoyenne. Cela entraîne un ensemble de coûts directs et indirects que la commune ne doit négliger. Sans qu'il soit nécessaire ici de chiffrer la diversité des coûts de ces moyens, il est possible de noter que ces coûts dépendent des stratégies et des moyens propres de chaque commune. Chaque commune intègre d'ailleurs les divers coûts au sein du coût d'ensemble de l'enveloppe attribuée à la démocratie locale. C'est notamment le cas pour les licences des sites et plateformes internet : un budget participatif n'entraîne pas ici un coût supplémentaire s'il est intégré au site internet de la commune, sans créer une plateforme dédiée.

En vue de réduire ces coûts tout en favorisant la participation, il est à remarquer alors l'importance de l'appui sur un outil récent : la dématérialisation.

b) L'appui sur les NTIC, palliatif limité au rejet de la participation

Le développement des *civils techs* apporte des opportunités dans l'ingénierie administrative participative. Ce développement n'est pas exempt de tout contrôle et encadrement[319]. Le développement de sites internet et de plateformes dédiés à la participation s'est fait afin de mieux communiquer, dialoguer et rendre plus efficace et large l'accès à l'information relative au budget participatif. Les outils numériques prennent diverses formes, une nomenclature progressive peut se deviner : sites internet, communications virtuelles, plateformes de discussion en ligne. Ces outils dématérialisés peuvent être spécifiques au budget participatif ou intégrer une dématérialisation d'ensemble de la participation citoyenne. Par exemple, le budget participatif parisien, modèle national, rattache, en ce sens, le budget participatif à sa plateforme participative d'ensemble[320].

---

[318]C'est notamment l'exemple des écoles au sein desquelles il est possible de prendre un temps pour expliquer pédagogiquement aux plus jeunes à fonder un projet et à s'approprier la démarche (Cf. *infra*, p.180).

[319]Cf. *supra* p.51.

[320]La plateforme *decider.paris.fr* intègre et crée des liens entre l'ensemble des dispositifs de participation de la capitale, aussi bien organiques que matériels. En ce sens, elle matérialise une démarche participative d'ensemble, transversale à la diversité d'outils.

Le récent rapport Houllegatte/Gatel constate la commercialisation d'outils applicables à toute échelle de la participation afin de donner confiance aux futurs participants tout en assurant la traçabilité des outils[321]. Le rapport parle ainsi de « e-démocratie citoyenne » permettant de « rationaliser l'action publique » et de « réactiver l'empreinte citoyenne ». En ce sens, nous remarquerons que la stratégie de numérisation de la participation entre dans le giron de la modernisation numérique de l'administration[322]. Pour le budget participatif, de tels outils permettent un dialogue, un dépôt et un vote des projets plus simples et faciles d'accès, notamment pour les plus jeunes[323].

Malgré tout, le développement des NTIC ne semble pas avoir un effet notable sur les forces et limites de la participation locale. S'il est évident que le « tout numérique » est impossible et doit alors se compléter d'un format physique, le numérique n'est pas, en lui-même, une véritable solution au désintérêt pour la participation. Il constitue davantage une continuité de lames de fond plus importantes. Lucie Cluzel-Métayer définit cette e-démocratie participative aussi bien comme une démocratie « filtrée » que « confisquée »[324]. En effet, si le numérique améliore certains points de la participation, il ne la transfigure pas pour autant. À cet égard, par exemple, la fracture numérique reste une limite importante[325] et pose la critique d'une « sélection naturelle » fondée sur l'illectronisme. En outre, l'élu conserve son rôle central dans la démarche participative : la liberté que pouvaient apporter les NTIC ne se traduit pas réellement dans une liberté de l'usage des outils. Le dialogue recherché avec l'élu n'est pas total et reste filtré dans la pratique des budgets participatifs. Bien au contraire, les tendances laissent penser que les limites du contact avec l'élu sont renforcées par la voie numérique. Il est alors ici mention d'une « démocratie médiatisée » par cette dépendance à l'élu numérisé, contraire au paradigme libéral intrinsèque à la dématérialisation[326].

Le budget participatif numérisé répond au giron de la démocratie participative numérique et de la « modernisation administrative ». Le budget participatif n'est qu'un outil qui, indirectement, renforce cette tendance et ces limites.

---

321 Gatel/Houllegatte, *op.cit.*, p.34.

322 « Ces usages renvoient aux représentations d'Internet comme un outil de communication offrant ainsi la possibilité d'un espace public virtuel pour construire collectivement des solutions et des projets. Cette posture qui place la technologie au centre du renouveau des démarches démocratiques n'est pas tout à fait neuve » (Douay, *op.cit.*, p.55).

323 On parle ici de « culture de l'écran ».

324 Cluzel-Métayer, *op.cit.*, p.132.

325 Gatel/Houllegatte, *op.cit.*, p.37.

326 Cluzel-Métayer, *op.cit.*, p.132.

Mais cela ne constitue qu'un point de vue externe à l'administration. En son sein, la vocation plus horizontale du budget participatif se traduit dans la recherche d'une horizontalité plus forte au sein des services.

B) Au niveau interne : à la recherche d'une adhésion au dispositif participatif

Afin d'établir et de perfectionner le budget participatif, l'engagement interne aux services est une condition indispensable. Lorsque la démocratie participative s'est développée en lien avec la politique de la ville, une transversalité aussi bien horizontale que verticale s'est développée au sein des services administratifs. Cette double transversalité permet de répondre aux pluralités que constituent le budget participatif : pluralité des enjeux et objectifs, pluralité des domaines des projets lauréats.

a) Le développement nécessaire d'une relation transversale entre les services

Le budget participatif est un outil de démocratie participative qui se singularise par la diversité des domaines dans lesquels le projet lauréat peut s'appliquer. Dans l'ensemble des étapes du budget participatif[327], cette transversalité des domaines exige une transversalité du travail des services. Si l'administration se forme traditionnellement en silo, son organisation tend progressivement à se renouveler à des fins de performance. La démocratie participative renouvelle ainsi les pratiques internes. Le budget participatif entre dans cette dynamique et la renforce. En effet, le budget participatif et sa mise en œuvre nécessitent aussi bien des besoins techniques, budgétaires, juridiques et, plus sectoriellement, techniques si besoin est[328].

La démocratie participative locale interroge ici la science des institutions, sous le prisme de « la révolution managériale » des acteurs locaux. La coopération interne est essentielle, singulièrement dans la mise en place d'un tel outil qu'est le budget participatif. Une mobilisation de l'ensemble des acteurs est indispensable, dans le domaine d'action de chacun. Chaque service apporte sa compétence à l'ensemble de l'administration.

Le travail d'instruction des projets est le plus expressif de cette transversalité des services. En effet, les études de recevabilité et de faisabilité des projets ne peuvent rester aux mains d'un seul service. Étudiant le respect des critères du règlement, cette phase est souvent synonyme de lourdeur et de

327Évaluation des besoins, instruction des projets, réalisation desdits projets, notamment, sont des étapes clés et transversales par définition. Il reste possible de confier à un seul service l'ensemble de la démarche.

328Parfois, le budget participatif s'appuie sur les services sociaux ou les CCAS.

complexité technique. Elle nécessite d'abord une évaluation financière et technique poussée, entraînant un dialogue entre services financier, technique et juridique. L'étude même des projets entraîne une diversité de services compétents. On remarquera que la place des services techniques est ici renouvelée[329].

Mais une telle transversalité a aussi pour effet d'entraîner une charge de travail supplémentaire pour lesdits services. À défaut d'appréhension interne à chaque service de la participation, le budget participatif pourrait apparaître aux yeux des services une perte de temps[330]. Ainsi, plus qu'une démarche simplement transversale, le budget participatif doit se structurer dans une recherche de lisibilité interne du dispositif pour les services. Une architecture, une formalisation du dispositif est ainsi souvent la preuve d'un encouragement plus poussé envers l'outil. En ce sens, la présence d'un *manager* peut paraître essentielle afin de coordonner l'ensemble des acteurs et faciliter l'appréhension d'une charge de travail souvent contestée. Une communication interne permet aussi de sensibiliser et d'amener l'ensemble des services dans le cadre d'une démarche d'ensemble. Lors de la seconde édition des rencontres nationales des budgets participatifs, Gilles Pradeau posa la nécessité d'un dialogue interne régulier afin d'éviter tout sentiment de contrainte, notamment en l'absence de résultats immédiats[331]. De surcroît, un travail en amont est primordial afin d'adapter et de préparer les services. Un rétroplanning précis, avec une précision sur le calendrier, le travail de chaque acteur, les destinataires de chaque étape, les services concernés, est alors la traduction d'une véritable démarche collective à l'outil[332].

Mais une telle avancée se rattache indubitablement aussi aux convictions des agents et à leur rapport avec la démocratie participative. Si l'agent est motivé et convaincu, l'adhésion à la démarche sera plus simple.

En outre, un point précis a fait l'objet d'études approfondies par la science administrative : la place des adjoints à la démocratie. La place de ces adjoints comprend une haute valeur symbolique. Cette délégation est généralement définie comme se situant entre une « spécialisation formelle »

---

[329]FOUQUET Corinne, « Les services techniques à la rescousse des budgets participatifs », *Gazette des communes, Club Techni.cité*, 21 janvier 2022.

[330]*Ibid.*

[331]Intervention de Gilles Pradeau aux Rencontres nationales des budgets participatifs des 25 et 26 octobre 2017 à Rennes.

[332]GUILLET Marie-Christine, BASTE-DESHAYES Sylvie, « Conception et mise en place du budget participatif : l'exemple de la ville de Montreuil », *AJCT*, 2018, p.259.

et une « misère positionnelle »[333]. La place des adjoints à la démocratie démontre la variabilité de l'importance donnée à la valeur participative. Si la présence d'une délégation dédiée à la mission participative est possible, il persiste néanmoins une diversité d'intégration de la délégation, diversité qui interroge sur la portée réelle donnée. Parmi cette variabilité de prises en compte de la spécificité de la délégation, on peut noter que certaines communes n'en établissent pas, d'autres cumulent la délégation avec une autre délégation. Certaines, aussi, ne cumulent pas et laissent un élu seul avec une délégation unique, dédiée à la mission participative. Plus précisément sur le cumul, Julien Talpin a noté que « le cumul de la délégation démocratie participative par un élu influent (c'est-à-dire en haut de la hiérarchie municipale) avec d'autres compétences peut aussi bien être un levier de volontarisme qu'au contraire traduire la volonté de neutraliser les risques politiques inhérents à la participation »[334].

De plus, la relation de la délégation avec le maire et ses convictions est centrale pour éviter toute « expérience déceptive »[335]. Plus précisément, la confiance entre l'élu central et la délégation est essentielle pour éviter toute concurrence inappropriée entre les délégations. En ce sens, la place des adjoints à la délégation est souvent symbolique d'une opposition à l'organisation classique des administrations internes. Mais, une telle remise en cause du modèle administratif classique n'est pas toujours concluante : « même les élus les plus militants se heurtent aux routines institutionnelles et aux oppositions politiques, révélant en creux la forte stabilité d'un pouvoir local qui résiste à la démocratisation, en dépit d'une légitimité électorale toujours plus fragile »[336].

Afin de permettre une véritable dynamique de renouvellement interne des services, doit être noté le développement d'instances collaboratives intégrant le citoyen.

b) Le développement opportun d'instances collaboratives internes

À l'aune de ce qui précède, on peut arguer de la présence naissante d'une démarche managériale, incarnée ainsi dans une administration moins verticale. Le budget participatif pourrait se mettre en œuvre au sein d'une démarche strictement transversale. Le modèle brésilien du budget participatif était pyramidal. Sa traduction en France a écarté la possibilité de contre-

---

[333]LEFEBVRE Rémi, TALPIN Julien, PETIT Guillaume, « Les adjoint·es à la démocratie participative. Une catégorie d'élu·es entre spécialisation fonctionnelle et misère positionnelle », *Participations,* 2020/1-2, n° 26-27, p.41-75.
[334]*Ibid.*
[335]*Ibid.*
[336]Lefebvre/Talpin/Petit, *Ibid.*

pouvoir que constituaient les assemblées plénières intermédiaires. Cela signifierait-il une absence pleine et entière de structuration verticale de l'administration ? Dans une optique de créer du lien avec le citoyen, cela n'est pas totalement concevable.

La création de comités et de commissions est en effet possible et apporte une structuration intéressante dans le suivi du déroulé de l'outil. Cette logique de partenariat interne poursuit l'objectif d'une « administration participative ». L'exemple de la commune de Montreuil est, en ce sens, le plus intéressant[337]. Comités consultatifs, réseaux habitants-élus, comités temporaires, création d'instances de suivi et de pilotage sont autant d'outils qui tendent à intégrer le citoyen au contrôle par l'administration du bon déroulement de la démarche participative. Une même dynamique se retrouve pour d'autres outils consultatifs. Stéphane Lenfant le définissait très tôt : « la gouvernance du projet doit être partagée depuis le début. Il faut un portage politique fort et un comité de suivi ouvert avec des représentants d'habitants qui ont voix au chapitre et un réseau référent dans les services techniques »[338].

En d'autres termes, la tendance générale structurant le budget participatif est celle de la voie partenariale. Il serait tentant de développer de nouvelles pratiques et organisations à la faveur de ce mouvement-là. La limite resterait ce qui constitue le modèle brésilien. Néanmoins, nous remarquerons que la terminologie des démarches consultatives, et en particulier des budgets participatifs, intègre une dynamique très managériale. L'ingénierie participative doit ainsi être trouvée, indépendante du budget participatif ou rattachée à ce dernier.

L'appui sur une ingénierie, au niveau externe comme interne, tend, de manière plus large, à donner, derrière le choix des instruments, « une définition de la participation légitime »[339]. Les choix qui y sont faits, dans le respect des cadres techniques et juridiques, doivent permettre de s'interroger sur ce que constituerait un budget participatif efficace, ce qui ne connaît pas de réponse entière à l'heure actuelle. Quoiqu'il en soit, intégrer durablement le citoyen dans le déroulé de la procédure participative semble, naturellement, une intention vertueuse.

Dans la pratique, alors, il existe un cadre technique auquel le budget participatif ne peut se défaire. Ce dernier cadre conditionne l'action de l'élu.

---

[337]GUILLET Marie-Christine, BASTE-DESHAYES Sylvie, « Conception et mise en place du budget participatif : l'exemple de la ville de Montreuil », *AJCT,* 2018, p.259.
[338]LENFANT Stéphane, « Le point sur... les instances participatives de la démocratie locale », *AJCT,* 2018, p.248.
[339]Blondiaux, *op.cit.,* p.98.

Mais, dans ce carcan plus technique, l'élu reste central comme il est central dans le fonctionnement de l'administration. Au sein du budget participatif, ce « centralisme » de l'élu s'exprime dans un objet juridique spécifique : son règlement.

II. Le règlement du budget participatif, instrument de l'influence variable des élus

L'étreinte de l'élu sur le budget participatif s'incarne principalement dans l'objet du règlement. Le but ici est de voir, à travers cet objet juridique, comment le budget participatif est contraint par les influences politiques. Les outils de démocratie participative sont contrôlés par différents biais. Ceux qui connaissent une base normative connaissent souvent des limites prévues dans le texte que la pratique politique peut exacerber. Or, le budget participatif est un outil libre, sans cadre législatif dédié. Ce sont les règles que fixent l'assemblée municipale et les élus qui font office de limites variables à l'usage de l'outil.

En ce sens, le règlement du budget participatif constitue l'objet juridique premier de l'influence des élus sur le budget participatif (§1). L'usage d'un règlement limitatif est l'expression d'un élu qui limite la portée du dispositif participatif. Une telle remarque préalable aboutit à un cadre contraignant alors variable, duquel découle, en apparence seulement, une diversité des effets contentieux (§2). Il importera de souligner alors que l'échelle de la valeur engageante du projet lauréat, qui n'est que purement politique, répond à la faible originalité du contentieux qui peut en découler. En effet, ce second point contentieux reste attaché, à l'heure actuelle, au cadre du droit des consultations innomées.

§1) Une diversité matérielle de leviers encourageant à la participation

Le cadre du budget participatif doit être fixé à l'avance, les différentes règles attenantes doivent ainsi répondre à l'impératif de transparence nécessaire à tout administré, dans le respect de la lettre de l'article L131-1 du CRPA précité. Le règlement, quelle que soit sa forme, fixe le cadre d'application du budget participatif. C'est un cadre à destination des participants et, *a fortiori*, des services et des élus. Si les principes généraux du droit administratif et des décisions locales sont naturellement compris au sein du règlement, des règles propres à chaque commune s'y appliquent. Ce libéralisme peut aussi bien être un appel à l'utilisation de l'outil qu'une opportunité à en restreindre la portée. Si beaucoup de ces leviers n'ont en réalité que peu d'effet sur l'efficacité de l'outil et relèvent de la simple opportunité (A), certains demandent des études approfondies : certains sont ancrés et tendent à devenir quasi coutumiers (B), d'autres demeurent sensibles face aux demandes des administrés et des associations (C).

A) Des leviers sans effet direct sur la pérennisation et l'efficacité de l'outil

Toute règle prévue dans le règlement doit être respectée. À chaque étape, la volonté de l'élu guide les principes fixés. À diversité d'élus, diversité de cadres. Si des règles communes peuvent s'y trouver, une instabilité de principe prédomine : il n'y a pas de véritable « droit commun ». Cette diversité de pratiques se divise en plusieurs catégories. Le choix est fait ici de distinguer des critères d'ordre géographique, financier et matériel du règlement. Notre entreprise ne cache pas une portée pratique manifeste.

Tout d'abord, sur l'organisation territoriale, se perçoit une dualité de choix dans la mise en œuvre du budget participatif à l'échelon communal. En effet, le budget participatif peut se fonder sur un projet dont le domaine serait la commune ou l'intercommunalité dans son intégralité ou sur un territoire précis en son sein : quartier, arrondissement ou commune pour ce qui relève des EPCI. Cette question interroge en lame de fond la concurrence entre l'échelon communal et infra-communal comme l'échelon pertinent pour la démocratie participative. Nombre d'auteurs s'accordent pour faire de la proximité la source de toute démocratie. Ils font de l'infra-communal, alors, un échelon plus adapté[340]. En ce sens, le politologue Rémi Lefebvre marque le quartier comme « la consolidation par la promotion de la mémoire collective »[341].

Mais une telle réflexion se heurte, en réalité, à l'amplitude des projets qui peuvent être proposés à cet échelon. Il y aurait, en ce sens, une proportionnalité inverse entre l'humilité de l'échelon participatif et la grandeur de la portée du projet. Néanmoins, la logique de proximité qui régit le budget participatif oblige à penser l'échelon infra-communal comme une opportunité[342]. Elle assurerait, pour ce qui est du budget participatif, une

---

[340] La commune est éminemment définie comme échelon de proximité. Mais c'est une affirmation à relativiser. Le bloc communal connaît une proportionnalité dans la force de la proximité entre le strict communal et l'infra-communal. En ce sens, la proximité d'une commune de faible taille semblera plus approfondie que l'infra-communal d'une grande commune ou d'une intercommunalité.

[341] LEFEBVRE Rémi, « Non-dits et points aveugles de la démocratie participative », *in* ROBBE François (dir.), *La démocratie participative*, L'Harmattan, 2007, p.110.

[342] Il faut noter, en ce sens, la loi relative à la démocratie de proximité du 27 février 2002. Cette dernière pose le postulat d'un rattachement intrinsèque entre les deux notions de son intitulé.

équité territoriale[343] et une plus forte pertinence des projets aux besoins. En effet, jouer sur l'infra-communal permet de privilégier des quartiers défavorisés. Sur ce dernier point, l'idéal de justice sociale du modèle brésilien se trouve.

Par ailleurs, il reste toujours possible de combiner les deux approches territoriales. C'est ce que fait, par exemple, la commune nouvelle d'Annecy qui propose un double budget participatif, sur un projet ville et sur un projet par quartier.

Ensuite, la question du montant de l'enveloppe du budget participatif se pose. Même s'il a été noté le coût important d'une logistique externe ou interne au budget participatif[344], la part la plus importante du coût du budget participatif relève de son enveloppe. Toutefois, si les ambitions du budget participatif étaient grandes au départ[345], le montant, et *a fortiori,* le pourcentage de ce montant au sein du budget d'investissement, sont aujourd'hui limités[346]. Cette limitation quantitative reste nécessaire à la pérennisation du dispositif. Sans limites quantitatives posées au budget participatif, il serait loisible de déterminer l'ensemble des dépenses d'investissement par ce mode[347]. Or, l'élu ne peut perdre toute sa légitimité et son contrôle sur le budget. Plus le montant de l'enveloppe au budget participatif est important, plus l'élu tendrait en ce sens à devenir un gestionnaire des dépenses, obligé par des impératifs de publicité. Sauf à transformer le modèle représentatif communal, une enveloppe trop élevée est logiquement dénuée d'intérêt. Il ne serait pas opportun de fonder la construction de la politique communale sur un saupoudrage des dépenses, saupoudrage qui réduirait la poursuite de l'intérêt général ainsi que la présence de projets dits structurants, d'investissements sur le long terme[348]. L'interrogation se déplace alors du seuil qui serait possible d'accepter, question à laquelle le cas par cas est indispensable.

---

[343] Dans tous les cas, il y a une liberté de division territoriale, fondée sur une division géographique (zone sociale difficile par exemple) ou une division administrative (arrondissements, quartiers).

[344] Sur l'importance de la logistique administrative : cf. *supra* p.97.

[345] On notera l'exemple frappant de la commune de Grigny qui proposait une enveloppe atteignant 25 % de son budget d'investissement.

[346] Le rapport de la fondation Jean Jaurès estime une moyenne de 6,50 € par habitant pour 1 à 5 % du budget d'investissement.

[347] Goguel-Mazet, *op.cit.,* p.259.

[348] Se pose aussi la problématique d'une potentielle réduction des cofinancements : « Il y aurait certainement un seuil où la masse budgétaire décidée par voie participative priverait la collectivité territoriale d'une part substantielle de cofinancement, réduisant sa capacité à investir et à se développer, pour le bien des citoyens » (Goguel-Mazet, *op.cit.,* p.259).

Malgré tout, si la relativité de l'enveloppe est de mise[349], le sociologue Yves Cabannes fixe théoriquement le montant idéal de l'enveloppe à 10 € par habitant.

Alors, la portée matérielle des projets et de leur réalisation doit être étudiée.

Cela pose avant tout la question du délai de réalisation desdits projets. Ce temps de réalisation est fixé dans un délai relativement court afin de garantir la confiance des administrés. Il n'existe pas de délai précis. Mais certains règlements fixent un délai maximum de 2 ans après élection du projet lauréat. Le dernier rapport de la fondation Jean Jaurès confirme ce délai standard de 2 ans[350]. En ce sens, « l'inscription dans le plus prochain budget primitif des mesures décidées apparaît donc nécessaire afin de renforcer la confiance des citoyens et atteindre l'objectif de renforcement du lien entre représentants et représentés »[351]. L'acceptabilité et l'efficacité d'un budget participatif se rattachent à sa démonstration. Montrer à l'administré la réalisation progressive du projet citoyen est un indispensable à la recherche de confiance. Les « grandes communes » et les intercommunalités sont perfectibles sur ce point-là. Leur enveloppe leur permet de sélectionner une grande diversité de projets, dont les différents délais de réalisation doivent être coordonnés. Les méthodes établies à cette fin sont parfois difficilement compréhensibles. Le cas de l'intercommunalité rennaise en est un bon exemple[352].

Alors, quel serait le nombre possible de projets mis au vote et engagés ? Si, logiquement, le nombre de projets dépend des ressources financières, le choix de faire un unique projet lauréat peut paraître aussi pertinent à toute commune, quels que soient sa taille et ses moyens financiers. Le choix d'un projet structurant démontre une vraie confiance attribuée au corps citoyen, tandis que la diversité de projets pourrait traduire une dissémination de cette confiance et une possible multiplication des « sceaux citoyens »[353]. Une telle diversification permettrait malgré tout de préserver le programme engagé de l'élu, alors que le projet unique entraînerait *de facto* déception pour le

---

[349]Cela dépend naturellement de la taille de la collectivité, de ses ressources financières, de la volonté politique. Nous remarquons que, plus la collectivité est grande, plus les montants sont importants, insistant sur la pertinence du budget participatif dans les collectivités plus « riches ».

[350]Bézard, *op.cit.*, 2024, p.14.

[351]Goguel-Mazet, *op.cit.*, p.259.

[352]Beaucoup de projets y sont élus, mais la réalisation desdits projets se fait progressivement et timidement. Sur les projets de 2021, 80 % sont réalisés, entraînant une certaine insatisfaction les participants.

[353]En outre, en raison de la faiblesse de l'enveloppe, beaucoup de projets proposés tendent à se ressembler.

participant en cas de non-sélection[354]. La recherche d'un compromis est ainsi au centre du débat ici, défini au cas par cas et selon les volontés des élus, en lien avec la gestion des ressources financières de la collectivité[355].

Pour compenser cela, une thématisation reste possible. Le budget participatif peut ainsi être général ou thématique, orienté vers un ou plusieurs domaines précis. Cette thématisation peut être directe[356] ou plus indirecte[357]. En apparence, la thématisation semble apporter un nouveau cadre restrictif, réduisant l'opportunité de certaines initiatives citoyennes. Une telle thématisation aurait aussi le défaut d'influencer le projet afin que celui-ci intègre une orientation politique précise de l'élu. Les défauts de cette orientation restent néanmoins à nuancer. Que la thématisation soit simple ou plurielle, l'orientation vers un thème peut, au-delà de faciliter le travail d'idéation, permettre de coconstruire plus fortement sur une thématique donnée si cette dernière est pertinente. Le thème, qui, la plupart du temps, portera sur des enjeux contemporains, force à intégrer plus durablement le citoyen au politique. Symboliquement, ce dernier deviendrait une impulsion à la modernisation des politiques publiques et des aménagements.

Nous remarquerons que la thématisation peut aussi prendre une forme plus « organique », limitant la participation au budget à un public donné, comme c'est le cas des budgets participatifs dits générationnels, réservés aux exclus par l'âge : jeunes ou seniors.

De tout cela se dégage une formalisation du budget participatif. Cette institutionnalisation se concentre sur la recherche de confiance envers l'élu : jusqu'à quel point la rédaction réduite ou ouverte du règlement apporte la confiance nécessaire à la pérennisation de l'outil ? En effet, selon la rédaction plus ou moins ouverte du règlement, la volonté des élus peut être perçue, sans que cette dernière ne soit connotée négativement en ces termes, comme « constrictive ». À chaque étape du budget participatif, l'élu peut ouvrir à davantage d'implication citoyenne. En ce sens, il serait possible de parler ici de variations à un budget participatif coconstruit : corédaction du règlement, simplifications des critères et modalités de vote[358], évaluation des

---

[354]Sauf à intégrer le projet plus tard, l'année qui suit et sur un autre fondement que le budget participatif.

[355]Demeure la possibilité de fusionner les projets à la même finalité. C'est une solution qui oblige un effort de concertation entre les porteurs mais qui renforce de ce fait la co-construction collective.

[356]Le règlement du budget participatif pour les quartiers de la métropole toulousaine fixe 50 % de l'enveloppe sur des projets verts.

[357]Le règlement du budget participatif de Mimizan pose une majoration des voix de 25 % si le projet entre dans le programme de l'Agenda 21.

[358]Les différents guides pratiques ont eu l'opportunité de classifier les modalités de vote du projet lauréat : vote unique, vote multiple (limité à un seuil ou non), vote préférentiel, vote par

projets avec intégration des porteurs des projets ou non, suivi des projets avec soutien des citoyens. La question de la confiance pose ainsi la question de la crédibilité du dispositif participatif. Ce n'est pas un hasard si certaines collectivités rattachent le budget participatif à une charte de démocratie participative, témoin d'une approche extensive au savoir citoyen.

Ce « volontarisme » s'est développé mais n'a pas empêché, entre les lignes, le développement d'habitudes pratiques au sein du règlement, proche d'une forme de « droit coutumier ».

B) La naissance progressive d'habitudes pratiques, proches de véritables « coutumes »

La coutume, en droit interne et international, se caractérise par ses deux éléments : psychologique et matériel. Elle se définit généralement comme l'application durable et continue d'une règle non contraignante, car pensée comme telle. La relation entre droit coutumier et habitudes pratiques est alors assez ténue. Ici, parler de « coutume » pourrait paraître *a priori* excessif. Néanmoins, certaines habitudes prises par les collectivités dans la réglementation de leur budget participatif tendent à faire émerger certaines « coutumes » au sens strict du terme[359]. Deux « coutumes » semblent transparaître, fondées sur l'étude de différents règlements et de guides pratiques à destination des communes.

Le premier point concerne la question du *distinguo* entre budget participatif d'investissement et de fonctionnement. En effet, beaucoup de règlements et de guides pratiques tendent à imposer le budget participatif comme budget participatif d'investissement. La rédaction de ces différents textes, dans un vocabulaire tendant à émettre une obligation[360], semble limiter le projet final à un investissement. Il se retrouve ici la distinction classique en droit budgétaire entre investissement et fonctionnement. Cela ne signifie pas qu'aucune dépense de fonctionnement est impossible. Ne pas flécher le budget participatif sur une partie, certes faible, de fonctionnement, pourrait entraîner un blocage des projets innovants. Cela signifie surtout que ces dépenses de fonctionnement ne doivent pas constituer le projet à part entière. Elles doivent se contenter de constituer des conséquences normales du projet, notamment vis-à-vis des obligations d'entretien[361]. Cela apparaît pertinent

---

répartition d'une enveloppe (choix progressif de projets jusqu'à épuisement des ressources), vote pondéré, vote par approbation (pour ou contre).

[359]En ce sens, on note l'importance du benchmark et des guides pratiques à cette fin.

[360]Certains règlements mettent l'accent sur le vocable du « devoir ».

[361]La prise en compte des coûts de fonctionnement varie. Si certains règlements n'en parlent pas (Cf. règlement budget participatif Besançon, 2023), d'autres le limitent à « l'entretien

dans un impératif de bonne utilisation de deniers publics. Par ailleurs, faire participer le citoyen est plus pertinent quand le projet naît devant lui et apporte au patrimoine de la collectivité, ce qui relève de la définition de l'investissement.

Néanmoins, cette règle n'empêche pas d'attribuer une partie totale ou partielle du budget vers des dépenses de fonctionnement. Le domaine plus large du fonctionnement, dépassant la simple question de l'aménagement de l'espace, peut être un élément d'attractivité au dépôt de projet citoyen[362]. À ce propos, le doctorant en sciences politiques Gilles Pradeau précise les éléments suivants :

> « Il est impossible de résoudre les problèmes du chômage ou de la réduction des inégalités de santé ou dans l'éducation sans discuter des dépenses de fonctionnement. Or, ce sont des enjeux importants auxquels les villes en France ne pourront jamais s'attaquer dans la tendance actuelle. La création d'écoles, de crèches ou d'HLM est possible avec un budget participatif au Brésil. Il est temps de dire qu'en France les citoyens sont tout aussi matures pour décider de la nécessité de ces infrastructures »[363].

Ainsi, la commune de Saint-Denis propose cette alternative : une répartition égale sur un modèle « 50-50 » entre fonctionnement et investissement. Cependant, le cas d'un budget participatif intégralement dédié au fonctionnement n'est pas recensé sur le territoire national. Développer une telle pratique en France reste difficile en raison du cadre budgétaire contraignant sur le domaine du fonctionnement. Néanmoins, des municipalités étrangères ont développé cette pratique du budget participatif de fonctionnement, comme la ville de Lausanne en Suisse. Une telle transposition au sein des municipalités françaises n'est pas à exclure, mais de manière mineure.

Le second point concerne le domaine personnel du budget participatif.

Notons à titre liminaire que la question de la participation des personnes morales sera étudiée par la suite[364]. Le budget participatif est communément qualifié de « citoyen ». Il est nécessaire de définir ce qui est entendu derrière ce vocable.

---

normal » (Cf. règlement budget participatif Blois, 2024), d'autres fixent une enveloppe précise, entraînant un travail supplémentaire d'évaluation.

[362]On peut ainsi trouver des projets d'achat de livres, de fête locale ou des projets d'ordre social (dans la limite des compétences départementales).

[363] PRADEAU Gilles, « Les budgets participatifs », Tribune Fonda N°232 - Démocratie contributive : une renaissance citoyenne, La fonda-Fabrique participative, décembre 2016 (disponible en ligne).

[364]Sur le rôle ambivalent des associations : cf. *infra* p.118.

Au sein du droit administratif, la notion de « citoyen » n'est pas précise, elle signifie communément différents vocables : l'électeur, l'habitant, l'usager, l'administré. La singularité du budget participatif est de prendre en compte la notion d'habitant comme domaine du participant au budget participatif. La logique de proximité qui sous-tend le budget participatif oblige à penser selon l'angle du résident, comme porteur et destinataire du projet. Ainsi, le budget participatif propose un cadre personnel plus large que celui du citoyen, entendu au sens strict et de l'administré. Le premier se définit comme le national jouissant de droits, dont celui de vote, et tenu d'obligations, le rapprochant ainsi de la figure de l'électeur-assujetti[365]. Le second se rattache à une relation stricte avec l'administration.

Au sein des règlements, cette place de choix donnée à l'habitant peut prendre divers vocables[366]. Cette diversité terminologique ne doit pas cacher leur point commun : intégrer plus facilement à la démarche participative via une notion large et inclusive du participant[367]. Comme le synthétisait Olivier Févrot, « la proximité élargit le citoyen »[368]. La participation par la proximité tendrait ainsi à déterminer un noyau dur au concept mouvant de citoyenneté dans le concept de « rattachement à une communauté politique ».

En ce sens, le cadre personnel du budget participatif, aussi bien pour le dépôt de projet que l'élection du projet lauréat, intègre les traditionnels exclus des scrutins : les étrangers non européens et les mineurs. Certaines communes vont même plus loin en substituant le cadre de la résidence au cadre du bassin de vie. À cet égard, des municipalités, comme celle de Mulhouse, intègrent les personnes travaillant dans la ville au corps participant au budget participatif, sans pour autant que celles-ci résident sur le territoire de la commune. Comme tendrait à le consacrer la démocratie participative, le budget participatif pose ainsi, en droit, un nouveau cadre électoral,

---

[365] Il ne faut pas omettre l'exception municipale : l'ouverture du scrutin municipal aux ressortissants européens.

[366] Selon la rédaction des règlements, la terminologie peut varier selon la valeur donnée à l'habitant avec, parfois, une distinction du domaine entre porteurs et votants. C'est un décalage qui interroge et qui traduit un certain conservatisme de la notion de citoyenneté. La terminologie concrétisant une définition renouvelée du citoyen varie en ce sens. Voir ce sens : NEVEU Catherine, « Habitants et citoyens : intégrer des catégories », *in* BACQUÉ Marie-Hélène, SINTOMER Yves (dir.), *La démocratie participative. Histoire et généalogie*, La Découverte, 2011, p.110.

[367] « L'absence d'encadrement juridique de la participation aux budgets participatifs permet ainsi l'existence d'un corps électoral de fait différent du corps électoral de droit. Le protocole additionnel à la Charte européenne de l'autonomie locale, qui concerne le droit de participer aux affaires des collectivités territoriales (…) répond en partie à cette dualité » (Goguel-Mazet, *op.cit.*, p.259).

[368] FÉVROT Olivier, « Conception juridique et citoyenneté », *in* GUGLIELMI Gilles (dir.), *La démocratie de proximité. Bilan et perspectives de la loi du 27 février 2002, dix ans après*, Berger Levrault, 2012, p.48.

permettant notamment ici un certain pragmatisme entre l'action et la destination de la politique publique, jouant sur la proximité. Cette inclusion des populations souvent absentes, notamment les jeunes, traduit une forme de vivre ensemble par la construction à plusieurs de la ville.

En outre, ce large domaine de l'habitant est tout à fait régulier aux règles fixées par le Conseil d'État. Ce dernier a, en effet, consacré un principe de cohérence du domaine à l'objet de la consultation. La limite de l'élargissement du cadre personnel de la participation se trouve ici. Si d'autres possibilités de cadre personnel restent admissibles, l'ouverture quasi constante à la figure de l'habitant permet de consacrer un certain idéal de démocratie.

Malgré tout, une telle réflexion pose une question importante : quel lien existerait-il entre ces deux conceptions de la citoyenneté ? Le budget participatif semble matérialiser une forme de « citoyenneté d'usage », dépassant le cadre du national au sens de l'article 3 de la Constitution de 1958 [369]. La Constitution fait d'ailleurs, pour reprendre les termes de Dominique Rousseau une distinction entre le citoyen national, abstrait, intégré dans la Nation ou la Société, et l'habitant, le citoyen physique, concret[370]. C'est sur cette seconde notion que le budget participatif fonde son domaine. Le participant est, comme Georges Burdeau le notait, un « homme situé »[371]. Si le citoyen se détache de ses déterminismes sociaux, l'habitant, lui, est pleinement ancré dans son territoire, avec ses influences. Ce rattachement entre les notions de citoyenneté et de territoire a fait l'objet de nombreuses études[372]. La citoyenneté connaît en ce sens un double niveau de lecture. Si la notion prend une forme stricte constitutionnelle, elle tend à prendre une forme plus souple de « citoyenneté locale », fondée non pas sur un principe, mais sur une pratique de la citoyenneté[373].

---

[369]« On retrouve la distinction posée par le Conseil constitutionnel dans le cadre de l'exercice des 'droits-participations' : d'un côté un citoyen-national et de l'autre un citoyen-catégorie, en l'espèce le citoyen résidant ou plus largement œuvrant dans la collectivité » (Goguel-Mazet, *op.cit.*, p.259).

[370]Rousseau, *op.cit.*, p.7.

[371]BURDEAU Georges, « La démocratie, essai synthétique », *Revue internationale de droit comparé*, 1958, 10-3, p.654-661.

[372]Voir notamment : NEVEU Catherine, « Habitants et citoyens : intégrer des catégories », *in* BACQUÉ Marie-Hélène, SINTOMER Yves (dir.), *La démocratie participative. Histoire et généalogie*, La Découverte, 2011, p.110.

[373]La crise de l'État-nation oblige à repenser l'approche de la citoyenneté non plus comme un strict attaché au national électeur, mais comme l'acteur d'un groupe, d'une communauté. Nous nous conformons ainsi à la thèse d'une « hiérarchie » de citoyennetés, parallèle à la hiérarchie des ordres juridiques (cf. MOURGEON Jacques, « Citoyenneté et ordre juridique », *in* KOUBI Geneviève (dir.), *De la citoyenneté*, Litec, 1995, p.20).

Alors, comme le remarque Émilien Goguel-Mazet, le budget participatif matérialise le dualisme du corps électoral : « un corps électoral de citoyens, restreint, auquel il revient d'élire les représentants de la commune » et un « corps électoral citoyen, élargi, capable de déterminer chaque année une part moins importante des dépenses de la collectivité »[374]. Il s'agit d'une dichotomie qui est parallèle au *distinguo* entre représentatif et participatif. Une telle dualité posera le problème de leur rapprochement. Serait-ce deux domaines concurrents ou deux domaines complémentaires ? Cette interrogation mériterait davantage d'approfondissements.

Malgré tout, nous constatons un cadre libre, présentant quelques rares éléments obligatoires par la pratique. L'ensemble de ces points ne relève pas d'une plus grande sensibilité. D'autres le sont davantage et nécessitent une étude poussée.

C) La constance de points sensibles du règlement

La place des associations et le rôle réel des participants sont deux éléments de débat qui nous interrogent ici.

a) La place ambivalente des associations

L'association, personne privée, se définit comme le regroupement d'individus à fins de réalisation d'un objet social déterminé, à but non lucratif en principe, dans une visée collective. Traditionnellement, elle porte la volonté du commun. En ce sens, elle est créatrice de lien social et innovante dans les idées démocratiques. Les diversités de domaine, de portée militante, de nombre d'adhérents entraînent une diversité de modèles associatifs et d'intensités dans la diffusion de leurs idées.

Vis-à-vis de la démocratie, l'association est entendue traditionnellement comme un contre-pouvoir aux personnes publiques, au profit d'une individualisation de la démocratie. Pourtant, l'association est intrinsèquement une instance de débat et de diffusion d'idées. Participant à l'exercice de la citoyenneté dans une société démocratique, l'association se revendique aussi comme un espace de démocratie[375], elle est « à la fois espace d'apprentissage à l'exercice délibératif et aux compétences sociales »[376]. Elle est ainsi traditionnellement à portée démocratique par son

---

[374] Goguel-Mazet, *op.cit.*, p.259.

[375] LOCHAK Danièle, « Démocratie et vie associative », *in* CHAMPEILS-DESPLATS Véronique et DENQUIN Jean-Marie (dir.), *Démocratie et constitutionnalisme : retours critiques*, 2013, Mare et Martin, p.54.

[376] RENAULT-TINACCI Mathilde, « Les associations ont-elles encore un rôle démocratique ? », *Juris associations,* 2021, n°631, p.21.

habitude à défendre des intérêts collectifs sur des sujets politiquement sensibles.

Avec les personnes publiques, les associations connaissent une relation relativement « conflictuelle », dans un contexte de concurrence réciproque entre les collectivités et les contre-pouvoirs que peuvent représenter les associations. En effet, l'association peut être « instrumentalisée » par les pouvoirs publics à des fins pourtant louables, dans le cadre des délégations de service public. Mais une personne publique peut ainsi accaparer la forme associative à d'autres fins, moins vertueuses. Le contentieux des associations transparentes en est un exemple[377].

Dans le cadre du budget participatif, l'association peut se voir attribuer plusieurs rôles : porteuse de projet et destinatrice de l'enveloppe, simple votante ou partenaire à la diffusion de l'outil. Selon la rédaction du règlement, sa place et la portée de son rôle varient. La recherche de démocratie et les risques d'instrumentalisation du budget participatif dans son contenu interrogent la place de l'association au sein du budget participatif.

Puisque, par nature, le règlement est rédigé quasi librement, la place des associations au sein de la procédure de budget participatif va dépendre de la place accordée dans le règlement. L'écarter ou limiter sa place peut répondre à des raisons plus ou moins louables. En effet, il n'est pas difficile d'affirmer que la figure associative, notamment militante, connaît l'habitude de participer à l'élaboration de politiques publiques[378]. Consécutivement, les écarter reviendrait ici à laisser les exclus de ces outils la possibilité de connaître un rôle démocratique accru. De surcroît, le budget participatif est entendu comme un outil ancré dans la relation directe entre l'élu et le citoyen, dans son modèle français du moins. Le règlement peut alors aussi *de facto* les exclure. Le règlement du budget participatif de la métropole strasbourgeoise en est un exemple[379]. Le règlement peut aussi en réduire le champ d'action en interdisant la représentation d'un particulier ou en interdisant la possibilité de voter. Sur ce dernier point, son rôle tendrait à se limiter à celui du dépôt de projet. N'est alors conservé que l'aspect technique des associations, excluant un rôle démocratique actif par peur et risque d'une accaparation du dispositif participatif par ces dernières.

---

[377] *Ibid.*

[378] Les associations ont notamment un rôle central au sein de la démocratie environnementale. Quand le domaine du litige implique d'être militant, leur place y est accrue. Pour le budget participatif, en théorie, cela semble moins le cas. Mais, dans de rares cas, le budget participatif flirte avec la sensibilité des thématiques environnementales ou sociales.

[379] Pacte pour la démocratie à Strasbourg, 2018.

Lorsque les associations sont intégrées au sein du règlement, la question de leur rôle réel interroge. Certains auteurs ont eu alors à cœur d'étudier les gains pour les associations d'intégrer la démarche du budget participatif. En ce sens, une étude de Mathilde Renault-Tinacci, sur le fondement du modèle parisien du budget participatif, a interrogé l'intérêt pour les associations d'intégrer la procédure du budget participatif[380]. L'autrice en a tiré trois vocations : instrumentaliste, mobilisatrice et participative. La différence entre ces trois attitudes dépend de ce que peut permettre le budget participatif pour l'association, c'est-à-dire respectivement : sensibiliser l'administration à leur objet social, sensibiliser les citoyens à ce même objet ou aider à définir et combler des besoins sociaux. Cette place peut paraître ambiguë, traduisant une certaine réticence mutuelle entre association et personne publique. Dans un nombre de cas, néanmoins, « les associations mobilisent le dispositif pour des finalités de développement de leur projet associatif ou dans une logique partenariale, plutôt que dans une optique protestataire »[381].

Un second point sensible trouve des interrogations communes à ce rôle des associations au sein des budgets participatifs.

b) Le rôle des participants limité au dépôt et au vote de projet ?

Au sein du budget participatif, l'habitant est un double acteur : il est naturellement un votant et un porteur de projet. Mais sa portée se limite-t-elle à cela ? L'instauration d'instances *ad hoc* au budget participatif ainsi que l'appui sur des instances préexistantes de démocratie participative locale pourraient laisser une place plus importante aux citoyens. Cette place serait constante et permettrait une adhésion plus forte à l'outil. Si le modèle pyramidal est difficilement transposable en France face à la présidentialisation du régime, l'institutionnalisation du budget participatif, comme la démocratie participative, se fonde sur des instances. Limité par ledit modèle représentatif, le rôle de ces instances reste malgré tout réduit.

La démocratie participative s'est progressivement dotée d'une base organique importante, notamment dans un objectif d'inclusion à la participation. Conseils citoyens[382], conseils de quartiers[383], commissions consultatives des services publics locaux en sont des acteurs relativement actifs. Des instances *ad hoc* peuvent aussi être créées pour accompagner le

---

[380] RENAULT-TINACCI Mathilde, « Implication des associations dans la démocratie participative, le cas du budget participatif parisien », *INJEP Analyses et synthèses*, *Études et recherche*, septembre 2020, n°38.
[381] *Ibid.*
[382] CGCT, art. L2143-2.
[383] CGCT, art. L2143-1.

développement de démarches participatives. Le budget participatif n'en est pas une exception. Il a été possible de mettre en place comités de pilotage, comités temporaires de représentants citoyens, commissions citoyennes de suivi du budget participatif. L'intérêt est de réduire l'effet descendant du dispositif tout en élargissant l'appréhension de la démarche à l'ensemble des participants. La présence de ces instances n'est, bien sûr, pas obligatoire. Mais, au-delà de l'aspect pratique, elles accordent un aspect collaboratif plus fort, rendant la démarche plus impartiale et réduisant les risques d'instrumentalisation. *De facto*, la mise en œuvre de tels outils renforce le contrôle du budget participatif par et pour ceux qui y participent.

Cette institutionnalisation de la démocratie participative permet ainsi un débat plus fort, une co-construction plus transversale du budget participatif. Elle crée une forme de validation citoyenne plus puissante, notamment dans les phases sensibles du budget participatif ou en proie à une potentielle opacité. C'est le cas de la phase d'instruction, aussi bien dans les volets de faisabilité que de recevabilité des projets. Les premiers modèles de budget participatif dans la couronne parisienne se rapprochaient du modèle pyramidal pour renforcer leur aspect collaboratif en intégrant le citoyen aux deux volets de l'instruction. Lors de la phase du vote aussi, des collectivités ont érigé des comités citoyens, garants de l'indépendance de ce « scrutin participatif ».

À des échelles différentes mais dans des modèles de démocratie proche, des municipalités de différents pays européens[384] et africains[385] établissent de telles pratiques organiques. En revanche, « les assemblées citoyennes territoriales ou thématiques observées dans certains pays sont peu utilisées en France car réservées à des démarches de budget participatif plus ambitieuses »[386]. En France, le modèle institutionnel étant différent, il n'est pas difficile d'affirmer que tout dépend de la manière dont les élus appréhendent ces instances *ad hoc* ou préexistantes. La question de la culture participative locale est ici au centre des enjeux. Le cas des conseils de quartier est représentatif de cette tendance. Si l'élu attribue peu de place aux conseils de quartier[387], ces derniers n'auront pas plus de place au sein du processus de budget participatif. En pratique, généralement, ces instances n'ont pas la portée recherchée. La rédaction des règlements pose certaines limites dans la place de ces instances, limites aussi bien quantitatives que

---

[384] On pensera au budget participatif de la ville de Séville. Des assemblées politiques y intègrent des délégués élus. Ces assemblées ont force de propositions devant le conseil municipal.

[385] On pensera notamment au budget participatif des municipalités sénégalaises.

[386] GOURBIER Léonard, MOYSAN Émilie, « Participation citoyenne et budgets locaux », *GFP*, 2022, n° 6, p.25-29.

[387] Les variations des règlements constitutifs des conseils de quartier en sont les illustrations.

qualitatives. Cela peut paraître difficile à appréhender quand on pense que le budget participatif pouvait être un outil de renouvellement de ces instances et de leur place[388]. Des exemples sont frappants de cela. La commune d'Albi a mis en place une commission composée de 8 élus et 12 citoyens dont le rôle est d'effectuer l'étude de recevabilité. Mais ce sont toujours les services techniques qui contrôlent effectivement la recevabilité des projets dans le cadre d'une seconde vérification. La commune d'Annecy soumet, quant à elle, les projets aux conseils de quartier qui en font une présélection avant réalisation de l'étude de faisabilité par les services administratifs. Quoiqu'il en soit, et illustrée par ces deux exemples, la place de ces organes citoyens est toujours seconde, les services et les acteurs décisionnaires interviennent par la suite ou en leur sein. Si cela reste justifié par le contrôle nécessaire par les services qui sont responsables, cela en limite la possibilité d'une véritable institutionnalisation, même si la relativité du cas par cas persiste.

Ainsi, les efforts entrepris semblent régulièrement subir une forme de « parasitage », commune aux autres outils de démocratie participative.

Dans notre entreprise de recherche, il ne resterait qu'à étudier la portée contraignante du budget participatif. Ce dernier constitue par définition une consultation. Mais, en pratique, le projet lauréat semble régulièrement se concrétiser. Ce caractère contraignant, qui marquerait une singularité du budget participatif, connaît une même variabilité.

§2) Une diversité formelle : un budget participatif inégalement contraignant

Par définition, une consultation ne peut avoir de caractère décisoire. Mais le budget participatif est une procédure plastique. Aussi bien procédure de co-construction de projet que de consultation par un vote sur celui-ci, la portée de son utilisation dépend des mains de l'élu. La polyvalence de sa définition se répercute dans la difficulté d'en définir la véritable portée juridique. Si le budget participatif n'a aucune nature décisoire, le projet qui en découle connaît malgré tout une portée contraignante pour l'élu (A). Ce caractère contraignant n'est pas inné : il dépend de l'engagement de l'élu sur la démarche participative et le projet lauréat. Cette ambiguïté de nature, non décisoire en théorie mais contraignante en pratique, ne se répercute que sensiblement sur les conséquences contentieuses du budget participatif (B). En effet, la portée de l'engagement n'a que valeur politique.

---

[388] LE FOLL Clément, « Les comités mêlant élus et habitants font souffler un vent de participation citoyenne », *Gazette des communes,* 6 novembre 2020. Dans cet article, on constate la création de « comités consultatifs ouverts » qui acquièrent un rôle politique fort avec une intervention citoyenne plus directe.

A) Un caractère contraignant dépendant de l'engagement politique de l'élu

Si le projet lauréat du budget participatif semble avoir un caractère contraignant, force est de constater que ce dernier prend différentes valeurs. Originellement, ce caractère contraignant relève de tentatives ponctuelles (a), qu'une déclaration de principe a cherché à généraliser (b). Néanmoins, un tel engagement politique interroge sur sa compatibilité avec le risque d'incompétence négative (c).

a) Des engagements politiques originellement ponctuels

Par définition, le budget participatif est une procédure consultative ouverte et facultative. Par définition, il ne peut avoir de portée décisoire. Formellement, le budget participatif se constitue d'une double délibération : la première introduit la démarche et le cadre d'application, la seconde consacre le projet lauréat. Ne modifiant pas le formalisme des actes administratifs, le budget participatif reste un outil de participation dont les effets découlent en premier lieu de l'élu. Ainsi, l'engagement de l'élu donne une portée, une force concrète, plus ou moins importante au dispositif participatif et au projet lauréat.

Précisément, le règlement va donner la possibilité de fixer le caractère contraignant du projet lauréat. Un tel caractère contraignant, ainsi variable, permet de déterminer quelle serait la marge de différence entre le projet voté par le citoyen et celui validé par l'assemblée délibérante. Si le conseil a, par principe, la possibilité de valider, après modification ou non, le projet, le règlement, dans la pratique, peut intégrer un article dédié à l'engagement de l'élu. Ainsi, une variété d'engagements contraignants est possible, variété que nous faisons le choix d'étudier sous la forme d'une « échelle d'engagement ».

Tout d'abord, le règlement peut ne prévoir aucun engagement. C'est un cas qui reste mineur. En effet, le budget participatif ne serait ici qu'un outil de réception des idées, gagnant peu d'intérêt aux yeux des citoyens. Alors, il ne se singulariserait pas.

Le règlement peut aussi engager l'élu à la réalisation du projet voté par le corps citoyen. Cette réalisation peut se faire sans conditions, ce qui reste plutôt rare, ou avec des conditions positives ou négatives[389]. Ce dernier cas reste alors le plus fréquent : il permet de trouver un équilibre entre

---

[389] Certains règlements posent la possibilité de modifier le projet ou de ne pas respecter l'engagement en cas de circonstances exceptionnelles justifiant de l'abandon de la procédure ou de la modification du projet, notamment en cas de hausse des coûts.

l'engagement de l'élu et le respect du régime représentatif. Dans ce cas, le projet est validé par une délibération qui reprend, sauf circonstances exceptionnelles, le projet voté et engage de ce fait les deniers publics sur le fondement du projet coconstruit. L'acte administratif est formellement régulier, prenant la forme d'une délibération, mais l'impulsion est citoyenne. C'est ici la singularité forte du budget participatif, à la différence des autres outils de participation locale. Par ailleurs, cette singularité se traduit par un symbolique des vocables employés dans le règlement. La formulation du règlement de la commune d'Avranches est ici révélatrice : « tout projet élu est fait »[390]. D'autres expressions portent cette même force : « ce qui est voté, la collectivité l'exécute ».

Mais ne nous y trompons pas, l'engagement prévu par le règlement n'est pas de nature juridique. Les élus ne peuvent déléguer leur pouvoir sous peine de se positionner dans une situation d'incompétence négative[391]. En l'état du droit, ce serait prendre le risque d'adopter un budget illégal que de placer l'organe délibérant en situation de compétence liée par rapport à l'avis public[392]. La nature de l'engagement est singulière. Elle est originellement politique, fondée sur un devoir de confiance entre l'administré et l'élu. Mais ce lien politique revêt nécessairement un caractère engageant. Ainsi, si le degré d'engagement de l'élu est plus ou moins variable[393], la confiance politique sera plus ou moins forte, renouvelant plus ou moins efficacement la relation élu-habitant.

Le budget participatif ne change ainsi pas la substance du régime représentatif, incarnée dans la délibération. Au même titre que cet engagement se fond dans la délibération, le modèle participatif se fond dans le modèle représentatif. Le budget participatif est un outil d'ordre procédural, il n'a pas d'influence directe sur l'étendue du pouvoir de décision, mais sur la manière dont il peut s'exercer. Le budget participatif définit alors l'engagement juridique, la délibération, comme dérivé du projet citoyen. Ainsi, la délibération, à des échelles variables, devient un mécanisme formel, transparent face au projet lauréat.

En d'autres termes, il y a une forme de substitution de l'engagement juridique par un engagement politique. Par son engagement politique de départ, l'élu se contraint politiquement à mettre en œuvre, par la seule voie juridique, le projet élu. Ce n'est pas un hasard si des contentieux

---

[390]Règlement budget participatif, Commune d'Avranches, 2024.

[391]Le rapport entre budget participatif et incompétence négative sera approfondi : cf. *supra* p.124.

[392]GOUTAL Yvon, « Comment appréhender la démocratie participative en tant que juriste », *Gazette des communes*, 22 septembre 2021.

[393]Sur l'influence de l'élu dans la rédaction du règlement : cf. *supra* p.107.

commencent à naître en cas de non-respect des engagements de la délibération dont la substance reprend le contenu du projet porté par le citoyen[394]. Cela oblige à une vigilance sur la rédaction des délibérations et des autres actes structurant le budget participatif. L'élu demande la confiance à condition de réaliser le projet mis au vote : la démarche paraît alors quasi contractuelle. Pour Antoine Bézard, le budget participatif constitue un « nouveau pacte démocratique et solidaire »[395]. La portée d'un tel « pacte » dépendra du règlement qui, lui aussi, peut être cocréé. Une telle démarche contractuelle définit le budget participatif comme un outil de « complémentarité démocratique régulière » dans un cadre de « renouvellement du pouvoir de décision »[396].

De telles réflexions permettent de mieux appréhender l'importance attribuée au principe naissant de sincérité et la vigilance qui y est attachée[397]. En effet, il serait préjudiciable, par exemple, que des vices au vote viennent entacher cette confiance d'une insincérité, une fois que l'on connaît la portée de l'engagement.

Cela étudié, nous pourrions aussi comprendre la réticence de certains élus à mettre en place un budget participatif. Mais il ne faut pas omettre que ce sont ces derniers qui décident de s'engager. Ces derniers conservent la maîtrise originelle sur le mécanisme participatif. Cela donne l'impression que le budget participatif est tout ou rien, s'engager ou ne rien faire. En effet, il n'y aurait très peu de pertinence pour l'élu à ne pas s'engager. Le budget participatif semble alors un outil plus « éthique » que d'autres outils de démocratie participative. Comme il se singularise par un projet précis, il offre un souci de tangibilité qui donne la quasi-obligation à l'élu de faire des choix et de ne pas laisser de doute quant à la portée de l'outil. La logique du mandat, de la présidentialisation du régime et de l'élection semble limiter l'élu à un retour en arrière, d'autant plus si des deniers publics, une ligne budgétaire ont été engagés. Le guide pratique de la plateforme ID City mentionne, même s'il faudrait nuancer ce vocabulaire, une « délégation de pouvoir » et un effet délibératif[398]. Ces mots caractérisent le budget participatif. Une telle singularité a poussé à développer une pratique commune de cet engagement.

---

394 Voir en ce sens TA Grenoble, 24 février 2020, n°1701663. Dans tous les cas, si la collectivité établit une délibération, elle doit se conformer au contenu qu'elle a fixé.

395 BÉZARD Antoine, « Le budget participatif, nouveau contrat démocratique et solidaire », *Gazette des communes*, 21 janvier 2019.

396 Sintomer/Herzberg/Rocke, *op.cit.*, p.27.

397 Sur le principe de sincérité : cf. *supra* p.77.

398 IDCITY, Le guide pratique du budget participatif, juin 2020, 19 p.

b) La déclaration de principe du 8 novembre 2019 : une tentative de généralisation de l'engagement

Si le caractère contraignant du projet relevait naturellement de la liberté de chacun des élus, il tend à se formaliser par un engagement général de nature, là aussi, non juridique mais politique. Une telle tentative de généralisation cherche à renforcer la singularité du budget participatif face aux autres outils de participation.

C'est toute la force de la déclaration de principe issue de la 4e édition des rencontres des budgets participatifs des 7 et 8 novembre 2019. Cette dernière s'est conclue par la signature, par les 4 communes pionnières du dispositif en France[399], d'une « charte » des budgets participatifs. Cette déclaration a été effectuée dans le cadre des rencontres du réseau national des budgets participatifs, réseau auquel adhèrent de plus en plus de collectivités.

Sous une forme qui rappellerait certains titres préliminaires de codification, la déclaration pose des principes et des objectifs aux budgets participatifs. Malgré des formulations larges et en apparence exsangues, deux objectifs transcendant les usages des budgets participatifs sont posés : « confiance » et « émancipation ». Quatre principes sont déterminés afin de singulariser le budget participatif et de concrétiser de tels objectifs. Ces principes se retrouveront dans la suite du corps de notre réflexion.

Pour ce qui relève des deux objectifs, notons d'abord que l' « émancipation » consiste à développer la citoyenneté et l'exercice démocratique. Un tel principe a pour but principal d'accroître l'autonomie des habitants dans l'expression et la conception de projets réalisés et ainsi donner davantage de sens à l'engagement citoyen.

Le principe de « confiance » nous intéresse davantage dans notre présente démonstration. Ce dernier interroge particulièrement et semble renvoyer explicitement à la logique de l'adage suivant : « ce que les citoyens décident, les élus réalisent ». Une nouvelle forme de hiérarchie dans la décision semble se traduire, moins descendante. Parmi les quatre principes qui sont définis comme concrétisant cet objectif, l'un se démarque et constate un « impératif d'engagement » : « les collectivités et acteurs mettant en œuvre cet outil s'engagent à respecter le résultat du vote et à réaliser les propositions citoyennes, dans le cadre d'un règlement clair et public indiquant les critères de sélection des projets »[400]. Il tendrait par ses mots à

---

[399]On parle ici des villes de Montreuil, Paris, Grenoble, Rennes.

[400]Déclaration de clôture des rencontres nationales des budgets participatifs – 7 et 8 novembre 2019 à Paris – Principes fondamentaux du budget participatif en France.

signifier une confusion entre le vote des habitants et le vote du conseil municipal.

Si cette déclaration ne tendait qu'à contraindre symboliquement les 4 communes phares du RNBP, elle a la vertu d'être une source d'influence forte. En premier lieu, cette influence s'exerce pour les adhérents au RNBP. En second lieu, la charte constitue manifestement un document influençant le développement de budgets participatifs sur l'ensemble du territoire. En effet, le budget participatif reste un outil empreint d'une liberté, une liberté qui demande des repères généraux. Le cadre de la consultation forme un cadre général de nature juridique. La déclaration de principe tend à constituer un cadre général de nature politique.

Néanmoins, à l'heure actuelle, cette déclaration de principe n'a pas été suivie de la formalisation d'un texte réglementaire ou législatif contraignant. Elle n'a que vocation à orienter les comportements des collectivités adhérentes au réseau national des budgets participatifs. La crise de la Covid a, semble-t-il, mis fin à l'espoir d'un texte plus large et contraignant. En attendant, cet acte marque une étape dans la formalisation de la singularité du budget participatif, dans la dynamique d'un « effet délibératif » : le budget participatif « doit être délibératif et donner aux citoyens le pouvoir effectif de présenter des propositions et de décider, à travers un vote, des projets qui seront réalisés par les collectivités ou les acteurs qui proposent ce dispositif »[401]. Pour qu'un tel objectif se mette en place, l'engagement généralisé des élus est une première étape importante. De tels engagements politiques se trouvent de plus en plus au sein de la démocratie participative, notamment dans les chartes de la démocratie participative que certaines communes ont pu mettre en place, posant ainsi des engagements réciproques entre les acteurs : élus, services, citoyens. Ces pactes posent des principes généraux, à la faveur d'une véritable démarche contractuelle qui tendrait à se généraliser.

Cela serait-il néanmoins sans danger juridique ? Il est indispensable d'étudier la comptabilité de l'engagement politique au risque d'incompétence négative.

c) Un engagement soumis au risque d'incompétence négative : la vigilance quant à la rédaction du règlement

À l'aune de ce qui précède, il s'affirme que l'engagement politique se fonde sur la confiance réciproque entre l'élu et l'habitant. Il n'est pas surprenant de retrouver ce lien au sein des démarches participatives. Outil de démocratie

---

[401] *Ibidem.*

participative, le budget participatif cherche à en renouveler les pratiques. L'élu promet de réaliser un projet par un engagement politique, plus fort que l'engagement juridique. Le citoyen lui confie implicitement sa confiance. La délibération fait office de potentiel filtre, ce qui permet aux élus de modifier la portée du projet, avec des conséquences qui ne seraient que politiques dès lors que de telles modifications sont prévues dans le règlement.

Pour autant, cela exclut-il tout risque d'incompétence négative ? Si la portée décisoire du budget participatif est absente, la nature politique de l'engagement sur le projet peut-elle, dans certains cas, sanctionner la procédure consultative pour incompétence négative ? En d'autres termes, jusqu'où la démarcation entre engagement politique, consacré dans le règlement, et les limites du pouvoir décisionnel et de ses « délégations », peut-elle être perçue ?

Par définition, l'incompétence négative est invoquée aussi bien devant le juge constitutionnel qu'administratif. Elle est invoquée dès lors que l'autorité administrative se décharge de sa compétence ou se considère liée par un avis donné. C'est ce second cas qui nous interroge particulièrement en l'espèce. Les avis donnés par les citoyens engagent-ils les élus de telle sorte qu'ils suivent ces avis en considérant être liés ? Ce contentieux se pose notamment lors de consultations obligatoires auprès d'organes consultatifs externes. Comme le note Arnaud le Pillouer, en se fondant sur différents contentieux, peuvent être annulées sur le fondement de l'incompétence négative des décisions prises sur un avis par lequel l'autorité administrative dit s'être approprié les motifs et la portée[402]. Déterminer les éléments qui montreraient que les élus se conforment aux avis est ainsi le point central de notre présente réflexion. Pour les cas des budgets participatifs, s'appuyer sur les délibérations et règlements paraît l'élément le plus pertinent pour caractériser ce qui relèverait de l'incompétence négative. Le risque est de voir se développer une annulation « en chaîne » des budgets participatifs.

Par principe, le budget participatif reste une procédure consultative, qui n'est engageante que par exception, certes exception qui en est de moins en moins une, mais qui n'est que politiquement contraignante pour l'élu. Corollairement, le pouvoir décisoire des citoyens reste inexistant. Alors, si l'élu se considère lié par la décision citoyenne, ce n'est que politiquement. En ce sens, la délibération constatant le ou les projets lauréats reste de la discrétion de l'assemblée, qui peut modifier ou adapter, ce qui est possible tant qu'elle le prévoit dans le règlement. La sanction n'aurait de valeur que

---

[402]LE PILLOUER Arnaud, « L'incompétence négative des autorités administratives : retour sur une notion ambivalente », *RFDA*, 2009, p.1203.

politique. En pratique néanmoins, les élus suivent l'avis citoyen et le projet est réalisé.

Le problème se reporte ainsi sur la manière dont les délibérations et règlements sont rédigés. Comme le note l'avocat Yvon Goutal, il y aurait incompétence négative si le règlement reconnaît un pouvoir direct aux citoyens[403]. Une vigilance quant à la rédaction du règlement est alors *a priori* essentielle. Sur cette interrogation, l'ambiguïté est importante. La grande majorité des règlements et délibérations note que « la commune s'engage à réaliser le projet ». La nature de la notion d' « engagement » interroge. Il semble, *a priori*, possible de constater, en vue de sécuriser le dispositif, que cet engagement n'a qu'une valeur politique. Il traduirait plus une promesse qu'un transfert de pouvoir décisionnel. En effet, selon les critères posés par les règlements, l'élu et le conseil municipal pourront toujours modifier le projet, l'amender, l'écarter tant qu'ils en informent suffisamment tôt les porteurs de projet et en motivent la décision. Par exemple, le règlement de la commune de Trélazé note que « le conseil municipal valide le projet »[404]. Rien ne démontre que le conseil se sentirait lié par l'avis citoyen. Dans le règlement de la commune de Wambrechies, on note que « les projets retenus seront validés par délibération »[405], une délibération qui fait office juridiquement de filtre. Nous retrouvons ici une approche contractuelle, fondée sur une relation de confiance entre élus et participants. Ces rédactions-là semblent non constitutives d'incompétence négative. Aucune jurisprudence à l'heure actuelle ne conteste cela. Une telle remarque est d'autant plus pertinente que l'intention de faire participer est une intention louable. De plus, une telle entreprise participative engage des coûts qui peuvent être importants. Parallèlement, cela constituerait un angle de lecture différent de l'article 72 alinéa 3 de la Constitution : décider de gérer les affaires publiques, ce serait décider aussi de la manière dont ces dernières vont être décidées. Mais admettons-le, la ligne de démarcation reste fine. Cependant, l'espace de « non-droit » du budget participatif laisse la voie à cette lecture plus souple.

Alors, certaines rédactions trop manifestement délégatrices de pouvoir seraient contestables. L'exemple le plus flagrant reste celui de la délibération de la métropole de Strasbourg en 2018. Cette dernière note que le budget participatif « délègue aux habitants un pouvoir de voter, de proposer et donc de décider des projets pour leur ville ». Si la terminologie se veut attractive aux oreilles citoyennes, elle tend ici à écarter tout pouvoir d'appréciation du

---

[403] GOUTAL Yvon, « Le cadre juridique du budget participatif est fragile », *Gazette des communes,* 22 septembre 2020.
[404] Règlement budget participatif, Commune de Trézalé, 2023.
[405] Règlement budget participatif, Commune de Wambrechies, 2024.

conseil municipal. Sauf si la loi donne une telle possibilité, ce qui n'est pas le cas à l'heure actuelle, il serait opportun d'écarter une telle rédaction.

Mais quel intérêt y aurait-il à contester une telle démarche vertueuse, limitée d'ailleurs à un pourcentage donné ? Dans la pratique, partant du principe que l'élu « accepte » de plus en plus la réalisation du projet lauréat, il ne faut pas omettre que ledit élu encadre la procédure d'avis. Les cas d'incompétence négative existent en effet davantage lors de consultations obligatoires dans lesquelles l'avis est étudié et donné exclusivement par un organe extérieur. Or, le budget participatif se singularise par une co-construction de l'ensemble de l'avis. Il ne constitue pas une consultation entre les mains exclusives du citoyen. En ce sens, cet encadrement par l'élu et les services administratifs, d'abord dans la rédaction du règlement puis par l'instruction des projets, semble de nature à écarter une incompétence négative. Cette intervention de l'élu et des membres du conseil dans la construction des deux avis semblerait pouvoir distinguer ce qui relèverait de la ligne rouge avec l'incompétence négative.

En outre, le budget participatif reste attaché à l'objet budgétaire. Sur ce dernier point, le citoyen n'a aucune marge décisionnelle, le montant du projet déterminé par le vote reste fortement conditionné par son montant qui, lui, est déterminé par l'élu ordonnateur des dépenses. Si le maire décide de l'engagement des dépenses en tant qu'ordonnateur, il peut décider de laisser le citoyen l'affecter tant qu'il n'est pas lié. Il est, en ce sens, d'autant plus nécessaire de porter une vigilance sur la rédaction des termes de l'engagement du règlement.

Alors, comme le synthétisent Michel Verpeaux, Agnès Sauviat et Clotilde Deffigier : « l'autorisation de dépenser va se muer aisément en obligation politique de dépenser : les élus ayant initié le budget participatif ne pourront se soustraire à leur engagement politique de faire participer les habitants à certains choix budgétaires »[406]. La singularité du budget participatif comme outil de fléchage de la dépense oblige à voir ce caractère budgétaire comme un renforcement de ce qui a été noté antérieurement.

Fondé sur cette réflexion, l'assemblée délibérante ne semble alors pas perdre sa compétence : elle accompagne le citoyen dans un outil qui relève davantage d'une aide à la décision qu'une délégation de pouvoir. Une telle réflexion est cohérente face à un outil qui recherche à renouveler la confiance entre élus et citoyens.

---

[406] VERPEAUX Michel, SAUVIAT Agnès, DEFFIGIER Clotilde, « Fascicule 350 : Référendum local et consultation locale des électeurs », *Jurisclasseur Collectivités territoriales*, Lexis Nexis, mai 2022, p.20.

Le budget participatif reste ainsi marqué par cette distinction entre décisoire et contraignant. Ces deux notions de « décisoire » et de « contraignant » interrogent sur les répercussions contentieuses. Or, on remarque que, si l'engagement est purement politique, le contentieux ne se détache pas du contentieux des consultations « innomées ».

B) Le caractère hybride du contentieux

Un budget participatif se matérialise par une délibération, au préalable et en conclusion de la décision budgétaire communale. Le contentieux du budget participatif semblerait dépendre du caractère contraignant que l'élu lui attribue. Mais, en tant que consultation, le budget participatif attire principalement les effets contentieux classiques des procédures consultatives locales. En ce sens, il n'est pas difficile d'affirmer un caractère hybride de ce contentieux, parallèle au caractère hybride de la définition du budget participatif. Si, malgré le caractère contraignant du projet engagé, il reste une consultation, il en conserve la quasi-totalité des effets contentieux (a). Mais son apparent attachement au budget primitif oblige à penser la possibilité de contester ledit budget sur son fondement participatif (b).

a) Une assimilation affirmée au contentieux des consultations facultatives

Juridiquement outil doublement consultatif, le budget participatif entre *de facto* dans le domaine du contentieux des consultations locales, tel qu'approfondi par le Conseil d'État en 2017 pour les consultatives facultatives ouvertes[407]. La principale interrogation est de connaître les effets d'une irrégularité de la procédure consultative facultative sur la décision finale.

Avant tout, affirmons que la décision d'instaurer le budget participatif est naturellement un acte administratif unilatéral. Puisqu'elle implique des effets aussi bien sur les finances de la collectivité que les modalités d'organisation de l'administration, il semble manifeste qu'il sera possible de contester cette décision de mettre en place le budget participatif. Vincent Daumas, rapporteur public de la décision « Occitanie », le valide au sujet des consultations innomées. En principe, dans le cadre d'une consultation facultative ouverte, le juge administratif a admis cela sur le fondement de la confiance légitime[408] et du caractère détachable de l'acte administratif. Plus précisément, il note que :

---

[407]Dans cette décision, le litige concernait une demande d'annulation d'un décret consacrant le nouveau nom de la future région Occitanie sur le fondement, notamment, de l'irrégularité de la consultation locale des habitants.

[408]CE, Ass., 19 juillet 2017, Association citoyenne pour Occitanie et Pays Catalan et autres, n°403928, Publié au recueil Lebon.

« La délibération par laquelle un conseil municipal décide de mettre en œuvre la procédure de consultation prévue par l'article L.125-1 du Code des communes constitue, alors même qu'en vertu du second alinéa de l'article L.125-2, "cette consultation n'est qu'une demande d'avis", non une mesure préparatoire mais une décision faisant grief susceptible de faire l'objet d'un recours pour excès de pouvoir »[409].

Selon Vincent Daumas, même si l'acte engageant la consultation et les règles qui la composent ne sont pas formalisés, le caractère décisoire prime[410]. En d'autres termes, quelle que soit la forme que peuvent prendre ces règles, « la forme n'influence pas le fond ». Le support n'exerce ainsi aucune influence sur l'existence de règles juridiquement contestables au contentieux.

C'est lors de ce litige contre la délibération finale que pourra être contesté l'ensemble des exactions aux règles du dispositif participatif. En effet, le régime de règlement se trouve contenu ou lié à la délibération qui ouvre un budget participatif. Seront notamment contrôlés le respect du cadre minimal ainsi que des règles de forme et de procédure des actes administratifs.

La délibération finale du budget participatif est ainsi logiquement contestable pour les mêmes raisons. Alors, le budget participatif entre dans le carcan du contentieux classique de la consultation[411]. Il devra être observé alors le respect indispensable des règles du contentieux administratif[412].

Ces premières interrogations demandent une solution simple. Deux autres problématiques attachées au contentieux interrogent davantage.

D'une part, la question contentieuse se reporte sur la potentielle contestation des actes intermédiaires, internes à la procédure consultative. En principe, le caractère consultatif des outils de participation exclut la contestation des règles intermédiaires par voie d'action. Si seul l'acte final peut être porté devant le juge, les exactions attachées aux actes « du milieu », simples mesures préparatoires, ne sont contestables que par voie d'exception, au travers du recours contre la délibération finale de la consultation. Comme l'explicite Jules David, « l'impossibilité de contester directement la régularité d'une consultation du public suivie à titre facultatif ne constitue rien d'autre qu'une conséquence classique de la théorie de la recevabilité du recours pour excès de pouvoir »[413].

---

[409]Ibid.

[410]Daumas, *op.cit*, p.11.

[411]Ce qui est confirmé par l'une des dernières décisions du tribunal administratif de Grenoble (TA Grenoble, 4 octobre 2024, n°2106063).

[412]Nous sous-entendons ici la double condition de la présence d'un intérêt à agir et du respect des délais de forclusion.

[413]David, *op.cit.*, p.13.

Néanmoins, dans le cadre du budget participatif, ces actes intermédiaires peuvent avoir des effets véritables et faire grief à deux égards : sur l'organisation des services et sur les droits des administrés[414]. Certains actes intermédiaires, comme les refus de projet ou les rejets pour non-respect du cadre de faisabilité, font, en effet, grief aux administrés, car ils les écartent de leur droit à participer au budget participatif. Le juge administratif a ouvert cette possibilité dans une décision d'espèce du tribunal administratif de Grenoble du 13 août 2019. Dans cette dernière décision, il accepte de statuer sur un référé-suspension d'une association dont le projet a été refusé pendant l'instruction du budget participatif[415]. Une telle application contentieuse permet d'éviter l'attente d'une voie d'exception pour contester, ce qui serait tardif pour éviter certains vices dans la consultation, notamment vis-à-vis des principes de l'article L131-1 du CRPA.

La problématique se reporterait alors dans la qualification de ces actes. Les considérer comme actes individuels unilatéraux paraît une des solutions possibles. Certains auteurs défendent la qualification d'actes de droit souple pour les ouvrir au contentieux[416]. En s'attachant à une définition stricte du droit souple, il semblerait difficile de donner une telle qualification.

Malgré tout, la brèche entamée par le juge administratif en 2019 ne semble pouvoir s'ouvrir davantage. Dans une récente décision du tribunal administratif de Grenoble, le juge administratif fait preuve d'un fort classicisme[417]. S'il qualifie pour la première fois le budget participatif comme une consultation facultative ouverte, il le définit comme une procédure globale, qualifiant d'acte préparatoire le rejet d'un projet après instruction. Si classique que soit cette transposition de la décision « Occitanie », la portée de la décision restreint fondamentalement les bienfaits de la démocratie participative. La qualification d'acte préparatoire apparaît pour certains auteurs problématique[418]. Au contraire du juge, la rapporteuse publique Isabelle Bourion définit ce rejet comme un acte faisant grief, privant l'administré de sa possibilité de participer[419], rejetant ainsi la qualification d'acte préparatoire. Dans un des commentaires de la décision, Camille Morio et Lynda Maurice comparent le déroulé procédural du budget

---

[414] Morio, *op.cit.* p.87.

[415] TA Grenoble, 13 août 2019, n°1905095.

[416] VERPEAUX Michel, SAUVIAT Agnès, DEFFIGIER Clotilde, « Fascicule 350 : Référendum local et consultation locale des électeurs », *Jurisclasseur Collectivités territoriales*, Lexis Nexis, mai 2022, p.21.

[417] TA Grenoble, 4 octobre 2024, n°2106063.

[418] MORIO Camille, MAURICE Lynda, « Pour la justiciabilité des décisions adoptées dans le cadre des budgets participatifs », Revue Alyoda, 2024/3.

[419] En l'espèce, l'erreur de droit était manifestement qualifiable, l'administration ayant fondé le rejet du projet sur une condition non prévue dans le règlement intérieur.

participatif avec d'autres procédures, notamment électorale, pour admettre la possibilité d'acte faisant grief à l'intérieur d'une procédure globale[420].

À la vérité, la réflexion du juge administratif fait preuve d'un singulier pragmatisme. En confirmant le caractère d'acte décisoire, il vient harmoniser le contentieux des consultations facultatives tout en évitant de dissocier les actes de procédures au sein du budget participatif[421] Faisant cela, certes, il néglige la singularité du budget participatif comme double consultation, qui, si elles sont liées, restent marquées par deux étapes distinctes de procédures, aux acteurs différents. Néanmoins, ouvrir un tel contentieux des actes préparatoires serait préjudiciable à la pérennisation, la stabilisation des procédures facultatives ouvertes, dont l'unité est toute récente. On peut ainsi affirmer, et même si on pourra regretter que la valeur de la démocratie participative s'en retrouve diminuée, que le juge tend à un difficile équilibre.

D'autre part, l'interrogation se porte sur les modalités de la contestation de la délibération finale sur le fondement des irrégularités dans la mise en œuvre du budget participatif.

Pour ce qui est de notre étude, les irrégularités en question relèveraient du non-respect des principes de l'article L131-1 du CRPA ou de la présence d'une incompétence négative. Le juge administratif, en 2017, a tranché cette question pour ce qui relève des consultations facultatives locales. Si l'avis n'est pas directement contestable, il est invocable par voie d'exception. Le non-respect des conditions de mise en œuvre de la consultation ne pourra passer que par une contestation de la délibération fixant le projet lauréat du budget participatif. Si le budget participatif est ponctué de deux avis, ces avis-là ne demeurent pas des actes décisoires par principe. Néanmoins, le juge administratif conditionne l'opérativité des moyens invocables par voie d'exception. Il note en ce sens qu'une telle contestation n'est possible que si l'avis est en lien suffisamment fort avec la décision finale :

« Encore faut-il que le moyen soit opérant. En d'autres termes, pour que ce contrôle puisse être réalisé, la consultation menée en amont doit avoir exercé une véritable influence sur la décision qu'elle précède. Autrement dit, si elle ne doit avoir qu'une portée indicative, il convient cependant, comme l'indique le Conseil d'État, que cette consultation «[puisse]être regardée, notamment au vu de son objet, de son calendrier et de ses conditions de réalisation, comme formant partie intégrante d'un même processus décisionnel »[422].

---

[420]Morio/Maurice, *ibid.*

[421] DEFFIGIER Clotilde, « Consultation publique pour identifier des projets pouvant bénéficier de fonds issus d'un budget participatif : un processus global », *JCP-Administration et Collectivités*, n°4, 22 janvier 2025.

[422]David, *op.cit.*, p.13.

Ce lien semble déterminable par un faisceau d'indices. Le juge administratif se fonde notamment sur le lien par l'objet, le calendrier et la finalité de la consultation[423]. Sur ce dernier point, le cas du budget participatif ne pose pas de réelles interrogations. En effet, la délibération finale du budget participatif est conditionnée par les avis des citoyens, qui proposent autant qu'ils élisent les projets. De surcroît, le calendrier fixé du budget participatif fait dépendre les étapes de la procédure à celles qui les précèdent. Le caractère potentiellement contraignant de la procédure achève ce raisonnement-là. Jules David, dans son commentaire de la décision « Occitanie », estime qu'une telle application de la théorie des actes complexes est similaire aux autres procédures consultatives, renforçant alors le caractère de droit commun de la consultation[424].

Néanmoins, une telle application reste modulée par le juge. Si la contestation par voie d'exception est possible, elle ne doit pas s'opposer à l'application de la décision « Danthony »[425]. Cette dernière constitue une décision de principe dans le contentieux de la consultation. Portée par un objectif de limitation d'un excès de formalisme, elle pose un conditionnement de l'opposabilité des moyens procéduraux de légalité externe dans deux cas : une influence sur la prise de la décision ou une perte de garantie pour les administrés. Cette dernière décision a posé le principe qu'une procédure préalable, même facultative « n'est de nature à entacher d'illégalité la décision prise que s'il ressort des pièces du dossier qu'il a été susceptible d'exercer, en l'espèce, une influence sur le sens de la décision prise ou qu'il a privé les intéressés d'une garantie »[426]. Ce second point est particulièrement sensible lorsqu'il s'agit d'une consultation facultative.

Traditionnellement, le juge est porté par une forme de « clair-obscur » sur la définition de la « garantie » des administrés[427]. Un certain pragmatisme

---

[423] Pour reprendre la lettre de la décision du 19 juillet 2017 : « il appartient au juge administratif, s'il est saisi de moyens critiquant la régularité d'une telle consultation ouverte au soutien de la contestation de l'acte pris à l'issue de la procédure comportant cette consultation, lorsque cette consultation peut être regardée, notamment au vu de son objet, de son calendrier et de ses conditions de réalisation, comme formant partie intégrante d'un même processus décisionnel, d'apprécier si les exigences rappelées au point précédent ont été méconnues et, notamment, si les conditions de mise en œuvre de la consultation ont pu être de nature à en vicier le résultat » (CE, Ass., 19 juillet 2017, n° 403928,403948, publié au recueil Lebon).

[424] David, *op.cit.*, p.13.

[425] CE, Ass., 23 décembre 2011, Danthony, n°355033.

[426] *Ibidem.*

[427] « Il est permis de voir, dans cette obscure clarté qui émane de la notion de garantie au sens de la jurisprudence D…, une manifestation du pragmatisme du juge. Tout en permettant d'éviter des annulations trop mécaniques, elle demeure aussi une épée de Damoclès, un aiguillon destiné à rappeler à l'administration, constamment, que les procédures ne doivent pas être prises à la légère » (Daumas, *op.cit,* p.14.).

domine. En ce sens, « confronté à un moyen mettant en cause une irrégularité procédurale, le juge administratif n'opère pas une censure systématique. Pragmatique et peu favorable à un formalisme rigide (…), il préfère s'assurer que l'objectif en vue duquel a été imposée la règle méconnue a bien été atteint malgré la maladresse commise »[428]. En d'autres termes, la souplesse du juge administratif prédomine dans cette qualification de la notion de « garantie ».

Peut-on considérer le non-respect du régime du budget participatif comme la perte d'une garantie ? L'affirmative est indispensable. En effet, le budget participatif reste principalement soumis aux règles de l'article L131-1. Or, ces dernières sont manifestement adressées comme des outils de protection des administrés. Si le budget participatif renforce la tendance à un principe de sincérité, le caractère manifeste semble être encore plus probant. Alors, le budget participatif est une forme de matérialisation d'une exception à la tendance d'une « danthonysation » du contentieux.

Ainsi, la portée du contrôle du juge ne semble pas différente, en pratique. Sur les quelques contentieux dont il a été question et sur lesquels le juge rappelait la décision de 2017, le juge administratif se rattache à un contrôle limité à l'erreur manifeste d'appréciation[429].

Si le budget participatif est une consultation, cette dernière se matérialise dans la discipline budgétaire. Nous amorcerons ici la singularité budgétaire de l'outil, par l'étude de la voie contentieuse.

b) Une contestation théorique du budget primitif sur le fondement du budget participatif

À titre liminaire, un premier cas du contentieux budgétaire est à écarter. Dans le cas où la procédure du budget participatif est préalable au budget, le budget participatif peut être considéré comme une mesure préparatoire à ce dernier[430]. Comme le note la jurisprudence administrative, la qualification de mesure préparatoire empêche la contestation d'un tel acte par voie d'action.

Un second cas doit alors être étudié. Le budget fait l'objet d'une délibération. Dans le domaine financier, une jurisprudence classique et ancrée permet au contribuable local de contester tout acte ayant effet sur l'aggravation des dépenses de la collectivité[431]. Une telle application de la décision

---

[428]David, *op.cit.*, p.13.
[429]En ce sens, la décision « Occitanie » se situe dans la continuité de la décision « Commune e Ventalieu » (CE, 17 mars 1995, Commune de Ventalieu, n°108753).
[430]Cf. *infra* p.149.
[431]CE, 29 mars 1901, Casanova, n°94580.

« Casanova » est possible à condition de démontrer d'un intérêt à agir. Dès lors que le budget participatif est issu d'une ligne budgétaire ou qu'il va entraîner une conséquence sur les finances locales, il serait théoriquement possible de contester la délibération budgétaire sur ce fondement centenaire.

Mais, ce raisonnement relève, en pratique, davantage de la fiction. En effet, la tendance actuelle des applications de la décision « Casanova » tend à une proportionnalité de ses effets. Certes, le juge a évité de fixer un « seuil minimal dont découlerait l'intérêt à agir du contribuable local »[432]. Mais beaucoup de recours ont été « rejetés pour des montants qui ne constituaient qu'une goutte d'eau dans l'océan budgétaire »[433]. En ce sens, les contestations de faibles montants ne peuvent aboutir à une annulation de l'ensemble du budget. Or, le budget participatif, en moyenne, relève de faibles montants, insuffisants bien souvent à écarter le budget dans son intégralité. Ainsi, nous retrouvons la rigueur d'un principe de proportionnalité dont l'application est ici bienheureuse. C'est une conséquence d'une décision « Casanova » aujourd'hui réduite de plus en plus « à peau de chagrin »[434].

En définitive, nous remarquerons que si, théoriquement, invoquer la décision « Casanova » est possible, une telle invocation de la décision centenaire reviendrait à bouleverser le domaine personnel de la notion de « contribuable ». Nous avons vu d'ailleurs que le budget participatif se fondait sur la figure du « citoyen localisé ». Alors, admettre « Casanova » revient à opposer les cadres personnels du budget participatif et du contribuable local : il y aurait une distorsion entre les acteurs qui participent et les acteurs qui contestent le budget primitif sur ce fondement participatif.

Ainsi, toute notre réflexion se tourne vers une étude de la double nature du budget participatif. Nous avons remarqué qu'il se fond à l'ensemble des effets de la démocratie participative telle que conçue au sein du cadre juridique communal.

Mais, le budget participatif se concrétise par une dépense sur un projet. De ce fait, il semblerait avoir des effets sur le budget, intrinsèquement rattaché à cet objet. Symboliquement, il tend à intégrer un volet participatif au sein de la procédure budgétaire. Si, à l'heure actuelle, aucune étude précise n'y est dédiée, il est primordial d'en proposer une. Cela est particulièrement nécessaire dans le cadre d'un objet budgétaire qui se modernise de plus en plus.

---

432 LE CORRE Michel, concl. sur CE, 27 mars 2020, n° 426291.
433 MEURANT Cédric, « Que reste-t-il de l'arrêt Casanova », *AJDA*, 2023, p.2241.
434 *Ibid.*

PARTIE 2 : LE BUDGET PARTICIPATIF, TENTATIVE DE RENOUVELLEMENT DE LA PROCEDURE BUDGETAIRE COMMUNALE

Revenir sur le double vocable du budget participatif, c'est noter que son qualificatif prime sur l'objet dans lequel la procédure participative s'intègre. Néanmoins, il faut noter que le vocable de « participatif » s'affiche ici dans un domaine disciplinaire dans lequel l'esprit de « partage » n'existe pas : le budget local. Marqué par une empreinte technique forte, le budget tend à être borné par le monopole des décideurs locaux. Dans l'introduction de notre réflexion, nous notions un paradoxe important.

Par définition, le budget est l'acte décisoire le plus important au sein de l'environnement communal. C'est en effet à travers lui que sont prévues les dépenses et recettes de la collectivité. Par un travail transversal avec l'ensemble des services, il est une traduction financière des politiques publiques et des projets menés par chaque commune. Pourtant, l'importance de cet acte est paradoxalement inverse à l'intervention citoyenne sur ce dernier.

Le cadre budgétaire semble en apparence un terrain adapté à un partage du pouvoir. Par ses conséquences transdisciplinaires et ses implications fortes et régulières sur la vie de la collectivité, il constituerait un domaine adapté à une participation active du citoyen. Le citoyen local n'a, en effet, pas de place naturelle en son sein, marqué par une périphérie naturelle.

En ce sens, la démocratie participative locale semble nourrir la procédure budgétaire. En ouvrant cette dernière à une intervention citoyenne, elle offre une forme de pluralisme au sein des finances locales. Deux volets s'étudient ici, deux volets complémentaires et consécutifs.

D'une part, une première approche est de percevoir que le budget participatif se situe naturellement dans son cadre budgétaire. Il se définit comme un véritable outil d'aide à la décision (Chapitre 1). Cette qualification illustre la double relation de l'outil avec le budget local. S'il est d'abord intégré naturellement, parce qu'il se constitue d'une dépense, au sein du cadre budgétaire juridique local, il le singularise nettement. En faisant intégrer le citoyen au sein d'un domaine dans lequel il est traditionnellement exclu, le budget participatif ouvre le budget à une démarche pluraliste. En l'espèce, le budget participatif constitue une forme de contractualisation, avec le corps citoyen, d'une dépense.

D'autre part, si le budget ne peut se départir du cadre financier l'environnant, on remarquera que le budget participatif est un instrument accompagnant une tendance à l'émergence de « finances locales citoyennes » (Chapitre 2). En effet, dans une démarche prospective, il tendrait à ouvrir la voie à un débat plus fort sur les finances locales. Il serait un point de départ à une participation accrue dans un domaine qui exclut le citoyen par sa technicité naturelle. Il serait ainsi aussi un palliatif, certes limité, à certaines crises que traversent les finances locales, dans un contexte de rationalisation de la dépense publique.

Voici alors les perspectives qu'offre le budget participatif. Ces perspectives ont une double nature temporelle : la première, limitée aux dépenses, est présente ; la seconde, plus largement financière, relève de la prospective. Ces espoirs restent néanmoins conditionnés par les limites de la démocratie participative. Si la double nature du budget participatif semblait nourrir des espoirs, cette nature participative empêche une quelconque émancipation de ces « finances participatives » du cadre de la participation locale. En ce sens, ces dernières ne seraient qu'une déclinaison du modèle participatif, ne se distinguant que dans son domaine matériel d'application. Au contraire, elles en conserveraient les limites.

Chapitre 1 : Un instrument de modernisation de la procédure budgétaire

La démocratie, participative comme représentative, a nécessairement un coût. En effet, le modèle participatif implique des coûts supplémentaires, considérés comme des investissements nécessaires à la pérennisation des outils. Ainsi, l'ensemble des procédures consultatives exerce une influence sur le budget, notamment par des dépenses d'organisation des procédures : publicités et traitements des agents, notamment. Est-ce que cela reviendrait à penser que le rattachement entre budget et participation ne s'incarne que par ce lien-là ? Il serait aisé de le penser, quand on connaît les habituelles répercussions financières des procédures consultatives.

Néanmoins, le budget participatif se singularise de cet ensemble : il cocrée un projet et concrétise une dépense. Le lien qu'il établit entre participation et budget est donc plus direct que pour les autres instruments participatifs. Ce simple point offre une place accrue à la participation dans la procédure budgétaire locale. Il semble nécessaire de voir comment les deux logiques, budgétaire et consultative, se lient ici.

Dans un premier temps, le classicisme budgétaire l'emporte logiquement : le budget participatif reste une dépense sur un projet et s'inclut logiquement dans le cadre budgétaire communal (Section I). Cette intégration, qualifiable de « naturelle », renvoie précisément à un strict respect des nomenclatures budgétaires marquées par des principes clairs et une procédure stricte.

Dans un second temps, le budget participatif porte des changements non pas sur un volet technique mais « démocratique » dans la procédure budgétaire locale. En effet, il y intègre un nouvel acteur originellement exclu : le citoyen (Section II). D'une place « périphérique », la participation offre au corps citoyen un rôle plus actif, en s'appuyant sur son expertise d'usage, afin d'assurer une potentielle rationalisation de la dépense publique. Cette nouvelle place du citoyen prend une forme contractuelle, limitée à une enveloppe attribuée. Cette nouvelle place acquiert des effets proportionnellement plus importants à la mesure de la plénitude de l'engagement de l'élu sur le projet.

I. L'intégration naturelle du budget participatif au budget communal

Le budget participatif aide à déterminer un projet, d'investissement, par principe. Le projet conserve la nature d'une dépense. De ce fait, la procédure consultative que le budget participatif constitue tend à s'intégrer dans le processus budgétaire local.

En ce sens, la procédure du budget participatif et son projet lauréat s'insèrent naturellement dans la procédure budgétaire. Cette intégration se lit d'abord dans le respect des principes budgétaires (§1), qui constituent un cadre encourageant au développement de l'outil. Cette insertion se perçoit ensuite dans les étapes de la procédure budgétaire, aussi bien d'élaboration que d'exécution du budget (§2). Malgré tout, une telle intégration n'omet pas certaines singularités « procédurales », en témoigne l'inclusion d'une démarche participative au sein du monopole classique des exécutifs municipaux sur le budget.

§1) Le rattachement impératif du budget participatif aux principes budgétaires locaux

Nous notions que le budget participatif se composait de deux objets : une procédure et un projet lauréat, le second dépendant du premier. C'est principalement le projet lauréat qui répond aux impératifs juridiques du budget local. En ce sens, c'est le projet conclu par une dépense qui fait intégrer le budget participatif dans le cadre budgétaire local.

Cette intégration se justifie d'abord par un corollaire du principe de libre administration des collectivités dans l'autonomie financière (A). Ce premier principe constitue le second fondement constitutionnel au budget participatif. Cette fonte se justifie ensuite pour l'intégration du projet au sein des grands principes budgétaires (B). On notera d'ores et déjà que ces derniers constituent une force structurante plus qu'une limite à une pérennisation du dispositif participatif. Mais une singularité tend à s'établir dans l'interprétation du principe de sincérité budgétaire, que la participation matérialise dans une forme plus « subjective » (C). Sur ce dernier point, il est la preuve que le paradigme budgétaire se nourrit des influences de la participation locale.

A) L'autonomie financière des collectivités territoriales comme second fondement constitutionnel du budget participatif

Par définition, le budget participatif constitue une dépense fléchée d'une partie du budget dans une démarche consultative. Le budget participatif ne se détache pas du budget primitif qui en fait l'une de ses lignes budgétaires. L'autonomie financière locale constitue un fondement constitutionnel complémentaire, comme corollaire de la libre administration des collectivités territoriales. Ce deuxième fondement vient en prendre la même finalité : affirmer le monopole de l'exécutif municipal sur la procédure consultative.

Plus précisément, le budget participatif se finalise par le biais d'une ou de plusieurs dépenses déterminées par un ou plusieurs projets citoyens. L'impulsion à la mise en place d'une procédure consultative se fonde sur la libre administration des collectivités territoriales, au même titre que le projet, dépense finalisée, trouve son fondement dans la composante financière de la libre administration. C'est là une singularité du budget participatif vis-à-vis des autres outils de démocratie participative locale. Dans leur ensemble, les instruments consultatifs n'ont pas de répercussions financières aussi directes. Du moins, ces répercussions restent principalement limitées aux coûts qu'entraîne la mise en place de l'outil consultatif. Alors, le projet du budget participatif aboutit à un acte de l'ordonnateur, en l'espèce du maire qui en a, par principe, la compétence.

La réforme constitutionnelle du 28 mars 2003 consacre un article 72-2 au sein de la Constitution du 4 octobre 1958. Ledit article a pu faire l'objet de diverses lectures doctrinales contestatrices[435]. Néanmoins, son alinéa premier,

[435] Voir en ce sens : OLIVA Éric, « La conception de l'autonomie financière locale quel contenu ? Quelle effectivité ? », *GFP,* 2017, n°2, p.13-24 / CABANNES Xavier, « L'autonomie financière des collectivités territoriales après les récentes lois financières Une adolescence difficile ou déjà une vieille lune ? », *AJDA*, 2018, p.720 / CONAN Mathieu, « L'autonomie

qui pose un principe de liberté des dépenses, ne connaît pas de réelles difficultés dans son application. La clarté du texte l'y aide : « les collectivités territoriales bénéficient de ressources dont elles peuvent disposer librement dans les conditions fixées par la loi ». Tant que la dépense reste dans le carcan de la loi, la juste réalisation de la dépense ne souffre d'aucune ambivalence.

Ce texte constitue une composante à la libre administration et réaffirme en l'espèce le monopole de l'exécutif communal dans la définition des politiques publiques. Ainsi, la dépendance du budget participatif au politique connaît bien un double fondement constitutionnel. Le budget, acte autant politique que juridique, connaît en effet un monopole important des élus et n'est autre que la concrétisation financière des orientations politiques des exécutifs. Cet ancrage budgétaire direct constitue une différence forte du budget participatif avec les autres outils consultatifs, moins créateurs par définition.

Un tel monopole pourrait alors constituer, parallèlement au risque précité d'instrumentalisation, un renforcement de cette dérive. Même s'il détient le monopole de la dépense, le maire est conditionné par un cadre juridique lui imposant des dépenses obligatoires[436]. Ainsi, une hypothèse serait de penser que l'influence de l'élu serait telle qu'elle ferait entrer le projet lauréat supposé coconstruit au sein de dépenses obligatoires. Si de tels cas restent mineurs, en raison du domaine relativement strict de ces dépenses obligatoires, un opportunisme déplacé entraînerait « un dévoiement évident et une utilisation stratégique, purement politicienne dans son sens le plus péjoratif, du budget participatif, consistant à faire passer pour un choix d'opportunité ce qui était obligatoire »[437].

En se fondant sur deux principes de valeur constitutionnelle, le budget participatif est un objet consultatif singulier. Mais le budget participatif se matérialise synthétiquement dans une ligne budgétaire fléchée sur son projet. Le budget participatif est ainsi absorbé en principe dans ce cadre budgétaire. Ce caractère binaire l'oblige à se conformer aux règles de deux disciplines juridiques. Nous avions noté le cadre du droit de la consultation marqué par des principes récemment consacrés ; ce dernier est couplé à des principes plus classiques, relevant du droit budgétaire local.

---

inancière des collectivités territoriales : Trente ans après la loi de décentralisation du 2 mars 982, état des lieux », *AJDA,* 2012, p.759.

[436]Sur les dépenses obligatoires des communes : voir CGCT, art. L2321-2.

[437]Goguel-Mazet, *op.cit.,* p.259.

B) Les principes budgétaires comme soutien au développement de la participation

Le budget local est structuré par des principes généraux inspirés par les finances publiques nationales. Comme intégré au budget primitif, le projet lauréat du budget participatif respecte *de facto* le cadre de ces principes. Le budget participatif consacre un projet qui constitue un acte de prévision et d'autorisation [438] . Si la plupart de ces principes demandent peu d'éclaircissements, le respect d'autres obligent une étude plus approfondie. À cet égard, il sera constaté que ce cadre classique offre un encadrement pertinent à la pérennisation du dispositif consultatif.

Tout d'abord alors, notons que le respect de certains de ces principes budgétaires ne pose aucune ambiguïté. Le principe d'unité empêche l'autonomisation du budget participatif. Le principe d'universalité, dans son volet de non-affectation, impose que le budget participatif ne soit pas une dépense issue d'une recette précise. Le principe de spécialité fait que les crédits soient limités à l'opération budgétaire, marquant ainsi une spécificité des crédits budgétaires attachés[439]. Synthétiquement alors, la réflexion est la suivante : le budget participatif est, *a priori*, neutre sur le cadre théorique des finances locales.

Néanmoins, il est possible d'affirmer que ces principes constituent une force plus qu'une contrainte à la réussite et à la pérennisation des budgets participatifs. S'il faut distinguer l'aspect procédural du budget participatif de l'exécution du projet qui en découle, les deux restent conditionnés l'un à l'autre.

Le principe d'annualité est ici au centre du débat. Ce dernier impose que le budget soit exécuté sur une année, obligeant à une préparation annuelle antérieure. Ce principe impose *de facto* une répétition annuelle de l'évaluation, de l'élaboration et de l'exécution budgétaire. Il impose aussi des opérations comptables régulières afin de répondre aux besoins de dépenses et de recettes. Ce cadre annuel permet alors, de manière certes mineure, de pérenniser le budget participatif par une répétition annuelle. La déclaration de principe du 8 novembre 2019 posait comme l'un des principes cardinaux la « continuité et régularité » des budgets participatifs [440] . L'intervention citoyenne, par ce biais-là, est encouragée par le carcan

[438]Voir CGCT, art. L2311-1.

[439]Si le principe de spécialité oblige un vote par opération et par autorisation budgétaire, en pratique, un vote global évite une contrainte procédurale trop forte.

[440]Déclaration de clôture des rencontres nationales des budgets participatifs – 7 et 8 novembre 2019 à Paris – Principes fondamentaux du budget participatif en France.

budgétaire local. Si nous verrons que le budget participatif citoyen renouvelle le cadre budgétaire[441], il n'empêche qu'il se renforce aussi par celui-ci, à la différence d'autres outils consultatifs. Ces derniers peuvent en effet être conditionnés à un contexte ou une demande précise, par définition temporaire. Le cadre budgétaire semble ainsi solidifier l'assise du budget participatif.

Il en va du même mouvement pour les dérogations du principe d'annualité : un budget participatif peut prendre un volet pluriannuel[442], donnant une stabilité accrue à l'enveloppe budgétaire qui y est attachée, notamment en cas de pluralité de projets lauréats.

De surcroît, le principe d'antériorité budgétaire encourage aussi une même pérennisation. Si le budget répond à l'adage « gouverner c'est prévoir », le budget participatif, naturellement, tend à suivre le sens du même adage. Le principe d'antériorité semble obliger à prévoir l'enveloppe attitrée au futur projet du budget participatif au sein du budget primitif. En ce sens, l'inscription et l'anticipation précoce des deniers de l'enveloppe font office ici de mesure de publicité interne au budget participatif. L'obligation juridique ici fait dépendre le budget participatif au budget primitif sans s'en détacher pour autant.

Toutefois, comme le principe d'antériorité connaît des dérogations, le budget participatif peut aussi y déroger. En effet, une dualité d'intégration budgétaire de la procédure de participation et du projet existe[443]. Les effets positifs du principe d'antériorité dépendent donc du moment auquel le projet lauréat est intégré au budget primitif.

Par ces mots, un impératif de transparence se lit entre les lignes. Faire anticiper dans le budget une procédure consultative, c'est aussi bien faire preuve d'un engagement politique fort, même symboliquement, que d'assurer une transparence anticipée de la procédure consultative[444]. En effet, le budget doit être transparent. Cette transparence répond à un impératif d'information envers les citoyens, mais aussi envers les élus, au niveau interne. Le récent paradigme de bonne gouvernance budgétaire oblige à penser le budget participatif comme une information budgétaire à part entière. Cet impératif de transparence du budget local, dont il sera davantage question dans la suite de notre étude[445], répond aussi à un impératif de

---

441 Cf. *infra* p.156.
442 Sur le budget participatif pluriannuel : cf. *infra* p.155.
443 Cf. *infra* p.149.
444 Cf. *infra* p.149.
445 Cf. *infra* p.165.

sincérité, que le budget participatif renouvelle plus franchement. En effet, une nouvelle interprétation du principe de sincérité budgétaire traduit l'expression d'une influence réciproque entre démocratie participative locale et cadre budgétaire, l'un se nourrissant de l'autre.

C) Le budget participatif comme matérialisation d'une conception « subjective » du principe de sincérité budgétaire

Un principe n'a pas été étudié plus tôt : celui de sincérité budgétaire. Il interroge davantage. Si sa lecture classique n'a rien de commun, *a priori,* avec le budget participatif, il reste à noter que ce dernier offre la possibilité d'une autre lecture du principe de sincérité.

La démarche participative vient ici ouvrir la voie à une conception différente des finances locales et de ses principes. En effet, même si le budget participatif est limité à un pourcentage donné, il intègre une logique participative à la technicité budgétaire. Cette influence s'incarne dans ce principe de sincérité qui prend une autre forme, plus subjective. Intégrer une approche plus pragmatique du citoyen revient à transformer l'application du principe de sincérité[446]. Cette nouvelle qualification du principe de sincérité amorce le principe de la contractualisation budgétaire entre élus et citoyens, contractualisation qui fera l'objet d'une réflexion plus ample par la suite[447].

Par définition, le principe de sincérité budgétaire est un principe au cœur des finances publiques aussi bien nationales que locales. Dans une première approche, le principe de sincérité tend à être un principe proche de l'éthique et de la morale. Philosophiquement, il reste renvoyé à un impératif de transparence. En ce sens, le devoir moral qu'il implique tend à le définir comme dénué d'obligations contraignantes. Il n'aurait qu'une valeur symbolique, théorique. Comme l'indique Jean-Pierre Camby, le principe de sincérité n'est, *a priori*, « pas un principe budgétaire au sens juridique du terme, mais seulement au sens courant du vocable : il tiendrait davantage d'une éthique, inspiré d'autres sources que celles qui régissent le budget de l'État, qui ne lui sont pas transposables, de portée imprécise, et renvoyant, au moins partiellement, à une analyse comptable ou technique »[448]. Ce dernier note que, si le principe connaît « une forte potentialité », il n'en reste pas moins « entaché d'une faible portée pratique »[449].

---

[446] BOUVIER Michel, « Comment replacer le citoyen dans la gouvernance des finances publiques ? », *RFAP,* 2022, n°182, p.371-379.
[447] Cf.*infra* p.156.
[448] CAMBY Jean-Pierre, « Pour le principe de sincérité budgétaire », *RFFP*, 2010, n°111, p.157.
[449] *Ibidem.*

Néanmoins, le principe de sincérité n'est pas à sens unique et est porteur d'une double conception. Le professeur Robert Hertzog distingue alors une double forme de sincérité : objective et subjective. Nous nous tenons à sa thèse. La première des formes de sincérité est la plus tangible[450]. La seconde tendrait à conserver une forme théorique. En effet, la conception objective se définit, par définition, par la démonstration d'une « bonne foi des auteurs couplée à la justesse des informations fournies, car, malgré la bonne foi de l'auteur, il peut y avoir des erreurs »[451]. En d'autres termes, une conception objective se rattache, dans les faits, comme une réponse à un devoir de lisibilité et de fiabilité des documents budgétaires et, *a fortiori*, des finances publiques. La conception subjective omet la vision comptable de l'objective : elle se rattache à une « recherche stricte de vérité » des décisions et lignes budgétaires. Si la première forme se concentre sur les prévisions des chiffres comptables, la seconde tendrait à obliger la démonstration d'une « vérité » dans l'ensemble de la vie des deniers publics, de leur élaboration à leur exécution.

Naturellement, le principe de sincérité objective est central. La première des deux conceptions renvoie à une sincérité d'ensemble des documents dans leur communication et les informations mises au vote du budget. Au niveau national notamment, il implique « une absence d'intention de troubler l'équilibre du budget »[452]. Sur ce point, la sincérité des lois de finances consiste à ne pas surévaluer ou sous-évaluer les prévisions des dépenses et des recettes. Elle permet ainsi la garantie aussi comptable que financière d'une exactitude des comptes[453]. Aujourd'hui, nous retrouvons ce principe au sein de la LOLF[454] ainsi que dans la réforme constitutionnelle de 2008 et du nouvel article 47-2 qui pose un principe de « sincérité de tous les comptes de l'administration », une « image fidèle », corollaire du principe de transparence. Les réussites contentieuses de cette sincérité invoquée restent néanmoins limitées. Le Conseil constitutionnel n'a, en ce sens, jamais écarté en intégralité une loi de finances sur ce fondement. Au niveau local, nous remarquerons, en outre, que le principe de sincérité objective s'attache plus singulièrement au principe d'équilibre du budget. Au sein des échelons locaux alors, se note une certaine singularité dans l'expression de ce principe : il semble plus approfondi, ce qu'expriment ses conséquences

[450] HERTZOG Robert, « La sincérité des documents budgétaires : principe nécessaire, multiforme et inachevé », *RFFP*, 2010, n°111, p.139.

[451] JOYE Jean-François, « La sincérité, premier principe financier », *RFFP*, 2010, n°111, p. 17.

[452] Cons. const., 25 juillet 2001, n°2001-448 DC.

[453] Sur la consécration d'un principe de sincérité comptable, voir : Cons. const., 6 août 2009, n°2009-585 DC.

[454] Cf. article 32 LOLF : « Les lois de finances présentent de façon sincère l'ensemble des ressources et des charges de l'État. Leur sincérité s'apprécie compte tenu des informations disponibles et des prévisions qui peuvent raisonnablement en découler ».

contentieuses plus probantes. Rattaché au principe d'équilibre, il impose, par exemple, une justification des dépassements exceptionnels au principe d'équilibre. Dans sa décision « Commune de Garges-lès-Gonesse », le Conseil d'État a réaffirmé la nécessité de justifier des recettes inscrites en restes à réaliser, qui devront comporter un caractère réel[455]. De telles remarques traduisent une véritable approche « algébrique » de la sincérité.

Cette approche objective du principe de sincérité, certes bienheureuse, impose une forme de technicité qui semble détacher le principe de son fondement philosophique. Lorsque le professeur Bouvier distingue la sincérité juridique, rattachée au contrôle, de la sincérité gestionnaire, il rattache cette deuxième forme de sincérité au consentement à l'impôt : la sincérité comme principe qui empêche le citoyen d'être trompé[456]. Le seul fait de garantir une transparence de l'équilibre est-il suffisant à consacrer une pleine vision de la sincérité ? À empêcher le citoyen « d'être trompé » ? Il est un fondement important de réponse, pas un absolu. En effet, si le budget est un acte qui transpose financièrement les orientations politiques qui ont permis l'élection, la portée politique de l'acte n'est pas entièrement incluse dans l'impératif de « prise en compte de l'intention du représentant ». Se rapprocher plus fortement de la source philosophique du principe à l'échelon national ne semble pas pertinent. La singularité à l'échelon local offre davantage d'opportunités pour venir matérialiser une conception subjective du principe de sincérité. Le budget participatif en est une preuve et un outil.

En effet, la sincérité « démocratique », amorcée plus tôt comme plus tangible, tend à obliger une relecture du principe de sincérité budgétaire et à y intégrer une dose de subjectif. La déclaration du 8 août 2019, que nous concevons comme le fondement des principes du budget participatif, explicite un principe de « transparence et de sincérité » afin de garantir la libre expression du citoyen et la pertinence du dispositif. Ladite déclaration note, en ce sens, les termes suivants :

> « Le dispositif doit garantir l'accès à une information claire et simple, à chacune des étapes du processus, ainsi que sur les modalités et le calendrier de réalisation des projets. Tous les citoyens doivent pouvoir accéder à un règlement public fixant les règles de fonctionnement du BP.
>
> Le montant annuel alloué au BP doit être défini préalablement et dûment rendu public. Les projets soumis au vote des citoyens doivent être uniquement des projets dont la faisabilité aura été vérifiée au préalable et techniquement réalisables.

---

[455] CE, 9 juillet 1997, Commune de Garges les Gonnesses, n°103273.

[456] BOUVIER Michel, « La sincérité budgétaire et comptable : un principe paradoxal ? », *RFFP*, 2010, n°111, p.169.

Pour chaque projet déposé non retenu, les citoyens ont le droit d'être informés des raisons de la non-recevabilité du projet au regard du règlement. Concernant les projets lauréats, les citoyens doivent être informés du nombre de voix ou points recueillis, des modalités choisies pour leur mise en œuvre ainsi que par la suite du niveau d'avancement des projets. »[457].

Avant tout, notons que la déclaration fait le lien entre transparence et sincérité. Ce lien n'est pas propre au budget participatif. Il existe aussi vis-à-vis de la sincérité des lois de finances et des budgets locaux.

Néanmoins, le budget participatif oblige les représentants à justifier constamment de l'utilisation de ces deniers. Si le projet est citoyen, contraignant dans certains cas, les pratiques devraient aller vers des comptes rendus réguliers, notamment dans l'exécution du ou des projets lauréats. La sincérité ici prend une forme subjective, attachée à la concrétisation du projet, plus qu'à son inscription dans le budget. Complémentaire à sa conception objective mais nécessairement hypothétique[458], imprécise, cette conception subjective consacre un paradigme de vérité, de démonstration de la réalisation concrète dans l'utilisation des deniers publics.

Au sens strict du terme « subjectif » aussi, le budget participatif se singularise parce qu'il crée un lien fort entre l'élu et le lauréat du projet, lien qui oriente la dépense publique. Nous verrons, par la suite, qu'il prend la forme d'un contrat entre un habitant et un élu, sous le fondement d'une confiance collective renouvelée à l'élu[459].

En ce sens, la sincérité électorale et la sincérité budgétaire subjective ainsi matérialisée semblent être les deux faces d'une même pièce. En portant une relation contractuelle, le budget participatif oblige le représentant, sur une enveloppe limitée, à rendre constamment des comptes au groupe citoyen qui a décidé du projet. Si, en temps normal, cette réédition des comptes se fait par le biais du compte administratif et d'une publicité régulière, il n'est pas aussi tangible que dans le cas des réalisations issues des projets des budgets participatifs. Les collectivités développent des sites internet, informent régulièrement et mettent en avant ardemment les origines participatives des projets lauréats. Les rapports d'exécution sont aussi nombreux. C'est le cas de l'exemple lyonnais dont les outils de réédition de compte sont nombreux.

---

[457]Déclaration de clôture des rencontres nationales des budgets participatifs – 7 et 8 novembre 2019 à Paris – Principes fondamentaux du budget participatif en France.

[458]« Or, s'il est une certitude en matière de prévisions budgétaires, c'est qu'elles sont éloignées de la réalité pour la simple raison que celle-ci est future ! Reste alors la conformité avec l'apparence et le caractère vrai, voire parfait, de l'objet qualifié de sincère. En pratique, cela signifie que le pouvoir ne dispose pas d'autres informations, et qu'il écrit ce qu'il sait » (Hertzog, *op.cit.*, p.139).

[459]Sur la contractualisation du choix de la dépense par le budget participatif : cf. *infra* p.159.

Une plateforme dédiée illustre, par des photos et des entretiens avec les acteurs des projets, l'avancée desdits projets.

Sans être détaché du budget et complémentairement à une sincérité plus algébrique, le budget participatif offre une multiplication, dans un domaine et enveloppe précis, des impératifs de transparence et de sincérité. Mais une telle modernisation n'a pas d'effet contentieux pour autant[460], elle relève bien d'une forme plus politique dans l'exécution du budget. Elle ne cherche qu'à remettre, à son échelle, « la vertu au cœur de la République »[461]. Si le budget participatif se fond en partie dans le cadre budgétaire, il offre une autre possibilité de le concevoir et de l'exécuter, quoique cette innovation reste limitée au montant de son enveloppe. Dès lors, il est possible de sonder un caractère binaire au principe de sincérité budgétaire : la sincérité objective se rattacherait à la préparation du budget, la sincérité subjective à son exécution. Cela témoigne de la bipolarité de l'objet budgétaire, entre instrument technique et consécration politique. Nous en revenons au fondement même du principe de sincérité budgétaire : « donner du sens à l'édifice financier et à son acceptation sociale »[462]. Aujourd'hui, les demandes citoyennes obligent à concevoir différemment les principes. La démarche contractuelle du budget participatif, fondée sur la proximité, lui offre cette possibilité-là. Maintenir une confiance par la démonstration constante des projets y est plus approprié. Le budget participatif est lu ici comme une composante contractualisée du budget dont le lien élu-citoyen se voit dans ce principe de sincérité, qui impose une réalisation concrète du projet lauréat. C'est aussi bien une contrainte budgétaire que, ici, politique, dans une approche « éthique » du terme.

Il existe alors une proximité entre démocratie participative locale et budget, l'un se nourrissant de l'autre. Néanmoins, sur un strict plan procédural, déroulement du budget participatif et vie du budget primitif se combinent et se fondent dans un même « bloc ». Ce bloc unique fait du projet lauréat un projet encadré par les nomenclatures budgétaires.

§2) La concomitance du budget participatif à l'élaboration et à l'exécution du budget communal

Rattaché au budget primitif, la démarche du budget participatif se compose alors de 3 éléments : un élément procédural, le vote du budget participatif, un élément matériel, le projet, et un élément financier, le budget primitif. Ces

---

[460]Sauf à penser que les conséquences contentieuses du principe se fondent sur le contentieux de la sincérité du scrutin, ce qui n'est pas impossible.
[461]Pour paraphraser Charles de Montesquieu.
[462]Joye, *op.cit.*, p.17.

trois éléments constituent un ensemble dont l'ordre d'exécution reste à déterminer. Si le budget participatif est une procédure et le projet sa conclusion, il est nécessaire de percevoir à quel moment ces deux éléments sont consacrés au sein du budget primitif. À deux moments de la vie du budget, les phases de consultation citoyenne et de sélection du projet lauréat peuvent s'exécuter. Mais jamais le budget participatif ne semble bouleverser la manière de concevoir et d'exécuter le budget. Au contraire, il semble s'intégrer au sein d'une procédure juridiquement bornée. En d'autres termes, il s'agit ici de percevoir une double correspondance de la procédure du budget participatif aux phases d'élaboration (A) et d'exécution (B) du budget primitif.

A) La correspondance à la phase d'élaboration du budget municipal

Comme le rappellent le Conseil de l'Europe[463] ainsi que l'ensemble des définitions du budget participatif[464], ce dernier doit se rattacher au cadre budgétaire. Le budget est considéré comme une consécration des programmes politiques. L'utilisation d'une démarche participative ayant des effets sur le budget oblige à intégrer le budget participatif comme un outil à étudier dans sa mise en œuvre vis-à-vis de l'élaboration du budget primitif. En ce sens, le budget participatif se fond en tant qu'arbitrage politique dans la procédure budgétaire.

La préparation du budget est marquée par le monopole de l'exécutif communal, mené par le maire, son directeur général des services, l'ensemble des élus et leurs appuis techniques. Le budget primitif est un acte d'autorisation des dépenses. Il consacre *de facto* les orientations politiques, le « où » des dépenses. Les services proposent leurs besoins, les acteurs financiers les évaluent. Une lettre de cadrage est envoyée aux services et fixe le cadre des dépenses et recettes qui découlent des orientations politiques.

Le budget participatif ne se préoccupe pas tant du « où », mais du « comment » dans la détermination des dépenses[465]. C'est un outil qui aide à déterminer la manière d'affecter les crédits budgétaires. C'est un élément qui différencie ici le budget participatif des autres outils de démocratie participative locale qui sont plus hypothétiques dans leurs réalisations concrètes. Le budget participatif entre donc dans le régime démocratique du budget primitif : il est un arbitrage politique auquel est affectée une enveloppe fixée. Ainsi, le budget participatif intègre le calendrier et grands

---

[463]Brandeleer, *op.cit.*, p.15.
[464]Voir introduction, cf. *supra* p.23.
[465] Nous conviendrons que la distinction entre « où » et « comment » est très perméable une fois connu le déroulé du budget participatif.

principes de la préparation du budget : collecte de données, évaluations sur bases de l'année n-1, recherche des équilibres budgétaires, responsabilité du maire dans l'élaboration du budget, contrat temporel limitatif du vote du budget, utilisation des outils techniques de planification budgétaire.

De ce fait, la décision de mettre en place un budget participatif se concrétise comme un arbitrage qui sera voté dans le cadre de la procédure démocratique budgétaire. Il y a un rattachement intrinsèque du projet lauréat au budget primitif. Ce rattachement fort tend à faire penser l'étape du débat d'orientation budgétaire comme le moment clé auquel il faut avoir décidé du choix de mettre en place un budget participatif. Michel Verpeaux, Agnès Sauviat et Clotilde Deffigier ont eu l'opportunité de détailler ce propos :

> « Même s'il s'agit finalement d'une consultation sur un projet, la finalité est d'acter le choix dans le budget primitif de la collectivité, ainsi il est indispensable que les différentes phases de cette procédure débutent au plus tôt au moment de la préparation du budget local et il semblerait logique que cette procédure participative soit actée au moment du débat d'orientation budgétaire. (...) S'agissant d'un véritable choix politique, le recours au budget primitif doit, selon toute vraisemblance, être connu de l'assemblée délibérante en amont lors du débat d'orientation budgétaire »[466].

Mais, face au domaine matériel large du débat d'orientation budgétaire, d'autres moments de débats relatifs au budget participatif, notamment en interne, semblent plus pertinents. Malgré tout, le cas par cas prédomine :

> « dans l'élaboration du budget, le Conseil peut décider de soumettre tout le budget au débat dans un processus participatif comme il a la latitude de mettre à débat des chapitres du budget d'investissement ayant trait directement à des projets à financer dans l'exercice couvert. »[467].

Quoiqu'il en soit, si la délibération financière reste un « mythe »[468], le budget participatif reste ainsi une décision marquée de l'empreinte de l'exécutif.

Alors, comment s'effectue cette intégration de la participation au sein de la procédure de préparation budgétaire locale ? Si une diversité de calendriers est possible, corollaire de la liberté d'organisation interne de la collectivité, deux courants sont percevables, l'un de principe, l'autre par exception. La

---

[466] VERPEAUX Michel, SAUVIAT Agnès, DEFFIGIER Clotilde, « Fascicule 350 : Référendum local et consultation locale des électeurs », *Jurisclasseur Collectivités territoriales*, Lexis Nexis, mai 2022, p.22.

[467] KANOUTÉ Mamadou Bachir, *Manuel du budget participatif en Afrique Francophone*, Onu-Habitat, ENDA Tiers Monde, 2007, p.20.

[468] DESMOULIN Gil, « Un mythe visant à affirmer la démocratie financière locale : la délibération financière municipale », *GFP,* 2021, n° 1, p.50-57.

pluri-annualité est aussi possible, ce qui sera approfondi dans notre réflexion[469].

À titre liminaire, nous remarquerons que le choix du cadre temporel donne une assise forte, comme les principes, au développement de l'outil. Le rattachement à la procédure budgétaire aide à la « procéduralisation » et à la rationalisation de la démocratie participative locale[470].

Si le budget participatif comme procédure consultative et élection du projet est effectué avant le vote du budget, le budget participatif se définit comme une véritable mesure préparatoire au budget. Alors, il se conforme à l'esprit d'arbitrage budgétaire préalable, d'outil d'aide à la décision budgétaire. Une anticipation de l'enveloppe que le budget pourra attribuer devra être réalisée afin d'éviter toute déception et de pouvoir trouver des solutions en cas de difficulté financière imprévue. Le ou les services en charge du budget participatif fixent alors assez tôt un montant théorique avec le service financier. Lors du vote du budget, sera voté le projet lauréat.

Les exemples de communes ayant choisi un tel calendrier sont nombreux. C'est le cas, par exemple, de la commune de Chatou. Du mois de mai au mois de novembre, la procédure consultative est réalisée avant le débat et le vote du budget qui a lieu mi-décembre. Le budget ainsi voté intègre, sous la forme d'une opération d'investissement, le projet lauréat sélectionné par les citoyens. Un tel calendrier permet un contrôle de l'exécutif sur le projet. Il n'y a pas d'incertitude sur le contenu du projet quand est élaboré et voté le budget.

Ce calendrier-là, qui reste fréquent, peut prendre une forme annuelle ou biannuelle. Dans ce deuxième cas, l'année n permettra de préparer la procédure consultative et le vote du projet tandis qu'en année n + 1, le projet sera exécuté comme dépense. Le budget participatif s'exécutant sur deux années, un tel calendrier permet de donner plus de flexibilité aux services, par une répartition plus souple de la charge de travail.

Peut-être moins fréquente, une autre possibilité de calendrier est admissible. Elle n'est pas totalement séparée de la première, car les deux conservent un attachement entre le régime d'exécution du budget et les projets lauréats. Mais elle entraîne des effets symboliques différents. Dans ce cas-ci, le budget primitif comprend une ligne relative, non pas au projet, mais à la procédure consultative. Une enveloppe est consacrée dans le budget, donnant une assise forte et ne se limitant donc pas à un effet de promesse. Cela

---

469 Cf. *infra* p.155.

470 Yijian, *op.cit.*, p.41.

comporte ici une double sécurité : la délibération de la consultation et l'enveloppe budgétaire sont anticipées et stabilisées. En ce sens, le budget participatif comme consultation et élection de projets s'effectue après le vote du budget. L'exécution du budget fait exécuter la procédure consultative. Un exemple peut illustrer cela : le budget de la commune de Ploufragan. L'assemblée délibérante de cette dernière vote communément son budget le 1er décembre en intégrant une dépense, une opération d'équipement nommée « budget participatif ». Une telle écriture permet alors de mettre de côté les crédits nécessaires. L'année d'exécution n du budget, la procédure consultative est alors exécutée. Ainsi, le projet voté est directement réalisé sur l'enveloppe donnée, souvent à la fin de l'année d'exécution[471]. Une exécution biannuelle est aussi possible dans cette disposition.

Dans les deux cas, le budget conditionne et rattache le projet en son sein. Mais la portée des débats internes portera sur des objets différents : le projet pour l'un, la mise en place d'une procédure participative dans l'autre. Le second attribue une forme de faveur à la consultation locale, tandis que le premier limite le budget participatif à une procédure de préparation d'un projet, assimilée dans le budget primitif.

Ainsi, qu'il s'exécute en amont ou en aval du vote du budget primitif, le budget participatif se rattache à ce dernier. Si la procédure d'élaboration du budget est différente selon les communes[472], des points communs peuvent être perçus, structurant l'assise budgétaire du budget participatif. Ces points communs relèvent de la pure technique budgétaire.

D'une part, les écritures budgétaires dans la nomenclature comptable M57 devront être respectées. Pour ce qui est des dépenses de fonctionnement, ces dernières seront limitées pour intégrer les dépenses générales (compte 011) ou dépenses de personnel (compte 012). Un travail d'estimation des dépenses de fonctionnement en fonction du projet et des moyens déjà existants est ici essentiel. Pour ce qui relève du projet d'investissement, celui-ci constituera une opération d'équipement, soumise au principe de spécialité des crédits budgétaires. À défaut d'un projet précis, l'enveloppe du budget participatif entrerait dans le compte thématique qui lui appartient, ce qui est plus facile quand la portée du projet est connue.

D'autre part, il pourra être remarqué que l'élaboration du budget participatif, dans une logique de projet, connaît des étapes parallèles aux étapes du

---

471En l'absence de pleine exécution sur l'année n du budget, il y aura présence de restes à réaliser d'investissement pour l'année n+1.

472Notamment en raison des moyens, du temps des services pour l'instruction des projets, des délais déterminés par le règlement.

calendrier d'élaboration du budget. Symboliquement, cela démontre la proximité entre les calendriers des deux objets d'études : consultation et budget. Cela tend à démontrer que le budget participatif est un « budget dans un budget », conservant une base procédurale commune mais jouant avec des acteurs différents.

En d'autres termes, les étapes du budget participatif se rapprochent, dans la pratique, des étapes d'élaboration et d'exécution du budget primitif. Un montant est fixé à l'avance, fondé ou non sur des évaluations passées. Des arbitrages sont réalisés par le biais des services techniques et des citoyens qui ont ici le rôle symbolique d'élu, le vote citoyen se substituant politiquement au rôle de l'assemblée délibérante. Dans le cadre du budget participatif, le citoyen est symboliquement vu comme élu et service technique, ces derniers constituant les acteurs principaux de l'élaboration du budget local. Dans un plein parallélisme, nous remarquerions que les étapes du budget participatif, dans le cas où il est exécution du budget, seraient parallèles aux étapes du budget primitif. Différemment dit, les étapes classiques du budget participatif (idées, instruction, évaluations, campagne et vote) sont symboliquement symétriques aux étapes budgétaires (lettres de cadrage, dialogues de gestion, arbitrages budgétaires et vote). Ce n'est pas un hasard si les deux ont un caractère contraignant dans le cas où l'élu s'engage à réaliser le projet comme il s'impliquerait à suivre les demandes de ses services. Cette force de l'engagement met le citoyen au centre de l'équation budgétaire et renforce son rôle. Ainsi semble perçu concrètement le sentiment d'un « budget partagé ».

Finalisé par un projet, le budget participatif intègre aussi naturellement les principes et cadres de l'exécution budgétaire.

B) La correspondance à l'exécution budgétaire

Le budget participatif est une procédure consultative attachée au budget primitif. Cet attachement s'illustre aussi dans le cadre de l'exécution budgétaire. Le budget participatif aboutit, dans la plupart des cas, à un ou plusieurs projets qui font l'objet d'une exécution identique à tout projet, que ce dernier soit décidé en amont ou en aval du vote du budget. Aucune variabilité ne se trouve ici : cette intégration budgétaire donne une assise à l'exécution du projet lauréat. Parallèlement à l'étude de la phase d'élaboration, dans une même démarche didactique, plusieurs points sont à noter.

Premièrement, le projet est financé par les recettes attribuées d'investissement et de fonctionnement, selon le domaine du projet lauréat. Pour l'investissement, l'autofinancement, la vente de terrain du domaine et les subventions constituent les recettes, classiquement entendues, d'investissement. Sur ce qui relève des subventions, il est possible notamment de penser à un appui sur les subventions de l'Union européenne pour compenser le coût du projet si ce dernier entre dans le domaine desdites subventions. Les différentes dotations d'État sont aussi opportunes pour compenser les coûts ou multiplier les usages de la consultation : DETR, DSIL, dotation QPV en cas de budget participatif infra-communal. Le FCTVA est aussi à prendre en compte dans le cas d'un budget participatif d'investissement. En principe, une partie des projets lauréats obligera théoriquement à un amortissement[473]. Symboliquement, cela marque ainsi une pérennisation du projet citoyen au sein du territoire communal.

Deuxièmement, sur le plan de l'exécution à proprement parler, un même classicisme s'applique. La procédure de détermination d'un projet n'a pas d'effet sur son exécution budgétaire et comptable. Au contraire, la manière dans laquelle le projet est né nécessite une vigilance au respect des règles dans l'exécution budgétaire. La logique participative s'écarte au profit de la rigidité de l'exécution budgétaire. Les phases d'exécution sont ainsi les mêmes, fondées sur la séparation entre ordonnateur et comptable public. Le principe d'équilibre et de spécialité oblige aussi à respecter le montant des crédits fixés.

Troisièmement, la question de la pluri annualité dans l'exécution interroge. Nous avions déjà noté certaines remarques à ce sujet. Il faut ajouter à ces précédentes que l'exécution pluriannuelle, à côté de son élaboration, est une possibilité ouverte à l'outil participatif et qui peut en permettre sa pérennisation. Deux possibilités se dégagent : soit intégrer le budget participatif dans un plan pluriannuel d'investissement (PPI), comme c'est le cas de la métropole rennaise ; soit, face à une diversité grande de projets, établir un budget participatif comme un PPI à lui seul. Ces opportunités recherchent le pilotage optimisé de l'outil.

Finalement, se pose la question du contrôle budgétaire dans l'exécution. Par principe, ce contrôle ne se singularise pas : il reste celui du budget tel que consacré dans le CGCT[474]. Le projet lauréat du budget participatif ne constitue qu'une dépense mineure au sein du budget. Néanmoins, la portée des contrôles interroge sur l'importance attribuée au budget participatif comme projet au sein du budget primitif. En effet, celui-ci constitue en réalité un projet secondaire, subsidiaire dans l'ensemble du budget primitif. Il n'est pas impossible de penser qu'en cas de budget en déséquilibre ou en

---

[473] Pour les communes de plus de 3500 habitants, immobilisations incorporelles et biens immobiliers non productifs de revenus connaissent un amortissement obligatoire.

[474] CGCT, art. L1612-1 à L1612-20.

déficit, deux cas nécessitant une adaptation du budget par le préfet après propositions de la chambre régionale de comptes, le projet issu du budget participatif soit écarté au profit d'un équilibre retrouvé du budget. Le budget participatif ne représenterait alors qu'une opportunité seconde, renforcée par un caractère non structurant.

Ainsi, le budget participatif, comme outil d'aide à la décision, reste ancré dans le carcan budgétaire local. Néanmoins, il tend à renouveler et compléter la procédure budgétaire par l'intégration du citoyen aux arbitrages financiers. C'est ici une modernisation à vocation démocratique du budget communal.

II. L'inclusion contemporaine du citoyen à la procédure budgétaire

Le budget participatif se définit comme une démarche à vocation citoyenne. Cette notion de citoyen n'est pas à entendre ici dans un sens juridique strict, comme préalablement noté. Si la notion de citoyen « situé » connaît un fondement commun avec le citoyen au niveau national, la participation oblige à singulariser sa portée. Se fonder sur l'habitant nécessite une appréhension nouvelle du citoyen au sein du domaine budgétaire. Cette approche contemporaine du citoyen, que le budget participatif matérialise, constitue une source de modernisation du budget local. Le citoyen « situé », moins périphérique, acquiert deux rôles dans la procédure budgétaire.

D'une part, le budget participatif consacre une forme de contractualisation budgétaire entre le citoyen et l'élu local (§1). Cette contractualisation prend un double aspect : collective et individuelle. Elle tend à octroyer une capacité de contrôle et d'expertise renforcée à l'acteur citoyen, même si le renouvellement de sa compétence reste limité à une enveloppe attribuée.

D'autre part, le budget participatif fait du citoyen un acteur de la légitimation de la dépense communale (§2). Par la co-création du budget en co-décidant de la dépense, ce dernier donne une légitimité accrue à la dépense publique, dans un contexte local de rationalisation de la dépense publique.

§1) L'intégration du citoyen comme contractant sur la dépense publique

La singularité du budget participatif est de laisser le citoyen décider d'une dépense. Comme amorcé, le budget participatif se fonde plus concrètement sur une interprétation large de la notion de citoyen. Variablement contraignante pour l'élu, la dépense issue du budget participatif traduit une forme de contractualisation entre les citoyens et l'élu (B), fondée sur la lecture, étudiée précédemment, subjective du principe de sincérité budgétaire. Par conséquent, cette singulière contractualisation fait du citoyen un acteur complémentaire du contrôle de la dépense issue de l'enveloppe donnée (C), revalorisant ainsi sa place traditionnelle, qualifiée de « passive », au sein de la procédure budgétaire communale (A).

A) Rappel de la place périphérique du citoyen au sein des finances publiques

La figure active du citoyen est naturellement exclue de la procédure budgétaire et, *a fortiori*, des finances publiques. Le modèle représentatif oblige à penser les finances publiques, locales comme nationales, comme prohibant une intervention citoyenne directe. Il persiste un véritable monopole de l'exécutif représentant sur ce domaine protégé. Bien évidemment, cela est une conséquence de la présidentialisation du régime. En effet, la forme représentative offre un monopole à l'exécutif comme garant de l'intérêt général.

Dans la procédure budgétaire et financière nationale et locale, le citoyen comme individu concret y est exclu. La lettre de la Déclaration des droits de l'Homme et du Citoyen défend une interprétation allant dans ce sens. Reprenons, en ce sens, ses articles 13, 14 et 15 :

Article 13

Pour l'entretien de la force publique, et pour les dépenses d'administration, une contribution commune est indispensable : elle doit être également répartie entre tous les citoyens, en raison de leurs facultés.

Article 14

Tous les citoyens ont le droit de constater, par eux-mêmes ou par leurs représentants, la nécessité de la contribution publique, de la consentir librement, d'en suivre l'emploi, et d'en déterminer la quotité, l'assiette, le recouvrement et la durée.

Article 15

La Société a le droit de demander compte à tout agent public de son administration.

En pratique, la souplesse des notions de « Société » et de « représentant » les fait être lues comme traduisant un monopole laissé aux représentants, soit de manière directe[475], soit de manière interprétative[476]. L'interprétation de l'article 13 est un exemple de ce dernier point. Si la lettre du texte mentionne le « citoyen », l'article 34 de la Constitution donne un monopole à la détermination de l'impôt aux représentants[477]. Au niveau local, ce monopole sur la discipline financière se retranscrit : le citoyen est un acteur qui fonde

---

[475]En ce sens, c'est ce que mentionne l'article 14 de la DDHC.

[476]Waserman, *op.cit.*, p.79.

[477]« La loi fixe les règles concernant : l'assiette, le taux et les modalités de recouvrement des impositions de toutes natures ; le régime d'émission de la monnaie ».

les actions budgétaires plus qu'il ne les réalise directement, de manière active. En d'autres termes, pour reprendre le professeur Franck Waserman, le citoyen se situe dans une position de « centralité périphérique »[478]. Les affaires financières restent du ressort des représentants. La complexité de l'objet budgétaire et la recherche d'un intérêt général qui doit le conduire impliquent une exclusion naturelle du citoyen. Michel Le Clainche synthétise cela dans les termes suivants :

> « Des justifications pragmatiques renforcent cette exclusivité de la démocratie représentative en matière de budget : la technicité de la matière justifierait qu'on n'associe pas des citoyens peu avertis et pas formés ; la prétendue tendance naturelle à la dépense de citoyens peu responsables et incapables de dépasser leur intérêt personnel interdit qu'on puisse les associer utilement à la recherche d'économies »[479].

Alors, le citoyen ne reste que le fondement, théorique dans les textes et uniquement pratique par l'élection, des actions budgétaires, financières et fiscales.

De surcroît, la procédure budgétaire se double d'une réticence plus générale au débat sur son objet. Elle se définit, à l'ensemble des échelons locaux, comme plus « itérative » que « délibérative »[480]. En ce sens, le budget est, en pratique, une affaire d'experts, ancrée dans les volontés des exécutifs. Alors, la délibération financière n'est pas ouverte à un débat élargi. En dehors du débat d'orientations budgétaires (DOB), la procédure budgétaire locale se concrétise davantage par un « mythe de la délibération financière »[481]. La portée du vote par le conseil municipal n'est que purement formelle. Le pouvoir d'amendement budgétaire des oppositions est lui aussi limité. La technicité budgétaire et ses implications politiques obligent l'exécutif à décider du budget en amont, faisant du conseil municipal, sauf ponctuelles pratiques, une chambre d'enregistrement, expression de la présidentialisation du régime. Selon la formulation de Gil Desmoulin, « il apparaît que de nombreuses délibérations financières locales, adoptées essentiellement au niveau communal, restent de pure forme et ne font que transformer l'assemblée délibérante en chambre d'enregistrement car la véritable décision est prise dans un autre contexte »[482].

Particulièrement au sein de l'échelon communal, l'application de la théorie des 4 temps alternés paraît sensiblement théorique, le conseil municipal est limité dans son champ d'intervention, renforçant le privilège de l'exécutif

---

[478] Waserman, *op.cit.*, p.79.
[479] LE CLAINCHE Michel, « Comment associer les citoyens à la maîtrise des dépenses publiques ? », *IGPDE, Action publique, Recherche et pratiques*, 2023, n° 19, p.23-34.
[480] DENAJA Sébastien, « Voter le budget de la région en 2022 », *GFP*, 2023, n°1, p.39-44.
[481] Desmoulin, *op.cit.*, p.50.
[482] *Ibid.*

sur le domaine budgétaire. Synthétiquement alors, nous constatons un triple fondement technique, politique et juridique au monopole budgétaire local par l'exécutif municipal. Et nous ne pouvons le contester.

Toutefois, comme amorcé plus tôt, le citoyen n'est pas entièrement exclu du domaine financier. Au-delà d'être le fondement théorique de l'impôt et du contrôle budgétaire, le citoyen est aussi attaché aux finances publiques par d'autres voies.

Au préalable, le citoyen bénéficie d'un droit spécifique à l'information. Fondements de toute action administrative, la transparence et le droit à l'information s'expriment dans le domaine financier. La transparence est source d'impartialité et de légitimité. Elle doit permettre, par l'accès de l'ensemble des documents budgétaires, de donner la confiance nécessaire à l'exécution du budget. Cela ne reste possible qu'à la condition que ces informations soient accessibles, visibles et diffuses. Elle fonde par ailleurs le pouvoir de contrôle des citoyens. Néanmoins, ce droit à l'information renforce la place passive du citoyen.

Alors, une figure plus active du citoyen se développe en « lame de fond ». Cette dernière se fonde sur une autre déclinaison du citoyen, amorcée plus tôt. Derrière la figure du citoyen-électeur se trouve celle du « citoyen territorial ». Il s'y retrouve aussi une distinction applicable ici, entre le citoyen désarmé, fondu dans le concept de « Nation » ou de « Société », fondement de la démocratie représentative, et le citoyen localisé. En d'autres termes, parallèlement au modèle représentatif, se développe une figure d'un « citoyen situé » qui matérialise le développement de la participation locale. Dans sa thèse, Patrick Mozol distinguait le citoyen selon ses droits applicables. Ses droits politiques classiques répondraient au modèle représentatif : information et droit de vote. Ses droits plus modernes répondraient à la figure du citoyen territorial résident. C'est par le biais de cette déclinaison que le citoyen ainsi défini peut demander la réalisation de certains projets ou participer activement à la constitution des recettes[483].

Dans une recherche de pluralisme décisionnel, Léonard Gourbier a réalisé une typologie de l'incarnation citoyenne active au sein des finances publiques locales[484]. En constatant le phénomène de standardisation du budget, il oppose à cela une ouverture démocratique citoyenne, forte dans les intentions, fluctuante dans ses pratiques. L'objectif est ainsi de penser un citoyen actif comme palliatif à l'absence de débat, de pluralisme politique, dans ce domaine budgétaire monopolisé. Il pose en ce sens une échelle de

---

[483]Nous penserons notamment aux outils du mécénat et au *crowdfunding*.
[484]Gourbier, *op.cit.*, p.16.

participation active du citoyen au processus budgétaire. Aussi bien dans les domaines de l'information, de la consultation et de l'engagement, il défend des opportunités dans lesquelles le citoyen peut intervenir directement avant[485], pendant[486] et après l'exécution budgétaire[487].

En s'appuyant sur une approche du « citoyen-habitant », le budget participatif ouvre ce qui pourrait s'apparenter à une certaine « boite de Pandore » : ouvrir le budget à un citoyen actif, ne serait-ce pas admettre la possibilité d'une paralysie des finances locales ? Cette réflexion interroge. Néanmoins, cette progression dépendrait de la portée de cette activité citoyenne au sein du budget. Dans le cas du budget participatif, la singularité s'exerce dans une démarche quasi contractuelle, limitée à une enveloppe au montant précis.

B) Une ouverture embryonnaire à une contractualisation des dépenses

Synthétiquement, un budget participatif peut être défini comme « l'inclusion de citoyens ordinaires dans le cycle budgétaire d'une collectivité publique »[488]. En effet, le budget participatif est une démarche innovante qui amène à repenser la relation entre représentés et représentants.

Fondé davantage sur l'habitant que sur le « strict citoyen », le budget participatif interroge sur la relation entre ce « citoyen situé » et son élu local. Il est communément admis que la démocratie représentative, notamment dans son objet budgétaire, implique une relation principalement verticale entre l'élu et le citoyen. Dépassant le paradigme électoral, la démocratie participative y intègre un élan d'horizontalité. Le principe du budget participatif est d'établir, dans le cadre budgétaire, sur une enveloppe certes réduite, une démarche contractuelle, non pas de nature juridique mais politique, quasi morale.

Le Code civil définit le contrat comme « un accord de volontés entre deux ou plusieurs personnes destinées à créer, modifier, transmettre ou éteindre

---

[485] « *Ex-ante (l'avant)* : c'est la phase de budgétisation au cours de laquelle les acteurs construisent le budget pour l'année à venir. Il s'agit alors de chiffrer un plan stratégique et d'opérer des arbitrages qui permettront à l'organisation d'assurer ses grands équilibres budgétaires. » (Gourbier, *Ibid.*).

[486] « *In-itinere (le pendant)* : en cours d'exercice, les acteurs doivent suivre l'exécution du budget. Il s'agit pour eux de s'assurer que les budgets sont consommés conformément aux prévisions et d'opérer des réajustements si nécessaire. » (Gourbier, *Ibid.*).

[487] « *Ex-post (l'après)* : après l'exercice, les acteurs peuvent faire une évaluation de leur performance budgétaire (en s'appuyant notamment sur le compte administratif). Ils doivent alors vérifier que les projets planifiés ont bien été mis en place et dans le respect des enveloppes budgétaires allouées. » (Gourbier, *Ibid.*).

[488] Brandeleer, *op.cit.*, p.5.

des obligations »[489]. Cet accord tient « lieu de loi à ceux qui l'ont fait »[490]. Les finances locales n'ont pas exclu la contractualisation de leur paradigme interne. Exemples en sont, les différentes phases de contractualisation des acteurs locaux avec l'État dans un objectif de maîtrise des finances publiques. Il est à noter, à cet égard, que la contractualisation financière est régulièrement perçue comme une réponse plus ou moins souple, plus ou moins contraignante, à une crise politique ou économique donnée[491]. En ce sens, la crise politique du modèle représentatif a obligé à développer des outils contractuels. Le budget participatif en constituerait une forme élaborée, axée sur le volet des dépenses communales. En effet, comme amorcé dans le corps de notre réflexion, le budget participatif constitue une démarche d'engagement aussi bien individuelle que collective. Les deux sont complémentaires, la première étant la continuité de la seconde.

La contractualisation est d'abord de nature collective dans l'engagement pris par l'élu de mettre en place un dispositif participatif et de réaliser le projet élu par le corps citoyen. En ce sens, l'avis final tend à être une obligation, de plus en plus généralisée, pour les élus. Nous nous alignerons ici avec les précédents propos concernant la variable portée contraignante des projets lauréats. En d'autres termes, originellement exclu de l'élaboration budgétaire, le « citoyen situé » se voit demander de proposer des projets et de voter une dépense locale. Le « don de confiance » issu de la participation connaît un ancrage budgétaire manifeste. En contrepartie, le citoyen acquiert un rôle d'acteur de dialogue, de débat et d'amélioration des arbitrages budgétaires locaux. Une telle démarche implique ainsi un renforcement de l'information envers les citoyens. L'élu a une obligation de suivi, de motivation, d'information afin de gagner l'expertise et la confiance du corps citoyen. Il est chargé d'assurer un dialogue entre les acteurs, dans la continuité de la lettre du CRPA et des principes posés : sincérité, délai raisonnable, pertinence et transparence du cadre consultatif.

En échange de cet engagement politique, l'élu emporte l'adhésion par un vote, une confiance attribuée sur un projet donné. De ce fait, nous remarquerons que le contrat est ici de nature politique, porté sur l'engagement, la confiance et la recherche de légitimité. En un sens alors, il constitue une forme de recrudescence du modèle représentatif et du scrutin. Mais, à la différence de ce dernier, « le don de confiance » ici ne fonctionne réellement que si cette confiance est manifeste et continuellement

---

[489]Code civil, art. 1101.

[490]Code civil, art. 1103.

[491]En ce sens, la crise du civisme fiscal a permis de développer une relation plus contractuelle entre le contribuable et l'administration fiscale (Cf. ROSA Audrey, « La contractualisation et le contribuable », RFDA, 2018, p.236).

matérialisée. Le budget participatif constitue avant tout une démarche contractuelle impulsée par l'élu local. Comme le traduit Dominique-Paule Decoster, c'est une dynamique possible à la seule condition que l'élu s'engage à élargir sa gouvernance et à sortir de sa situation de gouvernant d'un territoire pour partager celle-ci avec la population[492].

Il est communément admis qu'un projet basé sur un contrat est accepté plus facilement, presque implicitement. Acceptabilité et effectivité de la décision sont des bienfaits admis de la nature contractuelle, comme renouveau du droit public, plus largement entendu[493].

La contractualisation est ensuite individuelle. En effet, l'engagement généralisé de l'élu se concrétise aussi par un engagement individuel à la réalisation d'un ou de plusieurs projets en particulier. Les élus s'engagent en effet à nouer un dialogue renforcé avec les porteurs de projet lauréat. Cet engagement individuel est la continuité et la consécration de l'engagement collectif. Il en conserve alors sa nature politique. Mais cette confiance se crée spécifiquement envers un participant devant lequel il s'engage sur le projet et devant lequel il démontre l'avancée du projet.

Il se déduit de nos précédentes remarques que la nature de l'engagement, si elle est politique, s'attache à une collaboration de nature technique. En effet, le projet issu d'un budget participatif, particulièrement à l'échelon communal, se fonde sur l'expertise d'usage. Cette dernière terminologie ne doit pas cacher une proximité ici entre usagers et « citoyen situé » : « les usagers sont une catégorie assez bien délimitée d'utilisateurs ou de destinataires des services publics. Ils ont un intérêt naturel, une légitimité certaine et une compétence présumée pour donner leur opinion sur la qualité du service rendu »[494]. Selon Maurice Blanc, expertise et démocratie sont antinomiques[495]. Hors domaine intrinsèquement technique comme la voirie, ce point de vue semble aujourd'hui à nuancer. Sans être un concurrent à l'expertise administrative classique, l'expertise citoyenne en est un complément dans un objectif de bon usage des deniers publics. En ce sens, intégrer dans la procédure budgétaire le citoyen expert revient à partager l'expertise technique avec les services et élus spécialisés. Alors, le budget participatif apparaît ici aussi bien comme un outil d'aide à la décision

---

[492] Dominique-Paule Decoster de l'Université de Mons, interviewée le 18 octobre 2013 (Brandeleer, *op.cit.)*.

[493] AMILHAT Mathias, « Contractualisation, négociation, consensualisme : nouvelles approches du droit public », *RFDA*, 2018, p.1.

[494] Le Clainche, *op.cit.*, p.23.

[495] BLANC Maurice, « Participations des habitants et politiques de la ville », *in* BLONDIAUX Loïc (dir.), *La démocratie locale. Représentation, participation et espace public*, 1999, PUF, p.177.

financière que comme un outil de bonne gestion dans l'aménagement de la commune. Si le budget primitif doit correspondre aux besoins des locaux, le budget participatif est un outil de détermination du besoin. La figure de l'habitant, plus active que celle du citoyen, porte une expertise d'usage. La notion d'expertise renvoie ici à son étymologie stricte, celle de l'expérience. La proximité avec le territoire vient fonder une telle réflexion. En tant qu'expert dans la pratique et dans le territoire, le citoyen connaît les besoins et les manques, parfois non évidents pour les élus, notamment dans les plus grandes collectivités. En ce sens, « l'expertise citoyenne est plus grande que ne l'imaginent souvent des décideurs qui inclinent à estimer les experts à l'aune de leur docilité, ou qui ne parviennent pas toujours à prendre le minimum de distance nécessaire vis-à-vis de la question de leur propre captivité »[496]. La démarche ne consiste pas à renier toute compétence ou expertise des services, mais à en percevoir une complémentarité. L'angle d'expertise du citoyen est différent de celui des services et des élus. Certes, elle est sans aucun doute moins technique, mais elle n'est pas moins pertinente.

Cette complémentarité s'exerce à deux moments différents du budget participatif : à l'instant T du budget par un projet et aux années postérieures du budget par l'inspiration, par la voie participative, de futurs projets[497]. Si de telles remarques peuvent interroger sur la pertinence du savoir citoyen, la logique d'échange qui en découle n'en est pas négligeable, portée par une forme de redéfinition de l'intérêt général[498]. L'analyse du besoin auquel le budget répond est ainsi plus féconde par la parole laissée à la société civile. Une telle dynamique est renforcée lorsque le règlement du budget participatif est corédigé.

Pour compenser la crise de confiance, le budget participatif s'appuie sur une démarche contractuelle, éminemment politique. Il n'est pas un contrat juridique, mais un contrat moral, entendu comme renouvellement du contrat social. Impliquer le citoyen dans une démarche contractuelle, c'est, selon la déclaration du 8 novembre 2019, consacrer un principe de confiance dans « la transformation des relations entre élu et citoyens, définissant un nouvel espace de définition des acteurs »[499]. Se retrouvent alors les bienfaits de la contractualisation financière. À cet égard, nous trouvons des similitudes avec

---

[496]BELORGEY Jean-Michel, « Élus, citoyens et experts : distribution des rôles », *Revue Projet,* 2006/6, n° 295, p. 51-56.

[497]Comme ce fut le cas pour la création du skate-park de la commune de Frouzins, qui fut d'abord un projet refusé durant l'instruction du budget participatif avant d'être une source d'inspiration pour les futurs projets d'investissement de la commune.

[498]Sur la redéfinition de l'intérêt général par la participation citoyenne : cf. *infra* p.205.

[499]Déclaration de clôture des rencontres nationales des budgets participatifs – 7 et 8 novembre 2019 à Paris – Principes fondamentaux du budget participatif en France.

les « bénéfices » de la contractualisation avec l'État. Une différence centrale doit néanmoins être concédée : si l'une est une contractualisation de nature « descendante », la seconde est « ascendante ». L'une apparaît ainsi plus vertueuse que la seconde, car moins contrainte. Une telle contractualisation cherche à défendre un projet. En s'appuyant directement sur la dépense, le budget offre une forme plus tangible et directe à ses bienfaits. Le contrat politique, que certains auteurs mentionnent comme un « pacte démocratique »[500], renforce l'élu. Parce qu'il doit faire suivre l'avancée des projets, il implique aussi un contrôle plus efficace et naissant du citoyen dans le choix des dépenses et dans l'exécution du projet lauréat[501].

Nous aurions pu craindre qu'une telle démarche déstabilise la poursuite de l'intérêt général. Le porteur du projet pourrait être motivé par des intentions individualistes. Généralement, certains discours constatent, parallèlement au développement de la participation, un repliement de ces citoyens sur leurs communautés ou plus encore sur eux-mêmes, traduisant un hyper-individualisme incompatible avec le souci du bien commun[502]. Ce propos est à nuancer. Non seulement la démarche contractuelle n'est qu'à portée politique, mais elle est aussi ponctuelle et sectorielle. En effet, le budget participatif reste limité à un nombre restreint de projets, parfois un seul. Il est alors davantage question de parler d'une ouverture embryonnaire, non structurelle, à une contractualisation des dépenses.

Deux remarques complètent l'ensemble de cette réflexion.

D'une part, si cette tendance est récente en droit français, notamment pour le volet des dépenses, elle s'est développée plus tôt et plus fortement au sein des municipalités étrangères. Les auteurs mettent notamment en avant les territoires africains. En Ouganda par exemple, le budget participatif a été source d'une ouverture plus large du budget à la manœuvre contractuelle. En effet, différentes municipalités ont pu signer avec des associations civiles des protocoles de collaboration budgétaire. Ces protocoles ont acquis une valeur contraignante forte. Ils permettent de développer des échanges réguliers entre les destinataires citoyens et les décideurs publics concernant les dépenses et recettes publiques, dans un objectif de collaboration constante avec les acteurs citoyens.

---

[500]BÉZARD Antoine, « Le budget participatif, nouveau contrat démocratique et solidaire », *Gazette des communes*, 21 janvier 2019.

[501]Par ces mots, sera aussi noté que la contractualisation apporte une dose de légitimité aux projets par un jeu cognitif et une coconstruction de l'intérêt général.

[502]Bouvier, *op.cit.*, p.371.

D'autre part, cette logique contractuelle est complémentaire au développement des chartes de la participation locale. Nombre de communes ont pu établir des pactes ou chartes fixant les engagements de chaque acteur de la participation locale : élu, citoyens et services. Les terminologies employées, « charte participative » ou « pacte sur la participation », démontrent l'idée d'engagements communs et réciproques. C'est par exemple le cas de la charte de démocratie locale de la métropole de Lille[503]. De manière synthétique, est imposée une obligation de transparence et de sincérité pour les élus. Pour les participants, des obligations de courtoisie et de respect des avis sont posées. Le budget participatif peut, dans certains cas, ouvrir à ce type de démarche. Il peut aussi intégrer des pactes démocratiques préexistants. Dans les deux cas, il permet d'inscrire une démarche participative, par définition plus pluraliste, au sein du domaine budgétaire. Mais ces documents ne seraient-ils que des déclarations de principes ? Cela relèverait davantage d'un débat culturel que juridique[504].

Ainsi, en intégrant une humble dose de contractuel à la décision budgétaire, le budget participatif ne cherche pas à transformer le modèle représentatif. La mise en place des budgets participatifs semble *in fine* de nature à concilier la volonté des citoyens de participer à la vie de la cité, tout en restant attachée à une conception représentative de l'expression politique. Plutôt qu'une forme de mise en échec de la démocratie représentative, un budget participatif, de par la coexistence des formes représentatives et participatives qu'il promeut, apparaît davantage comme un outil d'une « démocratie locale revivifiée »[505]. Le professeur Bouvier le notait : il est nécessaire de modifier la culture sans en modifier le fond[506]. C'est ce que tente de faire, à son échelle, le budget participatif à l'échelle communale. Une telle logique collaborative modernise l'espace budgétaire. Il s'agit d'une logique collaborative qui s'exprime aussi par la voie d'un contrôle plus direct que le budget participatif ouvre.

C) L'émergence consécutive d'un contrôle citoyen direct sur l'exécution budgétaire

Le fondement d'un contrat se fait sur un échange. En poussant le raisonnement contractuel, il est aussi nécessaire d'étudier l'une de ces contreparties : le contrôle. En effet, le budget participatif, offrant une confiance supplémentaire à l'élu, tend à offrir une matérialisation d'un contrôle actif du citoyen. En se portant expert, le citoyen doit être informé et

---

[503]Charte de participation citoyenne, Métropole européenne de Lille, 2017.
[504]Cf.*infra* p.215.
[505]Tinlot, *op.cit.*, p.19.
[506]Bouvier, *op.cit.*, p.371.

doit pouvoir « sanctionner le non-respect » des termes de son « don de confiance ». Cette nouvelle forme de contrôle, axée sur un projet, ne s'oppose pas à la forme classique du contrôle budgétaire. En d'autres termes, le budget participatif apporte un outil de contrôle, dans la vérification de l'exécution du budget par le citoyen. Ce contrôle, restant néanmoins limité à une enveloppe et un projet précis, tend à renouveler la structure budgétaire, notamment du droit à l'information.

Dans la conception traditionnelle du contrôle financier, le citoyen est, tout comme son rôle l'est dans l'élaboration, second et passif. La réédition des comptes relève naturellement des offices des chambres régionales des comptes et des assemblées délibérantes. Ce n'est pas directement le citoyen qui « suit l'usage » des deniers publics.

S'il peut sembler difficile d'intégrer davantage le citoyen dans la phase d'élaboration du budget, l'entreprise intégratrice semble plus facile pour ce qui relève du contrôle de l'exécution, dans une démarche de reddition des comptes. Le Conseil d'État notait justement que la relative difficulté d'intégrer le citoyen dans l'élaboration des décisions obligeait à penser le contrôle comme une source de revalorisation active du citoyen[507].

Dans son objectif second de remettre le citoyen au cœur du débat financier, le budget participatif semble matérialiser un contrôle sur la réalisation effective des deniers. L'engagement contractuel de l'élu l'oblige à justifier régulièrement de l'usage de ces deniers, dans la lettre du projet que le corps citoyen a élu. Ce dernier cherche en effet à voir le projet naître sous ses yeux. Cette justification régulière de l'avancée des projets, fondement du principe précité de sincérité, ouvre l'objet budgétaire à un contrôle citoyen.

Partant de ce présupposé, la portée de ce contrôle prend ici des formes démultipliées, comme plus directe et tangible. En ce sens, la réalisation des projets dans des délais parfois réduits oblige l'élu à justifier de l'avancée des projets ou de leur retard ou report.

Mais, ne nous y méprenons pas, ce contrôle ne conserve qu'une portée politique. Le budget participatif reste un engagement conditionné par la volonté de l'élu. L'engagement sur la réalisation du projet est comparable à une promesse de campagne[508]. Aucune responsabilité juridique ne pourra se

---

[507]CONSEIL D'ÉTAT, *Étude annuelle 2018, La citoyenneté : être (un) citoyen aujourd'hui*, La Documentation française, 2018, p.83.

[508]Le projet ne conserve cette forme de la promesse que jusqu'à ce qu'une délibération consacre le projet. À partir de la publicité de ladite délibération, il est impératif de respecter la lettre de cette dernière.

structurer autour de ce fondement. Mais, exception faite, et cela ne relève pas d'un strict cas d'école, reste le cas où une délibération consacre le projet tel que défini par le citoyen. Dans ce dernier cas, sauf abrogation ou retrait de la décision, l'élu devra se conformer à la lettre de sa délibération, quant à son exécution. Un contrôle juridictionnel pourra s'exercer en cas de non-respect des engagements, contrôle fondé sur l'acte administratif que constitue la délibération.

Concrètement, le contrôle de l'exécution du budget participatif prend une forme double : un contrôle dans le choix de l'affectation des dépenses et un contrôle de la réalisation effective du projet décidé. Ce deuxième point nous intéresse ici davantage. Il donne un corps à la recherche d'efficacité aux outils de démocratie participative, qui ne connaissent traditionnellement pas un tel volet sur le contrôle, en raison de l'absence d'une telle tangibilité de leur objet. Telle réflexion donne ainsi une effectivité forte au contrôle des outils et finalités de démocratie participative. Plus qu'un contrôle, il s'agirait alors d'un droit à demander des comptes[509], renvoyant à la notion anglo-saxonne d'*accountability*. Elle impose en un sens un dialogue constant sur la dépense et sa portée, du début à la fin de la procédure consultative.

Alors, elle impose aussi un préalable : une information renforcée sur la manière dont les deniers sont utilisés. L'information est la source première du contrôle. Ce droit connaît d'abord une facture classique, dans un volet passif, de simple dépôt de l'information à destination du citoyen. Cette information renforcée[510] oblige à une forme de reddition des comptes, plus active et approfondie. Léonard Gourbier place ici le budget participatif comme une force à une obligation poussée de réédition des comptes sur l'exécution des dépenses. En reprenant l'exemple de Porto Alegre, il note que « les membres de l'exécutif étaient tenus de présenter l'avancée des projets aux citoyens lors de conférences plénières organisées à mi-exercice budgétaire. Les citoyens pouvaient alors les questionner et émettre un avis sur la manière dont les deniers publics étaient consommés et dont les projets étaient mis en place »[511]. Dans le modèle français, une dynamique de contrôle prend différentes formes, certes moins poussées, mais non moins effectives : justifications de l'avancée des projets, de l'exécution des dépenses, démonstration de l'origine participative du projet. Par ailleurs, des éléments précis et concrets pourront être détaillés sur le lieu de réalisation du projet et au sein des plateformes de communication : description du projet,

[509] Il faut rester prudent dans la distinction entre rendre compte et rendre des comptes : « rendre des comptes » renvoie à une logique de justification alors que « rendre compte » relève d'un devoir d'information.

[510] On citera les diverses sources d'informations comme des panneaux, journaux municipaux, affichages sur site.

[511] Gourbier, *op.cit.*, p.16.

lieu de réalisation, étapes de la procédure passée, profil du porteur du projet. En ce sens, les journaux et les publicités communaux constituent des outils forts. La présentation des projets et la motivation des refus ou acceptations des projets sont autant d'instruments en ce sens. Le guide de la plateforme IDCity recommande à cet égard de faire suivre les avancées du projet et de faire co-évaluer le dispositif avec les citoyens[512]. Nous noterons alors que cette information renouvelée comprend une vocation extrêmement pédagogique, parallèlement au domaine large des participants, constitués parfois d'enfants. Telle démarche va à contre-courant du classicisme budgétaire, fondé sur des éléments « obscurs, complexes, parfois technocratiques »[513].

Ainsi, sur une forme différente, et dans le cadre d'une enveloppe réduite, le budget participatif offre un outil de contrôle matérialisé des dépenses. Ce contrôle a une forte valeur politique. Il complète le rôle des assemblées sur le contrôle des dépenses, en application de la théorie des 4 temps alternés[514]. La démarche « implicative » qui en découle, certes limitée, relance la machine de la confiance dans l'exécution politique. En ce sens, la HATVP avait eu l'occasion de noter que l'article 14 de la DDHC, fondement du contrôle budgétaire, constituait l'opportunité de montrer l'exemplarité des personnes publiques envers le corps citoyen[515].

La recherche d'un tel niveau de confiance pourrait se traduire dans une continuité d'un mouvement de recherche de légitimité. C'est ici un second volet de la revalorisation citoyenne dans les finances locales par le budget participatif.

§2) L'intégration du citoyen comme source de légitimité de la dépense publique

Le budget participatif est un réel outil de légitimation de la dépense. En théorie, la contractualisation apporte une légitimation de l'élu. Le projet lauréat est une décision fondée sur le citoyen, tout aussi bien résident que

---

[512]IDCITY, Le guide pratique du budget participatif, juin 2020, 19 p.

[513]DELON-DESMOULIN Corinne, « Le citoyen, un contrôleur de la décision financière locale ? », *RFFP*, 2019, n°148, p.67.

[514]Le professeur Vincent Dussart a eu l'occasion de noter ce mouvement de modernisation du budget local : « Le droit budgétaire local reste donc empreint des principes traditionnels qui ont fait émerger celui de l'État. Malgré tout, il est aussi parfois et souvent novateur pour ne pas dire précurseur. Les budgets participatifs, les budgets sensibles au genre ou les budgets verts illustrent pleinement ce mouvement » (DUSSART Vincent, « Tradition et modernité du droit budgétaire local », *GFP*, 2023, n°1, p.5-11).

[515] NADAL Jean-Louis, *Renouer la confiance publique*, Rapport au Président de la République sur l'exemplarité des responsables publics, 7 janvier 2015, 192 p.

représentant d'une société locale et d'un territoire. Nous assistons alors à un présupposé. La valeur citoyenne donnée à la dépense issue du budget participatif présume d'une « quasi légitimité », protectrice de ladite dépense. Non seulement elle présume une logique de bonne gestion dans l'investissement local (A) mais elle est aussi, *a fortiori*, une source de légitimation de la recette (B). En ce sens, le budget participatif se traduit comme une continuité des budgets verts et sensibles au genre (C). En effet, tous trois constituent des outils de hiérarchisation et de priorisation des dépenses.

A) La présomption d'une bonne affectation de la dépense publique

L'État et les collectivités locales sont soumis à un dogme de bonne gestion financière, sous influences internes et européennes. Cette bonne gestion s'exprime d'abord, techniquement, dans une perspective d'évitement du déficit structurel et de réduction de la dette publique. Le principe d'équilibre, propre aux budgets locaux, en est un outil fondamental. Mais, subsidiairement, cet impératif de bonne gestion doit aussi se traduire dans une rationalisation de l'opportunité de la dépense. En d'autres termes, la rationalisation prend une forme d'abord quantitative, puis qualitative. Sur ce second volet qualificatif, il est communément admis qu'une bonne dépense serait celle qui, dans un cadre financier donné, réussirait à atteindre la satisfaction collective. Nous nous rattachons ici à la définition du professeur Messaoud Saoudi. Ce dernier définit la performance financière comme la satisfaction, par l'usage des deniers publics, de l'ensemble des citoyens[516].

Le budget participatif participe à ce mouvement-là. En offrant la possibilité aux citoyens de déterminer leurs besoins et la réponse à leurs besoins, le budget participatif semble présumer d'une performance naturelle de la dépense publique.

Par ces mots, nous nous accorderons à retrouver les récentes terminologies du nouveau jeu financier public : performance, pertinence, optimisation de la dépense publique. Pour l'OCDE, la priorité est de rendre la dépense publique plus performante. Face à des moyens financiers réduits, l'ensemble des personnes publiques est astreint à mieux dépenser. Au niveau plus européen aussi se perçoit « le respect impératif de la « règle des trois E » (efficacité, efficience et économie dans la gestion des deniers publics) »[517]. L'État, sous cette influence européenne, a été soumis à ce récent paradigme. La loi organique relative aux lois de finances (LOLF) a été un pas important en ce sens.

---

[516]Saoudi, *op. cit.*, p.28.
[517]*Ibid.*

Mais il n'existe pas d'équivalent à la LOLF pour les collectivités locales. Alors, ces dernières se sont dotées assez naturellement d'outils, volontaristes ou contractuels[518], pour rationaliser leurs dépenses.

Parmi les outils développés dans la nouvelle orthodoxie financière des collectivités, les exemples sont nombreux : tableaux de bord, prospective, appui sur des logiciels financiers, multiplication des audits budgétaires. Mais peu de ces outils s'attachent à fixer la « performance politique » de la dépense comme objectif principal. Nombre de ces outils s'ancrent dans une approche gestionnaire de la dépense, négligeant son parallèle, l'approche démocratique[519]. Les outils de démocratie participative semblent orienter cet arsenal vers l'épanouissement du but premier de la dépense publique : la satisfaction de l'intérêt général. La participation semble en effet intégrer le citoyen au processus décisionnel selon des modalités adaptées à chaque territoire de l'action publique. En se fondant sur l'expertise citoyenne, il rend tangible cette recherche de rationalisation de la dépense.

En effet, le budget participatif part du présupposé que le citoyen expert est un acteur essentiel de l'évaluation du besoin. La charte des budgets participatifs de novembre 2019 pose en effet un principe d'« émancipation » citoyenne, dans l'objectif de donner plus de pouvoir d'agir au citoyen, notamment dans l'orientation de la dépense publique. Alors, le budget participatif est un outil à l'expression de ces besoins. Dans les deux cas, le projet et la dépense finale répondent à un besoin d'investissement ou de fonctionnement, présent ou futur, exprimé par le citoyen. Ne peut-on pas en effet considérer que donner le choix au citoyen d'exprimer et d'imposer une solution à son besoin, et d'exprimer *a fortiori* des besoins futurs, est un outil de performance ? Par définition, cela semble théoriquement le cas : le budget participatif offre un outil d'adéquation de l'usage des deniers à l'efficacité de la dépense.

Le budget étant outil de l'incarnation financière du politique, le budget participatif paraît outil d'une dynamique financière vertueuse. Un bon investissement public peut répondre à différentes finalités, à différentes vocations : une allocation plus égalitaire des dépenses, une meilleure réalisation d'un service public, une « acceptabilité fiscale ». Les deux premiers points précités sont plus essentiellement au centre de l'équation du budget participatif. En effet, le budget participatif donne un cadre théorique,

---

[518]Nous renverrons aux phases de contractualisation financière avec l'État ainsi qu'aux pactes entre les intercommunalités et leurs communes membres.

[519]En ce sens, la LOLF comme les théories du *New Public Management* distinguent 2 volets au vocable de performance : la performance par la gestion et la performance démocratique (usage des outils de participation, renforcement de la transparence).

certes limité, à une rationalisation et une objectivisation de la dépense publique. Le professeur Saoudi attache en ce sens le budget participatif à la démarche du *New Public Management*[520]. Le *New Public Management* se matérialise comme la recherche d'une maîtrise des ressources afin de procurer un service public plus adapté aux besoins de la population. Cette tendance oblige à prioriser les dépenses, se matérialisant fortement dans la logique de proximité du budget local.

En outre, plus que la performance de la dépense, le budget participatif offre un outil de performance dans l'acceptation de la dépense et des enjeux structurants les arbitrages budgétaires : « la performance ne doit pas (seulement) être évaluée en termes de résultats pour en apprécier l'efficacité : la participation permet à tous les membres de pleinement prendre part au processus de décision et en retour, les individus y participant apprécient la responsabilité qui leur est confiée ».

Néanmoins, cette rationalisation n'est pas pleine et entière. Elle reste à nuancer.

D'une part, cette rationalisation de l'arbitrage financier reste, en tout état de cause, embryonnaire. À cet égard, la force de cette rationalisation reste conditionnée par le pourcentage de l'enveloppe d'investissement dédiée. En outre, une telle forme de rationalisation se réalise sur le court terme. Sauf répétition continuelle du dispositif, le budget participatif semble, pour nombre de communes, rester à l'étape de participation ponctuelle *a priori*. De ce fait, la plupart du temps, peu de projets sont structurels.

D'autre part, cette rationalisation de la dépense n'est que présumée. Elle conserve un certain aspect théorique. En effet, la rationalisation de la dépense publique, ici présentée, se développe à partir du postulat qu'une bonne dépense est une dépense qui répond à un besoin. Trouver une réponse à ce besoin, dans une enveloppe dédiée, serait *a priori* une démarche pertinente. Mais est-ce vraiment le seul critère à prendre en compte dans une recherche de performance de la dépense ? Cela ne semble pas entièrement admissible. La gestion d'un budget est une démarche transversale, portée par une multiplication des enjeux et des externalités. Or, le budget participatif ne semble ici se situer que dans un seul des angles de l'étude budgétaire : la réponse à un besoin citoyen. En ce sens, sauf en cas d'éducation poussée[521], le citoyen, dans le dépôt de son projet et le vote du projet lauréat, ne prend pas en compte les autres enjeux, attachés à la construction d'un budget ou à la politique de l'élu. La construction du projet, certes accompagnée par les

---

520Saoudi, *op.cit.*, p.28.

521Cf. *infra* p.180.

services, n'a pas cette vocation de répondre à l'ensemble des paramètres du budget local. Et si tel était le cas, est-il vraiment possible de penser, à l'aune des faibles pourcentages moyens de participation, que le projet répond vraiment aux besoins de l'ensemble des citoyens ? Il est difficile de répondre par l'affirmative.

Le projet lauréat est une réponse toute relative à cette recherche de rationalisation des dépenses. Malgré tout, la dépense ainsi déterminée semble protégée par le vote citoyen, comme incontestable. En effet, parallèlement à la performance de la dépense, le budget participatif tend à rendre la recette publique et sa « captation » acceptables aux yeux des citoyens. Il s'agit d'étudier par la suite la contrepartie, aux yeux du citoyen, de cette performance de la dépense sur la recette publique.

B) Un corollaire : la légitimation des recettes communales ?

De manière corollaire, le budget participatif paraîtrait un outil de légitimation de la recette locale. L'approche ici est de se placer dans la position du « citoyen local », en tant, notamment, mais pas exclusivement, que contribuable. Vis-à-vis des recettes, le discours courant tend à une appropriation des recettes locales comme intégralement tirées du citoyen. Si cette vision des choses reste erronée, même si les dépenses sont payées par l'impôt à court ou long terme, le budget participatif tendrait, dans une étude de psychologie citoyenne, à valider à ses yeux l'utilisation des recettes et, alors les moyens de « captation » de ces dernières. Bien évidemment, la recette fiscale apparaît au premier plan.

Le budget est un acte d'autorisation, aussi bien des dépenses que des recettes. Nous noterons que le budget participatif est financé par des recettes dépendant de sa nature, fonctionnement ou investissement. Dans le second cas, le plus fréquent, le projet participatif sera financé par de l'auto-financement, des subventions ou la vente de terrains[522].

Or, le système financier local délie de plus en plus la relation psychologique entre le citoyen et la recette publique, particulièrement fiscale. D'ailleurs, le respect d'un certain « civisme fiscal » se perd de plus en plus. Sur ce dernier point, la recentralisation des impôts locaux[523] et la disparition progressive de

---

[522]Nous excluons assez logiquement un financement par l'emprunt. Financer un projet lauréat ar de l'emprunt ne relèverait naturellement pas d'une bonne gestion financière locale.

[523] La déconstruction de la fiscalité locale, entamée à la fin des années 2000 avec la uppression de la taxe professionnelle et parachevée au début des années 2020 avec la dernière hase de suppression de la taxe d'habitation sur les résidences principales, renforce le *distinguo* ntre les statuts de contribuable et d'électeur.

la notion de « citoyen contribuable » en sont les principales causes[524]. Dans notre propos, c'est principalement le rapport psychologique du contribuable à la recette fiscale qui se dévoie.

Consécutivement, l'acceptation de la recette fiscale est de moins en moins forte, cette dernière étant de plus en plus contestée. De manière plus large, il se dégage un sentiment que la recette n'est plus destinée à satisfaire les besoins d'une population : « les citoyens peuvent avoir le sentiment que l'impôt qui leur est demandé ne participe en rien à la réalisation de l'intérêt général »[525]. Il y a un rattachement intrinsèque, en effet, entre la légitimité de l'État, des personnes publiques au sens large, et l'acceptation des recettes fiscales. Contester l'un reviendrait à contester l'autre. Au sein de ces deux sources de contestations, la contractualisation tend à être une solution. Au niveau fiscal notamment, on peut arguer du développement de la théorie du clientélisme fiscal, comme palliatif à la réduction de l'appréhension citoyenne de la théorie de l'impôt-solidarité.

Les outils de participation sont apparus comme des outils de renouvellement, dans des domaines réduits certes, de cette relation entre la recette, notamment fiscale, et le citoyen. En effet, « les populations sont plus disposées à payer pour des services qui répondent à leurs priorités surtout si elles ont participé à la prise de décision concernant la fourniture de ces services » [526]. Alors, les outils de participation œuvrent, de manière relativement implicite à une efficacité de la recette, dans le volet de l'acceptation fiscale.

Le budget participatif intègre ce paradigme. Il fait naître un projet à la vue du corps citoyen. Il serait une forme de consentement à la dépense comme soutien, notamment, au consentement de l'impôt[527]. À titre liminaire, notons que cette analyse-là, si elle peut paraître déplacée en apparence, gagne en intérêt quand on perçoit cette réflexion sous l'angle du citoyen, qui ne fait pas toujours la distinction entre ce qui relève de l'État et des collectivités locales. Le budget participatif vient contractualiser sur un projet et une dépense. Il tend à conditionner la réalisation du projet à la légitimation de la ressource. Le vote formalise cette légitimation en apportant une forme directe, comme un aval de l'utilisation de la recette. La légitimité de l'impôt

---

524Voir notamment : MULLER-QUOY Isabelle, « Le citoyen et les finances publiques locales », *in* BOUDET Jean-François et CABANNES Xavier, *Finances publiques citoyennes*, LGDJ, 2017, p.145.

525Bouvier, *op.cit.*, p.371.

526 YATTA François Paul, « La gouvernance financière locale », Partenariat pour le développement municipal (non daté), p.4.

527ORSONI Gilbert, « Du consentement de la dépense publique », *in Mélanges offerts au Doyen Charles Cadoux*, PUAM, 1999, p.246.

prend généralement trois formes complémentaires : politique, juridique et sociologique. Les outils de participation, dont le budget participatif, renforcent l'aspect politique et sociologique[528]. Plus théoriquement, cela revient à affirmer que la perte de la notion de citoyen contribuable est compensée par les nouvelles conceptions du citoyen, plus proches de celle de l'habitant. Aujourd'hui, l'impôt se définit davantage comme une contrepartie directe à un service qu'à un outil de solidarité. Par l'appui sur le citoyen qui est ici « homme situé », l'acceptation psychologique de la recette est renouvelée, car cette dernière gagne une présomption d'utilité, par sa visibilité, dans un territoire donné.

La légitimité renforce la force du droit. Le budget participatif apporterait cette touche de légitimité à la recette par le vote citoyen. Les différents cas de budget participatif, en droit comparé d'abord, ont réussi à démontrer un renforcement de la légitimité de la politique fiscale. En effet, le projet donne un lien tangible entre la dépense et la personne dont la recette est issue. Il s'agit aussi, par ailleurs, de la conséquence de l'engagement collectif du budget participatif. Il y aurait plus largement une validation implicite de l'affectation des ressources, quoique limitée à un pourcentage de participants, souvent faible.

Néanmoins, il faudra apporter une limite à un tel propos. Si l'impôt tend à être « clientélisé » et la réalisation des dépenses contractualisée, le budget participatif paraîtrait un outil en proie au risque de la redevabilité. C'est une voie que note Jean-Damien Colombeau : « lorsqu'elle met en œuvre un dialogue avec la population, l'administration s'engage dans des formes de redevabilité vis-à-vis des citoyens, qui sont porteurs d'une parole et d'une capacité d'agir nécessaires à la réussite de l'action publique »[529]. Si le budget participatif semble réenchanter l'acceptation des recettes fiscales, en théorie du moins, il n'en est pas une solution durable. La psychologique fiscale passe-t-elle par le besoin de voir le citoyen « valider » un ensemble important de dépenses publiques ? Nous ne le pensons pas. Cette problématique mérite des réponses plus structurelles. D'ailleurs, l'impôt ne peut pas donner lieu à une contrepartie directe ni accompagner l'émergence d'une quelconque forme de mandat impératif. Il en résulte que la nature politique de l'impôt tend à s'estomper en se fondant dans celle, économique, d'un prix. Cette conception tend à remplacer celle d'un impôt qui serait l'expression et l'instrument d'une solidarité entre les citoyens. Le

---

[528] Le contrat fiscal est une composante du contrat social. Le budget participatif renouvelle la notion de consentement dans son sens premier, celui d'adhésion.

[529] COLOMBEAU Jean-Damien, « La convention citoyenne de Clermont-Ferrand : Un dispositif participatif dans la conduite des transitions sociales et écologiques », *AJDA*, 2023, p.712.

contribuable s'effacerait derrière la figure du consommateur[530]. La dérive du budget participatif, comme celle de l'impôt-échange, serait de perdre en qualité dans la défense d'un bien commun au profit d'une forme de « commande citoyenne ». Le principe de non-affectation est une limite dépassable[531]. En ce sens, le rapprochement des méthodes de participation avec les méthodes de l'entreprise se situe dans la continuité de l'utilisation des démarches de même nature managériale dans la fiscalité. Comme l'indique Michel Bouvier :

« C'est alors que s'installe dans l'esprit des citoyens de manière plus ou moins consciente l'idée qu'il est un client de l'État ou des collectivités locales. Une idée qui devient progressivement une certitude et qui semble d'autant plus naturelle que les administrations adoptent depuis plusieurs années un modèle de management qui est celui de l'entreprise contribuant ainsi à véhiculer voire renforcer l'image d'un citoyen consommateur de services »[532].

En effet, faire accepter un projet par le citoyen, c'est, à ses yeux, faire penser que l'ensemble des recettes vient directement de lui. Si de telles pensées restent difficiles à concevoir, elles existent dans les discours. Le budget participatif, continuité de ce discours, pourrait être un « monstre » dérivé de cette intention-là. Le modèle de Porto Alegre en est un exemple. À Porto Alegre, un clientélisme « à visée démocratique » a, semble-t-il, remplacé un clientélisme « plus autoritaire, de nature dictatoriale ».

En tout état de cause, le budget participatif oblige à interpréter différemment les deux volets du budget : recettes et dépenses. Le budget participatif, à son humble hauteur, modernise les relations entre citoyens et budget communal. Il se situe *de facto* au sein de la multiplication des outils qui démocratisent davantage l'objet budgétaire.

C) La proximité à la dynamique des budgets verts et sensibles au genre

Qu'il soit local ou national, le budget ne peut plus être entendu et lu sous un pur angle « algébrique ». En ce sens, par de nouvelles pratiques, l'objet budgétaire intègre en son sein des externalités qui ont plusieurs vocations. Si la première est d'améliorer la transparence budgétaire, ces externalités ont aussi pour but d'aider à prioriser et hiérarchiser les dépenses selon la finalité de ces externalités. Pour reprendre la terminologie de Lou Lamure-Guigard au sujet des budgets verts, le budget participatif n'est « qu'un outil parmi

---

[530]Bouvier, *op.cit.*, p.371.
[531]BARBIN Emilie, « Le consentement à l'impôt : peut-on faire mieux ? », *JCP N-Droit administratif*, n°10, octobre 2024, n°100.
[532]Bouvier, op.cit., p.371.

d'autres »[533], il accompagne cette dynamique car il est tout autant un outil d'aide à la décision. Alors, budget vert, budget sensible au genre et budget participatif portent en leur sein une démarche commune : aider à sélectionner des projets pertinents pour répondre à des politiques publiques essentielles dans une optique de société idéale. Parmi ces enjeux politiques, nous retrouvons respectivement la protection de l'environnement, l'égalité homme/femme et la crise démocratique.

Budgets verts, sensibles au genre et participatifs sont gouvernés par une logique de performance, par le biais de ces externalités, dans l'affectation de la dépense. La performance n'est pas qu'économique, elle répond aussi à des « performances sociétales ». La bonne gouvernance financière n'est pas que calculée dans un contexte économique. Elle est aussi évaluée dans une démarche d'ensemble, prenant en compte les intentions des décideurs publics et l'acceptabilité de la dépense par la société locale. Comme le notent Xavier Cabannes et André Barilari, « il faut arriver à effacer cette idée qu'une vision 'comptable' des problèmes serait incompatible avec une approche humaine »[534]. S'appliquant par des méthodes différentes, les trois outils cherchent à renforcer transparence, contrôle et compréhension budgétaire en se fondant sur un citoyen habitant et représentant des besoins de la population locale[535]. Par ce biais, ils cherchent à faire de la collecte et de l'allocation des ressources financières un levier d'égalité par l'objectivation de la dépense publique sur des enjeux contemporains essentiels[536].

De surcroît, tous sont portés par la perspective de rendre des comptes sur la réalisation effective de ces politiques publiques transversales. Ce renforcement de l'information tend à renforcer le contrôle politique des citoyens-habitants sur les finances locales. Elles orientent les données budgétaires vers un axe politique précis pour mieux en faire appréhender la portée de leur exécution. Tous accompagnent le budget comme un outil stratégique de contrôle citoyen[537].

---

[533]LAMURE-GUIGARD Lou, « Le budget vert local, un outil de financement de la transition écologique ? », *GFP*, 2024, n° 1, p.36-42.

[534]BARILARI André, CABANNES Xavier, « Les finances publiques citoyennes », *GFP*, 2019, n° 2, p.5-13.

[535]On retrouvera ici une démarche d'*accountability*.

[536]NAHRI Kenza, « Budget sensible au genre : mesure symbolique ou pas de plus vers l'égalité ? », Terra Nova, 16 juillet 2023, 11 p.

[537]On retrouve ainsi la dualité des objectifs de performance entre performance gestionnaire et performance démocratique.

Entre ces trois outils, diffèrent deux éléments.

D'une part, leurs méthodes d'application sont sensiblement différentes. S'il y a une proximité dans le caractère analytique des budgets verts et genrés, ces deux outils n'ont pas de vocation à être aussi tangibles que le budget participatif. De plus, ce dernier se spécialise dans une revalorisation de la figure du citoyen, à être « vecteur d'une citoyenneté financière plus active »[538]. Les budgets verts et genrés, dans leur mise en œuvre aujourd'hui, relèvent davantage d'une « budgétisation analytique », attachée en premier lieu à l'impératif de transparence. Nous admettons, en ce sens, que le budget genré « implique une évaluation des budgets existants avec une perspective de genre à tous les niveaux du processus budgétaire ainsi qu'une restructuration des revenus et dépenses dans le but de promouvoir l'égalité entre les femmes et les hommes »[539]. Pour le budget vert, l'emploi de cette remarque serait identique. Malgré tout, dans l'ensemble des trois outils, est recherchée une allocation équitable et efficace de l'argent public, fixée sur des politiques publiques précises. *De facto*, cela permet de légitimer les dépenses réalisées en regardant les effets de ladite dépense (Budget vert et sensible au genre) ou sa finalité, le projet (Budget participatif). En ce sens, le guide Terra Nova sur le budget genré marque que « toute dépense doit être utile », ce qui peut renvoyer ici à la terminologie de Ségolène Royal sur le budget participatif : « chaque euro est un bon euro »[540].

D'autre part, leur caractère contraignant varie. En ce sens, le budget vert va se normaliser au sein des budgets locaux depuis la loi de finances pour 2024. Il s'est très récemment vu reconnaître une nomenclature obligatoire[541]. Le budget participatif tend quant à lui à appliquer des règles communes, par le biais de la pratique. Budgets sensibles au genre et budgets participatifs restent au stade d'outils volontaristes, à la recherche de méthodes. En ce sens, ils restent en retrait, dépendant en grande partie d'une « impulsion politique forte »542.

D'un objectif commun, nous trouvons des limites et dérives communes à ces deux derniers outils. Le risque de tout cela serait de traduire une forme du

538Tinlot, *op.cit.,* p.19.

539CENTRE HUBERTINE AUCLERT, *Le budget sensible au genre, guide pratique (*mise à jour : Novembre 2023), p.7.

540 SINTOMER Yves, TALPIN Julien, ROCKE Anja, « Démocratie participative ou démocratie de proximité ? Le budget participatif des lycées du Poitou-Charentes », *L'Homme & la société*, 2009/2-3, p.303.

541Décret du 16 juillet 2024 pris en application de l'article 191 de la loi n° 2023-1322 du 29 décembre 2023 de finances pour 2024.

542GOURBIER Léonard, MOYSAN Emilie, « Le budget sensible au genre. Entre objet juridique balbutiant et pratique affermie », *GFP*, 2023, n°5, p.48-54.

greenswashing et de surcommuniquer sur lesdits outils, leur faisant perdre leur pertinence aux yeux des habitants et contribuables au profit d'une instrumentalisation.

Finalement, n'est pas à omettre la possibilité de fusionner et combiner ses outils, portés par des finalités complémentaires. Cela marquerait un renforcement et une intégration plus forte du citoyen aux politiques publiques. Le cas des budgets participatifs dits « verts » en sont des exemples.

Voilà donc un important constat qu'il est possible de faire à propos du budget participatif. Objet budgétaire classique dans son emprise formelle, il traduit, certes dans une enveloppe limitée, une forme de renouvellement de l'espace budgétaire local. Nous constatons cela à la lumière d'une étude des dépenses locales. Mais le volet des dépenses fait partie d'un ensemble plus large, le budget local. En quoi le budget participatif renouvellerait-il alors cet ensemble disciplinaire plus large ?

Chapitre 2 : Une ouverture ambitieuse vers des « finances locales participatives »

Comme étudié précédemment, le budget participatif a une vocation claire : il est un outil d'aide à la décision budgétaire. Il renouvelle ainsi, à sa mesure, la procédure budgétaire locale, sur le volet des dépenses locales. Symboliquement, le citoyen se substitue aux élus dans la décision budgétaire sur une enveloppe attribuée.

Mais le budget local n'est pas constitué que de dépenses. Il est la traduction d'un projet collectif qui doit faire face à un ensemble d'externalités et de grands équilibres. Au même titre que le budget participatif s'intègre dans la démocratie participative, le budget local s'intègre dans le domaine des finances locales. Le droit budgétaire est lui-même une composante à proprement parler de la discipline des finances locales. Il y a, de ce fait, une dépendance entre le budget et les autres composantes de ce champ disciplinaire, notamment le droit fiscal.

Une telle complexité disciplinaire aurait pu expliquer que les citoyens soient exclus d'intervenir dans le domaine budgétaire. Néanmoins, comme il a été amorcé en introduction, exclure intégralement un citoyen plus actif des finances locales n'est plus admissible. La preuve en est, le budget participatif ouvre les dépenses à l'arbitrage citoyen. Mais n'a-t-il que cet effet sur les finances locales ? Dans une réflexion prospective, il serait pertinent d'analyser son rattachement aux finances locales et ses effets sur l'exercice de cette discipline. En effet, si le volet des dépenses est une composante structurelle des finances communales, le budget participatif exercerait des influences sur la manière de concevoir les finances locales. En ce sens, nous constatons que le budget participatif offre la possibilité d'ouvrir la voie à une « démocratie financière citoyenne » dans le sens de « finances locales participatives ». Cette notion renverrait à une déclinaison du modèle participatif au sein des finances locales. Comme le droit de l'environnement est traversé par la « démocratie environnementale », les finances publiques, dont locales, seraient sensibles à ce même effet de catégorisation de la participation citoyenne. Plus que de se concentrer sur le volet des dépenses au sein du budget, le budget participatif serait un outil d'une entreprise participative plus large à la recherche d'une intégration durable et louable du citoyen au sein des finances locales.

À cet égard, le budget participatif constituerait un instrument audacieux au développement de finances locales plus délibératives (Section I). Plus que l'orientation d'une dépense, le budget participatif contribue, d'abord de manière générale puis de manière sectorielle, à développer un ancrage du citoyen envers les finances locales. Si les citoyens sont rattachés aux finances locales, par la voie fiscale notamment, le budget participatif tend à être, dans son humilité, un outil complémentaire et moderne de ces « finances participatives », plaçant le citoyen comme un acteur du débat budgétaire et financier.

Néanmoins, cette appréhension financière ne doit pas omettre que le budget participatif n'a, à l'heure actuelle, que vocation participative. Ses modalités de mise en œuvre restent conditionnées par les défauts du modèle participatif. Par ces termes, il se perçoit que son attachement à la démocratie participative locale constitue la source importante de la limitation de ses perspectives (Section II). En l'absence du développement d'une véritable culture délibérative, intégrant citoyens et élus, le budget participatif semble intrinsèquement limité, simple outil dans un arsenal participatif soumis aux mêmes contraintes.

I. Le budget participatif comme instrument actif en faveur d'une « délibération financière élargie »

Synthétiquement, le budget participatif se compose d'une double nature. Cette double nature consacre une influence réciproque entre ses deux disciplines : la participation et les finances locales. Il n'est pas admissible de voir le budget participatif comme un instrument budgétaire indépendant. Outil de rationalisation des dépenses et de renouvellement des principes, il tend *a fortiori* à avoir des effets plus larges. En constituant un outil vers des finances locales plus participatives, le budget participatif répondrait au paradoxe durable entre l'importance pratique des finances et l'isolement naturel du citoyen au sein de ce domaine. La démarche de notre réflexion y est à vocation prospective. Elle s'incarne sur deux points, le premier est général, le second est plus sectoriel.

De manière générale, le budget participatif contribue à ouvrir le débat sur les finances locales (§1). S'il est, à l'heure actuelle, limité sur un volet précis des dépenses, le budget participatif octroie néanmoins la possibilité d'une éducation citoyenne renforcée dans un domaine abscons pour le citoyen. Par ses effets ludiques, adaptés d'ailleurs aux plus jeunes, il offre un préalable indispensable à un budget davantage « délibéré ». Sans être un instrument qui aujourd'hui institue à proprement parler un débat, il est un outil qui accentue la possibilité de le mettre en place. De façon prospective, il accompagnerait des instruments déjà mis en place.

De manière sectorielle, plus que d'accompagner à une généralisation du débat citoyen sur les orientations financières locales, le budget participatif tendrait plus largement à renforcer le lien financier entre les citoyens et les territoires du bloc communal (§2). Si la question de la dépense a été le premier point de cet ancrage financier, le budget participatif offre d'autres voies de rattachement du citoyen à son territoire, préalable important à la participation citoyenne. Il impliquerait aussi par là une dynamique de solidarité financière entre les territoires.

§1) Un outil d'ouverture à un débat citoyen sur les finances locales

Le budget participatif n'est pas qu'un outil de codécision, il implique une vertu pédagogique forte. S'il est nécessaire de rendre les décisions administratives accessibles, les finances publiques, par leur technicité, répondent difficilement à cette nécessité. Pourtant, Il ne semble plus admissible aujourd'hui d'écarter le citoyen des finances publiques locales en raison de cette complexité. En effet, le domaine financier reste un important « nerf de la guerre », tant économique que démocratique. L'intégration d'un débat citoyen, sur l'ensemble des grandes orientations financières, en leur sein, n'est pas impossible. Mais la culture de préalables à cette fin est essentielle. En ce sens, le budget participatif ouvre les finances locales à une appréhension ludique des enjeux financiers locaux (A). Il constitue alors un instrument d'un débat financier plus large, complémentairement aux instances et outils participatifs préexistants (B).

A) Un préalable éducatif : un levier d'enseignement des enjeux financiers territoriaux

Les finances locales sont une composante à part entière de la vie publique locale. Malgré leur naturelle technicité, il n'en reste pas moins indispensable de ne pas détacher le citoyen de ce domaine disciplinaire. Par son aspect ludique, le budget participatif constitue un instrument fort à une appréhension de cette discipline. Dans une mise en œuvre vertueuse du budget participatif, ce dernier peut en effet entraîner une explication des enjeux du cadre financier local. *A fortiori*, le budget est aussi l'incarnation d'une politique dans un cadre territorial : il permet alors de mieux faire appréhender l'environnement juridique local.

Dans un contexte de défiance démocratique, faire appréhender les enjeux et outils décisionnels est une réelle nécessité. Dans une optique de faire du citoyen un acteur actif au sein des finances locales, ce dernier doit pouvoir s'emparer des connaissances nécessaires à l'exercice de son devoir et de ses compétences, ne serait-ce que sommairement. Plus largement, il est de plus en plus nécessaire de renforcer la recherche d'une éducation à la citoyenneté démocratique, définie par le Conseil de l'Europe comme « l'ensemble des pratiques et des activités éducatives destinées à mieux préparer les jeunes et les adultes à participer activement à la vie démocratique et à exercer leurs droits et responsabilités dans la société »[543]. Dans le domaine financier, rechercher une nouvelle gouvernance budgétaire passe par ce présupposé.

À la suite de l'annonce fin 2018 du grand débat national, dans la lettre du Président de la République, ce dernier demandait aux citoyens des avis concernant la manière de « financer la transition écologique » ou de prioriser les dépenses[544]. Sans connaissances minimales dans les domaines économiques et financiers, il semble difficile au citoyen d'apporter des réponses pertinentes. Au niveau local, la technicité du budget n'est pas incompatible avec l'intégration d'une dimension humaine. L'échelon communal constitue « un extraordinaire moyen de développer l'esprit civique et la participation des citoyens aux affaires publiques »[545]. La proximité avec les représentants et acteurs institutionnels permet d'en faire une « école de la liberté »[546].

---

[543] Définition donnée par le site du Conseil de l'Europe, dans une page dédiée à l'ECD (éducation citoyenneté démocratique).

[544] Lettre aux Français du Président de la République, 13 janvier 2019.

[545] Darnaud, *op.cit.*, p.16.

[546] *Ibidem.*

Alors, à l'échelle communale, différents outils se sont développés afin d'éclairer le citoyen et de lui donner la possibilité de jouer un rôle démocratique plus actif. Mais ces outils-là n'ont ni un aspect ludique, ni ne connaissent une véritable généralisation de leurs usages.

Avant tout, la lisibilité de l'information et la simplification des enjeux sont essentielles. Le droit à l'information a été le premier outil, limité néanmoins par une complexité aussi bien quantitative que qualitative. Cette complexité semble d'ailleurs s'être couplée à un certain rejet d'une forme technocratique de la participation. En ce sens, reprenant les propos de Xavier Cabannes et André Barilari, les notions de « comptabilité » ou de « finances » paraissent souvent effrayantes. Leur consécration chiffrée semble entraîner un rejet auprès de certains citoyens. L'éducation civique française a aussi tenté de développer cette nouvelle culture, pour des résultats limités en France[547]. Les médias et la presse, spécialisée ou vulgarisatrice, paraissent alors le premier socle de cette éducation-là. Ces derniers restent néanmoins difficiles d'accès et souvent peu accessibles dans la lecture. Il est ainsi nécessaire de trouver un équilibre entre la complexité de l'information et la faiblesse des pratiques afin de réenchanter le citoyen dans le domaine financier local[548].

Alors, le budget participatif paraît un outil qui renouvellerait cette éducation à la citoyenneté. Par son aspect ludique, il aiderait à appréhender aussi bien le « pourquoi » que le « comment » des décisions budgétaires municipales. Il en renforcerait alors leur acceptabilité, même si, nous en conviendrons, les contestations citoyennes sont moins fortes au niveau communal. En ce sens, le budget participatif est un outil de prévention des contestations citoyennes par l'éducation sur l'édiction des décisions locales. Associer le citoyen à la décision publique, c'est lui donner l'opportunité de se faire expliquer, par le jeu, les tenants et aboutissants des décisions budgétaires et financières. Selon Pascale Thys, « le budget participatif est un espace de formation et d'élaboration d'une éducation civique, un espace collectif où les individus s'approprient du savoir jusqu'à présent réservé, où ils n'attendent plus passivement que les gouvernants décident »[549]. Plus précisément, le règlement du budget participatif constitue un ensemble de points juridiques et techniques que le citoyen peut ainsi mieux appréhender. Par exemple, le montant de l'enveloppe budgétaire peut témoigner des moyens de la

---

[547]L'éducation citoyenne à l'école est essentielle, notamment vis-à-vis des plus jeunes. Mais l'effectivité des programmes et de l'organisation scolaire restent limitées. En cause notamment : le manque de pédagogie, l'absence de pratique et l'importance donnée à la notation (Barilari/Cabannes, *op.cit.,* p.5).

[548]Barilari/Cabannes, *op.cit.*, p.5.

[549]THYS Pascale, « Retour sur l'expérience de Porto Alegre », Habitat et Participation ASPL, Citego, Septembre 2001.

collectivité, face à une politique d'austérité. Le cadre matériel du règlement illustre les limitations des compétences et actions communales, permettant de mieux comprendre le mille-feuille territorial. À chaque étape du budget participatif, ce dernier paraît un outil de responsabilisation du citoyen, aussi bien dans ses aspects de procédure que de substance.

Procéduralement, les étapes du budget participatif traduisent un parcours citoyen, corollaire à la recherche d'éducation civique. La préparation du budget sensibilise sur les enjeux et le cadre de la nomenclature budgétaire, la campagne oblige au débat citoyen, le vote relève d'une symbolique forte, le suivi de l'exécution du projet est parallèle au contrôle traditionnel des dépenses. En ce sens, l'érection d'un comité de suivi composé de citoyens donne un corps à cette dynamique éducative. Une telle analogie est pertinente à la condition de donner les moyens de cette mise en œuvre, notamment par la place attribuée aux médiateurs dans l'accompagnement à la réflexion et l'idéation citoyennes. En outre, un tel parcours peut permettre de comprendre la manière dont les décisions administratives, dont budgétaires, sont établies et délibérées.

Sur le fond, le budget participatif est un double outil d'éducation.

D'une part, il permet d'appréhender l'ensemble du cadre budgétaire et financier : division fonctionnement/investissement, contraintes sur les dépenses et limitations des recettes, situation financière de chaque commune, cadre économique environnant. Il y a une relativisation de l'éducation recherchée à la situation de la commune dans laquelle le citoyen réside. Mettre en place un budget participatif, c'est permettre de faire comprendre les tenants et aboutissants des finances locales. Évidemment, un tel bienfait reste aussi conditionné aux moyens nécessaires à la participation. Les différentes conférences et les rencontres directes avec le citoyen, dans le cadre ludique, permettent d'aider à une telle appréhension. L'enjeu est alors de trouver un équilibre entre le « trop plein technique » et le « pas assez ». Il faut trouver la limite de ce qui relèverait de l'essentiel pour le corps citoyen, en fonction de son âge et de ses attentes. Trouver un tel seuil ne semble pas facile. De manière synthétique, il semble avant tout pertinent d'informer sur les grands équilibres et grands enjeux financiers locaux. Une telle appréhension des enjeux financiers locaux permettrait de développer une vraie conscience citoyenne. Dans le cadre de son mémoire de fin d'études, Céline Brandeleer a noté l'exemple singulier de la municipalité belge de Charleroi[550]. La meilleure appréhension des enjeux budgétaires a donné lieu à une levée de fonds supplémentaires afin de développer le projet issu du budget participatif.

---

[550]Brandeleer, *op.cit.*, p.30.

Ce renforcement de l'appréhension, facilité par la forme du jeu, serait complémentaire aux éléments d'éducation citoyenne plus techniques, assurés notamment par voie de presse.

D'autre part, le budget participatif éduquerait au cadre juridique communal. En effet, il y a une proximité forte entre finances locales et cadre territorial. À travers les enjeux des dépenses, il y a toujours un enseignement à tirer sur les moyens et limites des politiques locales. Par exemple, les « dépenses interdites » ne traduisent-elles pas des limites à l'action locale, notamment attachées à la laïcité ou à la déontologie ? Appréhender le cadre financier revient à appréhender le cadre territorial dans son ensemble : diversité des niveaux de collectivités et des compétences de chacun des échelons, singularité de l'intercommunalité [551], appréhension de la définition de l'intérêt général, contraintes des règles de commande publique[552], *distinguo* de la gestion publique et de la gestion privée. Le cadre des finances locales est adapté pour appréhender l'ensemble de ces éléments. Il s'agit clairement d'une démarche de changement culturel, à destination d'un citoyen plus actif. Mais certains écueils peuvent y être amorcés : le contrat reste en partie individuel, limitant souvent la portée réelle de ces effets aux lauréats[553] même si l'engagement de l'élu est collectif.

Ainsi, « la démocratie participative nécessite un certain apprentissage de la citoyenneté active, supposant certaines capacités d'écoute, de consensus, de vision d'ensemble et de compréhension des enjeux, mais aussi la capacité de s'exprimer et de faire valoir ses droits »[554]. Faire comprendre les moyens et les limites est le premier point dans une acceptation des dépenses et des recettes. En principe, les publics exclus sont priorisés dans cette démarche[555]. Le public jeune en est notamment un exemple. De plus en plus, l'administration se place à « hauteur d'enfants »[556]. L'aspect ludique du budget participatif en fait un outil fort d'éducation citoyenne des plus jeunes.

---

[551]Sur l'attachement entre budget participatif et intercommunalité : cf. *infra* p.191.

[552]Dans nos discussions avec la mairie de Portet-sur-Garonne, l'exemple s'était porté sur un projet citoyen de verger. La discussion avec le citoyen a permis de mieux faire appréhender au porteur du projet les enjeux de la commande publique et la détermination des coûts réels des arbres fruitiers.

[553]L'exemple de Portet-sur-Garonne est encore explicite. L'une des années, deux lauréats, jeunes hommes, ont accompagné le déroulement de chaque étape du projet. Les autres participants, simples votants, n'ont pas connu de telles relations avec les services.

[554]Brandeleer, *op.cit.*, p.22.

[555]En ce sens, « certains exemples de budget participatif ont mis en place des comités spécifiques pour les groupes vulnérables ou prennent des mesures 'de discrimination positive' pour améliorer la représentation de certains publics, comme un quota de femmes dans les comités directeurs du budget participatif » (Brandeleer, *op.cit.*, p.10).

[556]Observatoire international de la démocratie participative (OIDP), Clés pour la participation des enfants et des jeunes : le budget participatif jeune, 2020, 26 p.

À titre préalable, notons que nombre d'outils se sont développés afin de faire éduquer les plus jeunes habitants à la citoyenneté communale. Bien heureusement, il persiste une progressivité de la portée des enseignements ludiques selon l'âge des participants. Parmi ces outils, parlements ou comités des jeunes se sont développés au sein des institutions locales. Ils permettent de simuler des séances municipales et d'ancrer la jeunesse dans une culture du débat. *A fortiori*, sur le domaine financier, certaines collectivités ont mis en place des ateliers pédagogiques sur le budget[557] en collaboration avec les services financiers par le biais, par exemple, d'un jeu de société permettant de créer un budget d'investissement de la ville. Nous remarquerons alors que le champ de l'investissement est plus adapté comme cadre à cet aspect ludique.

Les budgets participatifs pour les jeunes s'ancrent dans ce cadre-là. Au sein ou en dehors du milieu scolaire, ils permettent l'expression par les jeunes citoyens des priorités qui leur sont propres. En ce sens, il est un outil qui fait progresser « l'accès aux opportunités pour les jeunes dans l'exercice de leurs droits citoyens »[558]. Tout en créant du lien social entre eux, l'outil, dans une humble démarche, accroît de manière précoce la conscience citoyenne : « les adolescents peuvent apprendre à devenir de meilleurs citoyens »[559]. Les exemples sont nombreux à chaque niveau de communes[560]. Une étude de l'OIDP indique qu'une telle démarche implique le changement de culture local et entraîne, dans le milieu technique des finances, une culture du débat et du dialogue. La fondation d'une ville par le jeu entraîne cette éducation à la citoyenneté : les enfants s'accordent sur les priorités de la ville et définissent ce que constitue l'intérêt général dans les limites des capacités financières de la commune. C'est, en plus, une source d'éducation du vivre ensemble et d'appréhension des droits et obligations du citoyen.

Un dernier point reste alors à signaler : le renouvellement du rôle des services financiers. Traditionnellement, ces derniers relèvent d'un soutien technique aux réalisations politiques. Leurs compétences s'exercent comme soutien technique de l'exécutif communal : prospective, rétrospective, établissement et suivi du budget et de son exécution. Mais, le budget participatif leur donne l'opportunité d'être renouvelés dans leur mission. En effet, par la démarche participative, se crée un lien direct entre le service et les habitants. Lors de la dernière édition des rencontres nationales du budget

---

[557]C'est le cas, par exemple, de la commune de Chambéry.

[558]Observatoire international de la démocratie participative, *op.cit.*, p.10.

[559]*Ibidem.*

[560]On peut citer plusieurs exemples de budgets participatifs dédiés aux jeunes ou organisés au sein d'écoles primaires. Par exemple, la commune de Bréguigny a établi un budget participatif des enfants de 6 à 11 ans, s'appuyant notamment sur la maison des jeunes et le centre de loisirs de la commune.

participatif des 8 et 9 novembre 2023, un atelier a été dédié à cette thématique[561]. A notamment été mis en avant le développement d'une relation directe entre agents et habitants, en amont et en aval du budget participatif. Les agents techniques peuvent en effet mettre en œuvre des ateliers d'accompagnement des citoyens. Les services financiers peuvent aussi aider à une forme d'évaluation politique et technique de l'outil. Cela constitue une démarche complémentaire à la relation entre agents et participants à chaque étape du budget participatif : étude de recevabilité, instruction, idéation, vote.

D'un double diptyque élu/citoyen et élu/service, une relation triangulaire naîtrait par ce lien service/citoyens. En effet, mettre en place un outil pédagogique comme le budget participatif nécessite une vision d'ensemble dans laquelle le service financier doit pouvoir donner son expertise. Pour les plus jeunes, ce sera relativement rare. Pour les participants plus âgés, notamment lors de réunions ou de conférences à vocation éducative, le rôle est accru. Il est un acteur d'autorité par sa connaissance précise du domaine. Il est aussi un acteur renouvelé de dialogue. Ce rôle de médiateur est essentiel à la construction du parcours des citoyens dans l'appréhension des compétences, institutions et limites des finances locales. Après tout, il est le garant et le meilleur expert des réalités financières de la commune.

Nous voyons ainsi que le budget participatif, par sa vocation pédagogique, cherche à faire appréhender un « métier de citoyen »[562]. Il donne un apprentissage au vocable de débat. *A fortiori*, sur le fondement de ce préalable, il tendrait à développer une culture du débat dans le domaine des finances locales. En ce sens, le budget participatif est un instrument actif au service de cette nouvelle forme de « démocratie financière ».

B) Un instrument de consultation et de concertation financière locale, complémentaire aux outils préexistants de débats citoyens

Partant de sa valeur éducative, il serait possible de penser le budget participatif comme outil de démocratie financière. Du moins, ce dernier tendrait à être un outil au sein de cet arsenal démocratique récent, fondé sur la recherche de débat.

---

[561]Rencontres nationales des budgets participatifs, 6e édition, 8-9 novembre 2023, Bordeaux.

[562]BLONDIAUX Loïc, « La démocratie participative, sous conditions et malgré tout. Un plaidoyer paradoxal en faveur de l'innovation démocratique », *Mouvements*, 2007/2, n°50, p.118-129.

Michel Borgetto définit la citoyenneté financière comme une procédure et une substance [563] . Synthétiquement, traditionnellement, la notion de « citoyenneté financière » est néanmoins réduite à l'élection des élus et à l'information budgétaire et financière. Comme amorcé plus haut dans notre réflexion, cette conception stricte du citoyen est compensée par une approche locale plus pragmatique. Elle se fonde sur la notion de « situé », de l'habitant. Aujourd'hui, la citoyenneté ne se décrète plus, elle doit se pratiquer avec effectivité. Ces fragilités « politiques » sur la place de la « citoyenneté fiscale et financière » sur le plan local rendent indispensables le développement et l'usage d'outils de démocratie participative pour aller vers une démocratie continue dans laquelle le citoyen détiendrait un pouvoir de décision proche de celui des élus. En effet, reprenant le professeur Borgetto, la légitimité d'une décision, encore plus quand cela concerne le budget, car il s'agit d'une véritable nouveauté, dépend aussi bien de sa substance que de sa manière de l'établir. L'objectif a été alors d'ouvrir le citoyen à la prise de décision financière par le biais d'un ensemble d'outils, ancré dans une dynamique de débat. La démarche d'ensemble se veut plus collaborative et, *de facto*, moins verticale.

Dans une étude essentielle, Léonard Gourbier montre l'opportunité d'intégrer le citoyen au sein des finances publiques, dont locales[564]. En distinguant l'échelle participative dans trois formes (l'information, la consultation et l'engagement), il démontre la possible implication citoyenne dans ce domaine traditionnellement fermé, aussi bien en amont qu'en aval de l'exécution budgétaire. Il remarque ainsi que le budget participatif renouvelle les finances publiques vers un exercice plus participatif à toutes les échelles.

À l'heure actuelle, et en excluant l'exercice du droit de vote, le corps citoyen connaît principalement un droit à l'information financière. Nous remarquions que le budget participatif le renouvelle : explication des grands enjeux financiers, suivi de la réalisation des projets, information sur l'exécution des deniers. Le rôle du citoyen est alors logiquement passif, même si le budget participatif renouvelle cela sous sa carapace pédagogique[565].

---

[563]BORGETTO Michel, « Brèves remarques sur la notion de citoyenneté financière », *in* BOUDET Jean-François, CABANNES Xavier (dir.), *Finances publiques citoyennes*, LGDJ, 2017, p.303.

[564]Gourbier, *op.cit.,* p.16.

[565]Cf. *supra* p.180.

Mais, au-delà de l'information[566], des opportunités se sont ouvertes vers un débat élargi, sous l'impulsion des budgets participatifs dans des municipalités étrangères à la culture administrative proche. Le professeur Sintomer a pu mettre en avant des pratiques du budget participatif tendant à une plus forte emprise citoyenne sur les finances locales[567]. L'exemple allemand en est l'expression. Au début des années 2000, la mise en place de *Bürgerhaushalt* au sein de différentes municipalités allemandes s'est faite en vue de créer un espace de discussion sur l'affectation des deniers et les options dans la recherche d'équilibre du budget. L'appui sur des conseils de citoyens spécialisés a été essentiel pour proposer des avis et débattre sur les grands équilibres du budget : augmentation de l'impôt, réduction des dépenses. Lors de la 3e édition des rencontres nationales des budgets participatifs, Yves Sintomer synthétise les bienfaits du modèle allemand dans les phrases suivantes :

« Dans la première vague des BP en Allemagne, nés dans un contexte de baisse des budgets alloués par le pouvoir fédéral aux pouvoirs locaux, une ville avait lancé un BP non sur les investissements mais en demandant aux habitants pour quelles priorités ils souhaitaient opter : augmenter les impôts locaux, fermer certains services… Si nous avions régulièrement de tels débats, y compris dans les moments difficiles, avec l'assurance que la participation aura un effet réel, les habitants s'y intéresseraient et pourraient retrouver une certaine confiance dans la politique »[568].

Le travail précité de Léonard Gourbier traduit aussi cette ouverture citoyenne au débat sur les finances locales. Le budget participatif serait alors un outil complémentaire à d'autres instruments démocratiques comme les comités d'usagers. Sur chaque échelon de participation, tel qu'étudié par Sherry Arnstein, le budget participatif paraît un instrument à fins de renforcement du débat sur les finances locales.

En tant qu'outil consultatif, le budget participatif constituerait une occasion de discuter et de débattre au sujet des grands enjeux et équilibres financiers. Dans une forme limitée, il compléterait certaines pratiques le précédant. Au-delà de l'exemple allemand, nombre de communes ont en effet développé des débats relatifs aux grands équilibres financiers et budgétaires. D'autres municipalités ont aussi mis en place des questionnaires postaux ou des demandes d'avis sur les préconisations budgétaires[569]. Ces débats-ci donnent

---

566On rappellera ce qui a été noté plus tôt : intégrer le citoyen doit passer par un renforcement de l'information, qui doit être intelligible et objective pour le citoyen. Nombre de collectivités ainsi que l'État ont développé des outils de simplification de l'information (Voir en ce sens : Le Clainche, *op.cit.,* p.23).

567Sintomer/Herznerg/Rocke, *op.cit.,* p.27.

568Intervention d'Yves Sintomer, 3e édition des rencontres nationales des budgets participatifs, novembre 2018, Montreuil.

569Le Clainche, *op.cit.,* p.23.

lieu à des préconisations et avis citoyens sur la manière d'élaborer et exécuter le budget. Cela explique sans doute pourquoi la commune de Clermont-Ferrand a ainsi couplé le budget participatif au développement de conventions citoyennes locales. Pour que le débat soit effectif et permette une véritable confiance du citoyen, ce dernier doit avoir lieu suffisamment tôt, lorsque les choix ne sont pas arrêtés et qu'il existe encore des alternatives. Léonard Gourbier reprend notamment l'assemblée plénière de Porto Alegre comme un exemple clé. Fondé sur des avis budgétaires citoyens importants et réguliers à toutes les étapes du budget participatif, il définit le budget participatif, sur ce modèle, comme outil opportun.

En tant qu'outil d'engagement, le budget participatif serait un outil pertinent comme instrument attaché à la surveillance et au réajustement des projets et lignes budgétaires, dépendant ici de l'enveloppe budgétaire laissée au budget participatif. Il se situerait dans la continuité d'un des derniers rapports de la Cour des comptes qui préconisait de « développer des formes de concertation préalable avec les parties prenantes et de consultation directe des citoyens sur les dispositifs de dépense »[570]. Le paradigme semblerait se limiter en ces termes à la dépense publique. La dépense est, en effet, un cadre *a priori* plus adapté à développer un débat. Par son caractère tangible et ouvert à plus de création, la dépense est le « terreau » le plus adapté à une première forme de débat.

Il est percevable alors qu'un profond travail sur l'éducation citoyenne et le droit à l'information est le début d'une entreprise plus large de démocratie financière. Le budget participatif accompagne ce mouvement. Le modèle brésilien du budget participatif, le plus développé, reste au centre de la réflexion.

Car, à l'heure actuelle, ces opportunités restent limitées en droit français. L'implication du citoyen dans la prise de décision directe semble moins pertinente et accessible

La grande différence avec le modèle de Porto Alegre reste le cadre organique. On pourrait légitimement penser que le budget participatif pourrait s'appuyer sur une base organique dans les instances démocratiques participatives déjà existantes : comités et conseils des jeunes[571], comités consultatifs[572], conseils citoyens[573]. La démarche citoyenne serait alors générale, fondée sur des

---

[570]COUR DES COMPTES, *La situation et les perspectives des finances publiques*, juin 2023, p.134.

[571]L1112-23 CGCT.

[572]L2143-2 CGCT.

[573]L2143-4 CGCT.

outils obligatoires ou *sui generis*. Nous retrouvons la logique de donner une force organique au budget participatif et à l'implication citoyenne recherchée dans les finances publiques locales. Les échelles d'informations et de consultations peuvent ainsi se multiplier, fondées sur une recherche de lien social et de vivre-ensemble [574]. La démocratie participative, dans sa spécialisation financière, doit être vue comme un ensemble. Antoine Bézard notait en ce sens que le budget participatif devrait s'articuler à d'autres outils de démocratie participative afin de permettre publicité et effectivité des outils[575]. C'est ici une forme possible de « procéduralisation ». Par exemple, certaines municipalités ont mis en place des comités citoyens composés de membres tirés au sort pour se prononcer sur le budget. Nous écartons le fait que le budget soit une affaire d'experts ou, du moins, nous défendons qu'il puisse se fonder sur une nouvelle forme d'expertise, plus collaborative[576].

Le budget participatif pourrait s'articuler aussi avec d'autres outils d'ouverture des finances locales à la décision, au prisme du citoyen « territorialisé ». Créer des passerelles entre les outils peut paraître une démarche pertinente à condition d'en éviter les télescopages. Le cadre financier offre des opportunités ponctuelles d'incarnation du pouvoir citoyen. Le développement d'audits et de financements participatifs en sont des exemples.

Les premiers, limités dans la pratique aux audits citoyens en réponse à la crise financière, constituent un outil de renforcement du contrôle et de l'information citoyenne, rendant compte des politiques de lutte contre le désendettement. À cet égard, ce sont, en pratique, des outils d'information portés par un effet de sensibilisation aux enjeux financiers[577]. De telles démarches se fondent sur l'idée que la dette implique l'ensemble des acteurs citoyens et que les objectifs doivent être remplis au sein d'un partenariat. L'audit renouvelle donc aussi les phases de l'information financière que du contrôle budgétaire. Le citoyen semble, de manière ponctuelle, compenser ainsi le rôle réduit de l'assemblée délibérante quant au contrôle budgétaire.

Les seconds, qui sont parfois confondus avec le budget participatif, intègrent le citoyen actif à la détermination des recettes de la collectivité, dans un cadre juridique européen. Ces procédés « créant un lien plus ou moins direct entre l'intention financière du citoyen et la réalisation d'une opération publique, se combinent avec des façons de l'impliquer dans le financement

---

[574]Voir en ce sens : FLUICITY, Budget participatif mode d'emploi, 14 octobre 2020.

[575] BÉZARD Antoine, « Les budgets participatifs doivent être articulés avec les autres dispositifs de démocratie », *Gazette des communes*, 8 novembre 2021.

[576]Sur l'expertise citoyenne : cf. *supra* p.159.

[577]Avec la possibilité d'un risque inverse : l'effet communicationnel.

d'activités publiques en cours de reconfiguration »[578]. Se perçoit par ces mots une finalité identique à l'une des vocations précitées du budget participatif. Les outils de financement participatif sont divers[579]. Ils assurent une forme de pédagogie tout en accordant une légitimité accrue à certains projets, à certaines dépenses. Ils sont aussi autant des réponses à la crise citoyenne qu'à la crise économique.

En guise de conclusion, il se dégage que le budget participatif tend à faire persister la dynamique de participation financière. Le conseil municipal « alternatif » de la ville de Sète a eu l'occasion de développer un débat citoyen sur les orientations budgétaires, permettant alors une connaissance accrue des besoins citoyens. Plus qu'une grande avancée, le budget participatif offre une légère progression. Pierre Rosanvallon l'a rappelé : « la démocratie doit aussi se définir comme une façon permanente de négocier, discuter et argumenter avec la société » [580] . Le budget participatif accompagne un arsenal dans le développement d'une démocratie financière par l'émergence d'un débat plus large, vers une démocratisation des finances locales. Néanmoins, une telle entreprise « implique justement que les pouvoirs publics mettent à la disposition des citoyens un ensemble de ressources afin de leur permettre de se « socialiser » aux problématiques financières et budgétaires des collectivités où ils résident, dans le but de participer au débat et à l'orientation collective des décisions »[581]. Sommes-nous en train d'assister à une nouvelle forme de délibération financière ? Le budget participatif est un outil qui ouvrirait une dynamique en ce sens.

L'ensemble de cette réflexion démontre les opportunités à intégrer un vent démocratique aux finances locales, aussi bien dans l'élaboration que le contrôle du budget. À cette réflexion qualifiable de « généralisée » se pose un volet plus sectoriel dans notre analyse.

§2) Un instrument financier de rattachement du citoyen au territoire

La précédente étude qualifiable de « généralisée » doit se compléter d'une réflexion plus sectorielle. Le vocable de démocratie, notamment au sein de l'échelon communal, a originellement vocation à rattacher l'acteur citoyen à l'endroit où la décision est prise. Outil de participation tangible, exprimé par un projet, le budget participatif tend à créer un lien durable et démocratique

---

[578]TAILLEFAIT Antony, « Le citoyen, un acteur du financement local ? », *RFFP,* 2019, n°148, p.79.

[579]*Crowdfunding*, dons et legs, *crowdlending*, tickets mécènes. Chacun des outils tend à consacrer une relation spécifique entre le citoyen et l'élu.

[580]Entretien au journal Le Bien Public, du 4 janvier 2014.

[581]BAILLY Jessy, « Les finances locales à l'épreuve de la démocratie ? Les expériences 'd'audit citoyen' à Grenoble et en Catalogne », Colloque GIS Démocratie & Participation, 2019.

entre l'habitant et son territoire, l'habitant se substituant symboliquement au rôle des services et des élus. En d'autres termes, le budget participatif façonne un lien entre démocratie, territoire et finances locales. En vue de renforcer le débat citoyen, le domaine financier *a fortiori* offre une portée tangible importante aux conséquences du débat : augmentation des recettes, orientation sur une politique publique précise, modalités de financement des services publics.

La participation gagne en intérêt lorsque les conséquences du débat sont tangibles. Notre précédent travail sur la dépense exprimait ce propos. Notre réflexion se porte ici sur deux cas plus précis. Pour qu'il y ait « finances locales participatives » et débat sur le domaine financier, il faut que le citoyen se rattache et s'identifie à son territoire. Sur le fondement de ce postulat, le budget participatif relance la machine démocratique au sein de l'intercommunalité (A). Il tend aussi à être un palliatif à la perte de relation fiscale entre le citoyen et le territoire (B). Au sein de ces deux dynamiques, ses effets restent néanmoins limités. Ces cas interrogent sur la pertinence de faire des finances participatives de vraies actrices aux crises démocratiques qui s'incarnent au sein du bloc communal.

A) Un outil de solidarité territoriale et de légitimité démocratique au sein de l'intercommunalité

Si le budget participatif s'ancre naturellement dans le territoire communal entendu au sens strict, il connaît aussi des manifestations au sein de l'intercommunalité, particulièrement des EPCI à fiscalité propre. La singularité de la construction de l'intercommunalité et la faiblesse démocratique et identitaire de l'institution interrogent la place de la participation en son sein. Une enquête de l'association Empreintes Citoyennes relative à l'échelon communal pose l'intercommunalité comme le troisième échelon à la participation citoyenne, derrière la commune et le département [582]. Le raisonnement qui va suivre, face à la singularité financière de l'intercommunalité française, tend à traduire le budget participatif comme un palliatif démocratique, fondé sur les finances locales, de l'intercommunalité. Il permet en effet de créer une relation directe entre l'intercommunalité et son habitant. Le budget participatif paraît aussi, parallèlement, un outil de solidarité entre les territoires.

Le développement de l'intercommunalité s'est fait dans le besoin de faire gagner en efficacité l'exercice des compétences face à l'émiettement

---

[582]EMPREINTES CITOYENNES, *Enquête : La commune, fabrique de la citoyenneté, 25* janvier 2022.

communal[583]. Par le transfert de compétences, l'objectif cherché a été aussi d'en réduire les coûts. L'intercommunalité est progressivement passée d'une intercommunalité de gestion à une intercommunalité de projet. Cette mutation, *a priori* bénéfique au bloc communal, ne s'est pas, malgré tout, accompagnée d'un réel approfondissement de la richesse démocratique, source de légitimité et d'identité de l'échelon. Pourtant, l'évolution de la conception de l'intercommunalité telle qu'elle résulte de la loi du 6 février 1992 « n'impose-t-elle pas une reconnaissance plus importante de droits aux citoyens dans le cadre de la coopération intercommunale ? »[584]. C'est là le paradoxe de l'intercommunalité française. Espace territorial de plus en plus puissant et compétent, elle reste, en apparence, assez hermétique à la démocratie, aussi bien aux niveaux interne qu'externe. Au sein de la gouvernance interne, on constate en effet une sélection naturelle des élus au sein des conseils. Des transactions politiques internes persistent ainsi au détriment d'un constant débat. D'un point de vue plus externe, nous noterons que le citoyen n'est pas vraiment attaché à l'intercommunalité. La consécration du suffrage universel direct par fléchage pour les communes de plus de 1 000 habitants n'a constitué, à nos yeux, qu'un léger palliatif à cette problématique. De surcroît, dans le cadre des élections municipales, le citoyen ne perçoit pas l'enjeu intercommunal. Les candidats au scrutin municipal excluent d'ailleurs souvent d'en faire des thèmes de campagne[585]. L'utilisation d'outils participatifs n'est pas une constante au sein de l'intercommunalité.

Ainsi, le citoyen habitant ne se rattache pas réellement à la politique de son territoire intercommunal. Si les EPCI à fiscalité propre ont aujourd'hui une diversité de compétences et de prérogatives, donc celle de percevoir l'impôt[586], la technicité qui est son fondement semble exclure une expression démocratique. Cette dernière serait perçue comme une cause de ralentissements. Ainsi, l'intercommunalité reste malgré tout une source « d'appauvrissement de la démocratie locale »[587], ce que la Cour des comptes constatait déjà en 2005[588]. Il n'a pas été consacré une véritable citoyenneté intercommunale. Comme le note Patricia Demaye, « le double

---

[583]CGCT, art. L5210-1. Le progrès de la coopération intercommunale se fonde sur la libre volonté des communes d'élaborer des projets communs de développement au sein de périmètres de solidarité.

[584]DOMENACH Jacqueline, « L'intercommunalité : nouvelle chance pour la citoyenneté locale ou relance notabiliaire? », *in* CAILLOSSE Jacques (dir.), *Intercommunalités : invariance et mutation du modèle communal français*, PU Rennes, 1995, p.131-155.

[585]*Ibid.*

[586]Les cas d'EPCI à fiscalité additionnelle n'existent presque plus aujourd'hui.

[587]FERSTENBERT Jacques, PRIET François, QUILICHILI Paule, *Droit des collectivités territoriales*, 3e édition, Dalloz, Hypercours, 2024, p.181.

[588]COUR DES COMPTES, *Rapport sur l'intercommunalité en France*, 23 novembre 2005, 370 p.

déficit de légitimité et de visibilité qui affecte les regroupements intercommunaux ne leur permet pas de créer une citoyenneté intercommunale, citoyenneté hypothéquée également par le manque d'identité qui caractérise les institutions intercommunales »[589].

Consécutivement, l'intercommunalité tend à être à la recherche d'une forme de démocratie qui la légitimerait et lui attribuerait une identité propre. Des différents outils, le budget participatif, comme outil de finances participatives, offre une voie, certes limitée, à une telle ouverture.

En effet, le budget participatif est un palliatif qui tend à modérément compenser ces carences. Expression d'une citoyenneté « située », c'est un outil qui crée ce lien entre territoire intercommunal et démocratie en son sein. Alors, la démocratie participative intercommunale passerait sectoriellement par l'usage du budget participatif. Ainsi, le pouvoir décisionnel, dans le cas d'un budget participatif à tendance contraignante, compense le « glissement des arbitrages essentiels de l'action publique dans les coulisses intercommunales » [590] . L'innovation récente que représente le budget participatif offrirait un outil contemporain à une naissante démocratie participative intercommunale. Nous l'avions noté, l'intercommunalité à fiscalité propre serait un terrain adapté à l'émergence de tels outils. En effet, elle rattacherait la fiscalité intercommunale, de plus en plus importante, à la réalisation de projets directement issus du savoir-faire citoyen. Par ce jeu sur fondement budgétaire, le budget participatif octroierait une base à la participation citoyenne. En théorie, il apporterait de la reconnaissance et de la publicité à l'intercommunalité, tout en intégrant une dose supplémentaire de démocratie au sein des EPCI, via la légitimation de projets lauréats.

A fortiori, le budget participatif semble constituer un outil de solidarité financière entre les communes. Il composerait un instrument vers un équilibre dans l'aménagement du territoire intercommunal, à condition que le projet lauréat respecte une égalité entre les territoires de l'intercommunalité. Or, un tel préalable n'est pas aisé à déterminer. Néanmoins, cette recherche d'égalité apparaît comme une force au sein du territoire intercommunal. C'est ce que les métropoles de Paris et de Rennes ont mis en place. Sur l'exemple parisien, notons que le budget participatif est divisé en divers montants, montants proportionnels selon le besoin de développement desdits quartiers. Le budget participatif constitue alors ainsi

---

[589]DEMAYE Patricia, « La recherche de la démocratie intercommunale », *in* BLONDIAUX Loic (dir.), *La démocratie locale. Représentation, participation et espace public*, 1999, PUF, p.250.

[590]LEFEBVRE Rémi, « Pourquoi l'intercommunalité ne s'est-elle pas démocratisée ? », *in* LEFEBVRE Rémi (dir.), *Municipales : quels enjeux démocratiques ?* 2020, La Documentation française, p.113-139.

une double force : un élément d'identité et un élément budgétaire et concret de solidarité.

Toutefois, de tels bienfaits doivent faire l'objet de nuances. L'organisation intercommunale se distingue de celle du communal. La transposition des bienfaits du budget participatif strictement communal ne peut être totale. S'il peut être pertinent de développer un tel outil de participation en raison des moyens financiers intercommunaux de plus en plus importants, il pourra y avoir un effet de saupoudrage en vue de garantir une égalité entre les territoires [591] . Il pourrait être *de facto* peu utilisé. La démocratie intercommunale reste très administrative, détachée du participatif. Le droit à l'information y existe dans des degrés variables, l'élection y a des effets limités.

Néanmoins, ici, il est nécessaire de distinguer deux formes de budgets participatifs. D'une part, existe le budget participatif strictement intercommunal, structuré par une délibération intercommunale. D'autre part, existe aussi le budget participatif communal, mais dont les effets s'exécuteraient sur le territoire intercommunal, par la création de lien financier entre une commune centrale et des communes périphériques qui appartiennent à une même intercommunalité. Lors des rencontres nationales des budgets participatifs de novembre 2018, le cas du budget participatif de la ville de Brest est paru un exemple singulier de cette dynamique[592]. Ce dernier cas reste particulier en raison du transfert total des compétences des communes à la métropole brestoise. Plus que d'établir un budget participatif intercommunal, la ville de Brest a établi un budget participatif communal, à proprement parler, auquel des communes appartenant à la métropole peuvent participer et s'engager afin de bénéficier d'une enveloppe spécifique. Plutôt que de s'appuyer strictement sur une intercommunalité qui peut ne pas fonctionner en interne, cet exemple démontre la force du budget participatif comme outil de solidarité financière, par son ancrage sur le territoire.

Nous le voyons ici, la portée financière du budget participatif se rattache à une réflexion sur la solidarité entre les territoires. En effet, le budget participatif fait face à une complexité dans la répartition des compétences et la division des territoires. Comme le note ainsi Antoine Bézard, « lorsque vous proposez un projet qui n'est pas dans les compétences de la collectivité, vous vous prenez un mur. Un travail commun entre différentes collectivités permettrait de rediriger le projet vers la collectivité compétente si elle

---

[591] Le saupoudrage des dotations est un problème structurel des finances publiques intercommunales.

[592] Rencontres nationales des budgets participatifs des 8 et 9 novembre 2018, Montreuil.

organise également un budget participatif »[593]. Camille Morio aussi a remarqué cette construction territoriale qui oblige des montages financiers entre les échelons[594]. Cette collaboration basée sur le budget participatif tend à réduire les difficultés de financements entre les niveaux de collectivités afin de construire un territoire plus équilibré dans son aménagement. La maître de conférences donne différents exemples de cette collaboration territoriale, commune/RATP, commune/intercommunalité, département/commune avec l'illustration du département du Gers. Sur ce dernier exemple, certains projets issus du budget participatif sont décidés au niveau communal afin d'être cofinancés par le département.

Synthétiquement, se constatent deux manières de collaborer : des transactions financières parfois contractualisées et des outils plus informels, comme des courriers ou courriels[595]. De tels montages développent une autre forme de complémentarité financière, de collaboration pertinente dans l'organisation territoriale actuelle, afin de répondre à des besoins complexifiés.

B) Un palliatif limité à la dégradation de la citoyenneté fiscale

Nous l'avions amorcé : le budget participatif a une vocation, certes humble, à légitimer l'emploi des recettes. *A fortiori*, de manière complémentaire, le budget participatif constituerait alors une compensation au détachement du citoyen à son territoire, fiscalement parlant. Il offrirait ainsi un espace de solidarité entre les habitants locaux. C'est en effet, aussi, l'une des vocations de l'imposition.

La commune est traditionnellement entendue comme source primaire de démocratie en raison du lien de proximité qui la caractérise. Mais la proximité attachée à la décentralisation n'est pas symbole de réussite démocratique pour autant[596]. La démocratie semble devoir se démontrer régulièrement. Pour exprimer ce rattachement entre le territoire et le citoyen, les moyens sont divers. Il ne peut y avoir de véritable démocratie citoyenne et de participation par la décentralisation que dans le rattachement entre le territoire et le citoyen. Plus le citoyen se détache de son territoire, moins ce dernier a de vocation participative. Le détachement de ce territoire entraîne une perte de démocratie au sens citoyen. Différents moyens existent pour maintenir ce lien. En ce sens, l'impôt est un fondement démocratique fort. Il

[593]BÉZARD Antoine, « Le budget participatif, nouveau contrat démocratique et solidaire », *Gazette des communes*, 21 janvier 2019.
[594]Morio, *op.cit.*, p.21.
[595]Par exemple, la commune de Portet-sur-Garonne fait cela.
[596]Muller-Quoy, *op.cit.*, p.145.

est une source de lien social et de participation à la construction de la ville et au service public. Derrière l'impôt local, il y a un soubassement citoyen et politique fort.

Or, aujourd'hui, il se constate un phénomène de « déterritorialisation de la fiscalité locale »[597]. C'est fortement le cas pour les échelons régionaux et départementaux. Pour ce qui relève du territoire communal, la dynamique est proche mais connaît un retentissement plus faible. En effet, la commune conserve le produit des deux taxes foncières [598] . Néanmoins, le développement de l'intercommunalité est venu contester ce lien entre le territoire communal, strictement entendu, et l'impôt. Il accompagne une prédominance de l'État sur le domaine fiscal et les finances publiques.

En d'autres termes, la fiscalité locale est dissoute aujourd'hui, interrogeant même quant au maintien d'une telle notion[599]. Il en découle, de ce fait, une perte du lien social et territorial du citoyen. Crise de la citoyenneté se couple d'une crise de la fiscalité. Alors, en apparence, l'impôt ne sert plus à financer ce dont le citoyen habitant a besoin. Le Conseil économique, social et environnemental, en 2006, observait déjà une « déliaison croissante entre impôt local et contribuable local » et pointait le « risque inhérent de dilution des responsabilités »[600]. Dans un avis de la même institution en 2018, ce dernier limite la citoyenneté financière à un droit à l'information et au consentement à l'impôt[601]. Force est de constater que ces éléments ne répondent plus aux demandes sociales aujourd'hui : l'information est toujours très technique, le consentement à l'impôt est contesté comme le sont les représentants. Bien au contraire, la déterritorialisation de l'impôt le fait prendre une forme plus individuelle en plus de réduire le pouvoir de taux des élus locaux.

Il est ici constaté la perte, ou *a minima,* la substantielle réduction de la citoyenneté fiscale. Ses finalités se retrouvent impactées *de facto* : l'impôt est de moins en moins vu comme un outil de solidarité et de participation aux affaires publiques. L'impôt local en devient de moins en moins une source d'attachement du citoyen à un territoire. Le professeur Gilbert Orsoni

---

597 HERTZOG Robert, « Autonomie locale et territorialisation des régimes fiscaux et budgétaires », *Pouvoirs locaux*, 2013, n°98, p.84.

598 On notera la spécialisation des taxes foncières au sein de l'échelon communal.

599 NAZON Romaric, *La fin de la fiscalité locale,* thèse de doctorat (sous la direction d'Etienne DOUAT), Université de Montpellier, 2023, 750 p. (consultable en ligne).

600 VALLETOUX Philippe, *Fiscalité et finances publiques et locales : à la recherche d'une nouvelle donne,* Rapport CESE, 13 décembre 2006, p.7.

601 DESCHAMPS Jean-Karl, GARDINAL Didier, *Pour une réforme de la fiscalité locale,* Rapport CESE, 17 avril 2018, p.56.

distingue la citoyenneté fiscale de la citoyenneté budgétaire[602]. Considérer le budget participatif comme un palliatif à cette perte-là, c'est venir penser la démocratie budgétaire comme un outil qui sauvegarderait certaines finalités de l'impôt, sans en prendre la forme.

S'il y a diversité de liens au territoire, un lien « financier » entre le citoyen et son territoire communal est indispensable, même si le budget participatif n'en offre qu'un lien ponctuel. La réflexion du professeur Orsoni suit la distinction du rapport du Conseil d'État de 2018 qui fait le *distinguo* entre « citoyen statut », fondé sur les élections et le consentement à l'impôt, et « citoyen vertu », qui dépasse ce cadre-là[603]. Le Conseil d'État propose de se fonder plus fortement sur cette vertu, plus souple dans le développement de participation citoyenne, formant de nouvelles formes d'engagement et de participation. En s'attachant au territoire concret, le budget participatif offre une assise financière entre le budget et le territoire communal. Cela explique pourquoi le budget participatif s'accompagne d'autres outils de participation citoyenne, dans l'ensemble desquels l'habitant est une figure centrale. Mais cela semble se limiter à une dépense d'investissement précise.

Face à la réduction de la citoyenneté fiscale, notion dans laquelle le citoyen est entendu au sens strict, la citoyenneté budgétaire semble se substituer de plus en plus[604]. Ce jeu terminologique peut paraître impropre. Mais il démontre manifestement une ouverture vers la notion d'habitant comme concept plus apte à créer ce lien avec les représentants, par le biais d'une attache concrète au territoire. De ce fait, le budget participatif contribue humblement, sans aucun doute, à une refonte des notions de contribuable, d'habitant et de citoyen à la lumière d'un rattachement plus concret au territoire. Cette refonte se consomme à la lumière d'un certain paradigme pragmatique. L'éducation aux finances est le début de ce mouvement. La disparition progressive de la notion de citoyen contribuable causée par cette tendance pousse au « remplacement » de la notion de citoyen budgétaire dans laquelle celle de l'habitant est centrale.

D'ailleurs, il est clair qu'il y a proximité entre budget participatif et impôt : tous deux offrent une opportunité de créer collectivement sur le territoire, même si les modalités de mise en œuvre d'un tel objectif sont différentes : la voie de l'impôt est passive et celle du budget participatif, certes réduite, est active. Tous deux ont aussi vocation à donner de la légitimité par la

---

602 ORSONI Gilbert, « Citoyenneté et finances publiques. Regards comparés », *RFAP*, 2022, n° 182, p.475-489.

603 CONSEIL D'ÉTAT, *Étude annuelle 2018, La citoyenneté : être (un) citoyen aujourd'hui*, La Documentation française, 2018, p.53.

604 Sur la conception large de la notion de citoyen : cf.*supra* p.111.

réhabilitation de la valeur publique tout en matérialisant un lien social[605] et contribuant au service public. Enfin, structurés autour de projets, impôt et budget participatif tendent à renforcer solidarité et justice sociales. Dépense et impôt constituent deux volets d'une même pièce budgétaire, ce qui explique que certains auteurs ont pu qualifier le budget participatif d'« impôt participatif »[606].

Mais, nous l'aurons noté régulièrement au cœur de ces précédents raisonnements, le budget participatif reste limité. Il est nécessaire d'approfondir ce dernier propos afin de déterminer les perspectives de cette notion de « démocratie financière élargie ». On remarquera à ce propos que les finances publiques participatives sont limitées par les défauts de la participation.

II. Des perspectives restreintes par le fonctionnement du modèle participatif local

Malgré sa singularité dans le cadre budgétaire, le budget participatif ne peut omettre qu'il reste un outil de démocratie participative. Ce domaine disciplinaire de la participation locale influence nécessairement la manière de concevoir de possibles « finances participatives ». En ce sens, le budget participatif doit faire face à son héritage participatif : il n'est pas autonome. En d'autres termes, s'il permet de renouveler la gouvernance financière locale, persistent les limites du modèle participatif.

Plus précisément, deux points de vue sont à aborder, l'un est consécutif de l'autre.

D'une part, le budget participatif, par effet de mimétisme, reprend les obstacles tout aussi bien pratiques que politiques de la démocratie participative (§1). En tant qu'il n'est pas fondé sur un cadre juridique propre, il tend *de facto* à reprendre les limites de ce second domaine disciplinaire. C'est un effet de sa dualité de nature.

D'autre part, consécutivement à ce premier point, le budget participatif interroge sur le cadre juridique qui pourrait résoudre ce dernier problème (§2). S'il est outil d'apparence souple, il n'en demeure pas moins un outil qui dépend de la culture participative au sein de l'administration communale. En ce qui le concerne alors, il est clair que les valeurs du budget participatif

---

[605] FLUICITY, Budget participatif mode d'emploi, 14 octobre 2020, p.4.
[606] BARBIN Émilie, « Le consentement à l'impôt : peut-on faire mieux ? », *JCP N-Droit administratif*, n°10, octobre 2024, n°100.

et des « finances locales participatives » ne pourront être majorées qu'à la lumière d'une revalorisation d'ensemble de la culture participative locale.

§1) La reprise des limites de la participation locale

La démocratie participative locale s'est construite comme complémentaire à la démocratie représentative. La terminologie de « finances locales participatives » ne peut se départir du cadre d'ensemble de la participation locale. Elles n'en sont en réalité qu'une composante. Ainsi, elles traduisent une double limite presque inéluctable du budget participatif : une limite politique (A) et une limite juridique, de plus en plus minorée néanmoins, définie par la défense de l'intérêt général (B). Le prochain raisonnement reprend des éléments amorcés plus tôt, il les recentre à la lumière des singularités et opportunités de l'outil comme instrument de « démocratie financière locale ». Si les finances locales sont marquées d'une certaine rigidité, l'émergence d'une potentielle démocratie financière citoyenne est aussi marquée d'une autre forme de rigidité, issue du modèle participatif.

A) Un obstacle principal : l'appréhension de la participation par l'élu et le citoyen

Malgré son ancrage budgétaire et ses opportunités démocratiques, le budget participatif reste un outil politique de démocratie participative. Il en conserve *de facto* un lien fort, marqué par une reprise de ses limites. Alors, on peut soutenir une proximité du budget participatif aux défauts des instruments de démocratie participative locale, entraînant des réflexions similaires sur son intérêt au sein de la démocratie locale.

La démocratie participative s'est construite dans un mouvement progressif, s'articulant à la représentation. L'objectif a été de proposer une source nouvelle de légitimité aux représentants et à leurs décisions. Le budget participatif a été un outil qui a accompagné cette dynamique à l'objet budgétaire et, *a fortiori,* financier, local. L'idéal porté, dans l'ensemble de ces domaines, est celui d'une participation effective qui aurait été source de légitimation des projets et de réduction des contentieux. Malgré tout, quel que soit le domaine dans lequel elle s'exerce, la démocratie participative porte en elle-même un fardeau : l'apparence d'une contestation du modèle représentatif et le désintérêt du citoyen envers la participation.

D'une part, la réussite du budget participatif dépend fondamentalement de son appréhension par le citoyen. Il a été remarqué que le budget participatif est un outil attaché au territoire dans le cadre d'un paradigme territoire-démocratie-proximité. Ce dernier se définit comme un projet construit collectivement, donnant l'apparence d'une co-construction du territoire, fondé sur un budget co-élaboré. Si le budget participatif gagne sa force par cette démarche, il reste néanmoins soumis à ce que le citoyen en fait, à sa manière de l'appréhender.

En ce sens, il est nécessaire de rappeler la faiblesse des taux de participation, qui répond à la faiblesse du pourcentage de l'enveloppe budgétaire attribuée. Dans les différentes études, la moyenne s'approche de 5 % sur l'enveloppe du budget et d'un chiffre identique sur le taux de participation au vote final[607]. Un tel chiffre paraît faible, d'autant plus si la multiplication des projets diviserait ce montant. Se perçoit *de facto* un important effet de saupoudrage des dépenses[608]. Cela justifie sans doute le découragement du citoyen, renforcé dans le sentiment d'être moqué par la faiblesse quantitative de la consultation. Cela peut expliquer aussi une certaine réticence des élus à faire participer. En effet, une telle entreprise participative ne peut fonctionner qu'avec le bon vouloir du citoyen, ici découragé, et des élus : « une fois l'effet pionnier passé, les procédures ont du mal à perdurer… car pour que la démocratie soit participative, il faut de la participation durable et constante. Si celle-ci n'est fondée que sur la bonne volonté des citoyens, son épuisement est certain »[609]. Ainsi, il a été constaté pour le budget participatif une faiblesse au renouvellement des participants, année après année. Dans nos discussions sur l'expérience de Portet-sur-Garonne, est noté un effet de lassitude rapide, d'essoufflement des usages par le citoyen.

De surcroît, un tel constat se double d'un détachement croissant du citoyen à son territoire. Démocratie et territoire sont des notions allant de pair. C'est par l'ancrage sur le territoire donné que le citoyen est amené à participer, ne serait-ce que par le vote. Or, si le budget participatif est pertinent par son assise sur la proximité, ce bien-fondé se voit opposer, notamment dans des territoires moins attractifs, une forme de « démocratie du sommeil ». Le géographe Martin Vanier parle d'obsolescence de la démocratie locale, de liquéfaction de l'espace démocratique dans un environnement fondé sur le marché[610]. Il explique ce phénomène par le détachement de l'espace de vie à l'espace de vote. Ainsi, l'espace de participation et du vote n'est plus l'espace dans lequel le citoyen vit effectivement : il « s'ensuit une séparation

---

[607]Bézard, *op.cit.,* 2024, p.10. Le rapport 2024 de la fondation Jean Jaurès marque néanmoins un plus fort pourcentage pour les petites communes, même si ce sont les petites communes qui abandonnent le plus de projets et n'arrivent pas à faire persister une pratique constante.

[608]Nous rappellerons que le saupoudrage est, de nos jours, l'un des problèmes les plus structurants dans les finances locales.

[609]TAVOILLOT Pierre-Henri, « Contre la démocratie participative », *Pouvoirs*, 2020/4, n°175, p.43-55.

[610]VANIER Nicolas, « Démocratie locale : changement d'horizon ? », *Esprit,* 2015/2, p.109-118.

de plus en plus profonde entre l'espace de vie du citoyen et l'espace politique d'expression de l'électeur ». Le développement des transports[611] et la centralisation de l'attractivité dans les centres-villes sont autant de causes à un détachement fort du citoyen du territoire : le lieu de l'activité économique se détache du lieu de réalisation de l'activité citoyenne. Un tel raisonnement connaît nécessairement des exceptions. Il témoigne néanmoins, pour les petites communes, échelon dans lequel les budgets participatifs sont en principe les plus faciles à mettre en place, d'une réalité.

Alors, il semble que le budget participatif ne fait exception à cette dynamique, il la multiplie car il se fonde sur l'extrême proximité au territoire. Marqué par une tangibilité de la proximité que fonde le projet, le budget participatif produira des investissements dont les habitants ne vont pas forcément bénéficier[612]. Paradoxalement, si l'outil tend à être de plus en plus utilisé au sein de communes et intercommunalités plus importantes, à contre-courant, ces collectivités-là n'ont pas la proximité adaptée pour connaître pleinement les bienfaits du budget participatif, sauf à considérer l'infra-communal. Intégrer le budget participatif dans un territoire plus large tend à rendre ce dernier moins efficace.

En outre, la réticence à la participation interroge la compétence du citoyen à participer. L'idéal de participation ne peut se concrétiser qu'à condition que les citoyens soient aptes et compétents à y répondre. Si le budget participatif est un outil pédagogique, il reste insuffisant pour faire appréhender entièrement les enjeux financiers et le cadre territorial. Se perçoit entre les lignes la distinction entre délibératif et participatif. Le premier se fixe sur les experts, le second sur l'ensemble des participants. Or, le budget participatif, sauf cas d'une thématisation du domaine personnel de ses participants, tend à intégrer l'expertise de tout le monde.

D'autre part, une telle réflexion doit se coupler d'une interrogation sur l'appréhension de la participation par les élus. Il existe un large consensus sur une critique générique d'une confiscation du pouvoir de participation par les élus. C'est une critique à nuancer, à ne pas confondre avec le monopole décisionnel classique de la démocratie représentative. Quoiqu'il en soit, on notera, sans aller sur un vocable de « confiscation », que la réalisation et l'effectivité des outils de démocratie participative dépendent de l'élu, couplé

[611] « La mobilité écartèle et disperse le local, si l'on veut bien continuer à désigner ainsi l'espace du quotidien. Le territoire, quelle que soit sa taille, ne permet plus de saisir tout l'espace, devenu complexe, des questions collectives locales. Celui-ci relève davantage de la forme réseau que de la forme territoire. » (*Ibid.*).

[612] Si l'on écarte le cas où le domaine personnel du règlement du budget participatif dépasse le domaine des habitants pour prendre en compte les étudiants ou travailleurs.

à ce que la loi attribue comme limites lorsque l'outil est consacré[613]. Le budget participatif ne peut pas y être insensible. Son implication budgétaire l'y conforte. Gestionnaire et ordonnateur du budget, le maire devient alors « gestionnaire » de la démocratie participative. C'est de ce dernier que dépend pour beaucoup l'impulsion et la pertinence du cadre de l'outil. Par exemple, c'est lui qui décidera de la place des citoyens dans l'ensemble du processus du budget participatif.

En effet, dans un budget participatif vertueux, « il ne s'agit pas seulement d'associer les citoyens à la programmation budgétaire et au vote des montants, à la sélection des projets et à l'attribution du budget. Il faut aussi que les citoyens soient partie prenante à la mise en œuvre des projets sélectionnés »[614]. À cela, le cas par cas prédomine : « le choix des projets est rarement confié en direct aux citoyens mais passe par un jury dont la composition est fixée par le pouvoir communal. Il arrive aussi que la sélection soit opérée par une assemblée citoyenne mais sans l'apport des élus et de l'administration ». Tout ceci interroge une « instrumentalisation et institutionnalisation du débat »[615]. Mais la responsabilité tirée de l'élection écarte tout rôle néant de l'élu. À Porto Alegre, les citoyens décideurs étaient en partie responsables des actes municipaux, ce qui serait inconcevable dans le modèle français, au-delà d'être dangereux.

De tels fondements ne doivent pas aboutir à un contrôle limitatif de l'ensemble des dispositifs participatifs. Ce n'est pas une généralité que nous faisons, mais le constat d'un équilibre à trouver entre une trop pleine rigidité et une souplesse exacerbée du contrôle par l'élu : le dialogue avec l'élu est essentiel, il ne doit pas aller à un autre excès, l'instrumentalisation des mots citoyens. De surcroît, cette peur de l'élu se greffe aussi à une crainte forte d'un individualisme exacerbé et d'opposition entre groupes de la population. À l'heure actuelle, dans sa faible appréhension aujourd'hui, le budget participatif ne connaît pas ce risque.

Généralement, le cadre juridique accompagne cette tendance limitative de la participation. Les outils organiques étudiés ont pu être notés comme dénués de réussites pour des raisons pratiques comme juridiques[616]. Ainsi, le conseil de quartier est souvent vu comme une simple instance d'information et le CCSPL comme une instance fortement éloignée du « citoyen local ». La multiplication de ces outils traduit une multiplication des échecs, aussi bien

---

613Duval, *op.cit.*, p.147.

614JÉGOUZO Yves, « De la 'participation du public' à la 'démocratie participative' », *AJDA*, 2006, p.2314.

615GAUDIN Jean-Pierre, *La démocratie participative*, 2e édition, Armand Colin, 2013, p.84.

616LENFANT Stéphane, « Le point sur... les instances participatives de la démocratie locale », *AJCT*, 2018 p.248.

au niveau national que local. En outre, cette multiplication questionne la lisibilité des dispositifs[617]. Si le budget participatif offre une assise budgétaire, la plénitude de ses effets semble conditionnée aux autres outils participatifs. Nous donnions l'exemple de la portée éducative du budget participatif, qui doit alors s'accompagner d'une entreprise démocratique vers des débats budgétaires citoyens. En outre, cela pose une question de la répartition des tâches entre les outils participatifs. La démocratie participative semble être marquée d'un sceau du futile. Il ne serait qu'une réponse peu pertinente au renouveau démocratique recherché.

Une autre problématique se greffe au carrefour des enjeux des élus et des citoyens : l'inclusion à la participation. On peut arguer que, pour mettre en place une démarche de participation citoyenne, cette dernière doit représenter un panel large de la population, comme c'est l'ambition du modèle représentatif. Tendre vers une démarche plus délibérative doit se doubler d'une inclusion de l'ensemble des acteurs. À défaut, il y aurait une forme d'égoïsme, un nouveau monopole exercé au profit d'un groupe de la population. La démocratie représentative par l'élection porte et démontre une démarche représentative inclusive, trop rarement démontrée par le modèle participatif. Sans information collective ou effort citoyen, il se constate généralement une absence de représentativité au sein des outils participatifs. Parallèlement, leurs cadres en minimisent parfois les chances d'en faire partie. Non seulement les outils participatifs peuvent être sectorisés, comme c'est le cas du budget participatif, mais ces outils peuvent être réduits dans leur domaine de participation[618]. En ce sens, la démocratie participative, plus encore que le modèle représentatif, n'échappe pas aux conditions sociales qu'il semble réitérer. Les études sociologiques sur ce domaine démontrent une transposition des structures sociales au sein du modèle participatif : « ce sont, en priorité, les populations les mieux intégrées socialement et les mieux formées intellectuellement qui font vivre ce type de dispositif, y investissent leur énergie et y exercent leur compétence »[619].

Dans le cas des budgets participatifs, diverses études démontrent une forte présence des cadres et une exclusion des habituels écartés de la

---

[617]À ce propos, Yves Jégouzo note ceci : « Sans tomber dans les effets de mode, il y a là un important gisement de simplification. La multiplicité des instances qui interviennent dans ces processus conduit, notamment, à se demander si un travail d'unification des procédures ne donnerait pas plus de lisibilité et d'efficacité à la participation du public » (JÉGOUZO Yves, « La démocratie participative en question », *AJDA,* 2014, p.2385).

[618]FLUICITY, Budget participatif mode d'emploi, 14 octobre 2020, 39 p.

[619]BLONDIAUX Loic, « Démocratie locale et participation citoyenne : la promesse et le piège », *Mouvements*, 2001/5, n°18, p.44-51.

participation[620], notamment les classes les plus pauvres. Cela est contradictoire à la vocation sociale et redistributive du budget participatif dans son modèle brésilien. Fondé sur un modèle horizontal, le modèle français du budget participatif est à la recherche d'une inclusion des participants dans une échelle la plus large. Mobiliser l'ensemble des publics ne peut se faire qu'en attribuant les moyens suffisants à attirer les traditionnels exclus des démarches participatives. Nous conviendrons ici de rattacher de telles remarques à la nécessité de moyens humains et techniques suffisants. L'appui sur les associations et autres « facilitateurs » paraît ainsi indispensable. Le caractère financier et technique de l'outil budgétaire, sans doute faussement interprété par les participants, renforce ce manque d'inclusion.

Par ailleurs, s'appuyer sur les outils préexistants est *de facto* limité par la faiblesse de la participation et le manque d'inclusion entre leur sein. Le budget participatif n'a originellement de sens que s'il lutte contre l'exclusion sociale et citoyenne au lieu d'en répéter les mêmes défauts.

Si le budget participatif reprend les défauts de la participation, ces défauts et limites amènent à interroger la pertinence de la démocratie participative, et par conséquent des finances participatives, comme outil à la faveur du citoyen. Si ces critiques se fondent souvent sur un idéal erroné de démocratie directe, elles n'en demeurent pas moins les témoins d'une défiance envers les outils et d'une inefficacité à répondre à la crise de départ : la défiance des élus. C'est en ce sens que certains auteurs s'interrogent alors sur le maintien de la démocratie participative. C'est notamment le cas du récent ouvrage de Manon Loisel et Nicolas Rio, qui synthétise la portée de ces limites[621] : contrôle de la participation citoyenne avec une politique de l'offre descendante de l'élu vers le citoyen, faiblesse des contrôles des outils participatifs, absence de prise en compte des effets de la participation, absence de pleine écoute de la parole citoyenne. Ces deux auteurs préconisent alors de retravailler le modèle de la démocratie participative par le biais d'autres formes de contre-pouvoirs comme le tirage au sort. *A fortiori*, ils recommandent de davantage renouveler le pouvoir des oppositions au sein des institutions locales et nationales. On remarquera que le budget est un objet singulier dans cette dynamique. Si le budget participatif offre un pluralisme « venant du bas », il ne doit pas cacher la faiblesse du pluralisme au sein des institutions locales, particulièrement lorsqu'il est question des décisions budgétaires communales. Ce serait alors

---

[620]BERGER Mathieu, CHARLES Julien, « Persona non grata. Au seuil de la participation », *Participations,* 2014/2, n° 9, p.5-36.

[621]LOISEL Manon, RIO Nicolas, *Pour en finir avec la démocratie participative*, Textuel, 2024, 118 p.

davantage dans une revalorisation de l'opposition politique communale que des réformes devront être menées.

À ce problème politique se double une problématique d'ordre juridique, non sans lien avec la notion de représentativité. Ce second point, plus théorique mais non moins essentiel, se couple à ce premier pan de réflexion.

B) Un obstacle atténué : la compatibilité entre participation et intérêt général

Le budget comme le budget participatif sont attachés au respect de l'intérêt général. Nullement besoin de réitérer nos propos sur l'inscription du principe au sein des règlements ou sur les fondements constitutionnels du budget participatif.

Le budget participatif est tout aussi bien un projet qu'un contrat concrétisé par une dépense publique. Il ne faudrait pas que le projet porte atteinte à la recherche d'intérêt général qui demeure la finalité du budget communal. L'enjeu qui peut se percevoir relève de la compatibilité entre la démocratie participative, ici à portée contraignante variable, et la satisfaction de l'intérêt général. L'intérêt général, limite originelle aux outils de participation, tend à voir sa lecture se renouveler sous l'impulsion des outils consultatifs. Le budget participatif en est une illustration.

À titre liminaire, il est d'abord nécessaire de rappeler la portée et la définition classiques de la notion d'intérêt général.

De manière synthétique, l'intérêt général est une notion fondamentale dans le droit public français. Elle est une réponse à la demande de cohésion sociale au sein des décisions publiques, aussi bien nationales que locales. Elle se traduit comme le fondement et la limite de l'action des personnes publiques : « les personnes publiques sont finalisées, en ce sens qu'elles doivent poursuivre l'intérêt général »[622]. Comme limite, l'intérêt général est un outil de protection des libertés individuelles face aux actions de l'administration. La loi, le règlement, la délibération doivent, en ce sens, répondre à un objectif commun consacré dans la notion d'intérêt général. C'est ce qui distingue la personne publique des personnes privées, qui peuvent ne pas suivre exclusivement un intérêt général. En ce sens, l'intérêt général est conçu théoriquement comme une transcendance des intérêts particuliers.

---

[622]PONTIER Jean-Marie, « Bien commun et intérêt général », *Les Cahiers Portalis,* 2017/1, n° 4, p.33.

L'intérêt général se caractérise par sa grande plasticité qui permet au législateur ou à la jurisprudence de s'adapter aux enjeux sociaux et sociétaux[623]. Cette variabilité peut malgré tout être conçue comme une source de sa fragilité : la notion ne dépendrait-elle que de la légitimité du juge[624] ? Le monopole du législateur ne ferait-il pas dépendre la définition de l'intérêt général à une « minorité passagère »[625] ? Transcendant constamment les intérêts particuliers, il est un outil de cohésion sociale, faisant primer la force du commun sur l'individu. Quoiqu'il en soit, l'intérêt général ne connaît pas de définition juridique stricte, il dépend des conceptions et valeurs qu'on lui attribue, à chaque cas d'espèce.

La notion d'intérêt général, en réponse à un besoin de cohésion sociale, s'est fondée au niveau national comme matérialisation de la démocratie représentative et de la figure de la loi. Dans les faits, la décentralisation des compétences a interrogé sur un intérêt général au niveau local. Si les débats doctrinaux à ce sujet sont pléthores, l'existence d'un intérêt public local existe, comme traduction d'un intérêt général pour les collectivités, non concurrents de l'intérêt général au niveau national, mais englobés en son sein. L'intérêt général semble ainsi pouvoir se territorialiser.

Alors, que l'intérêt général soit national ou plus localisé, ce dernier conserve son aspect transcendant sur les intérêts particuliers. En ce sens, la démocratie participative, dans sa conception idéalisée et à vocation décisoire, serait contraire à la recherche d'intérêt général. En effet, l'intérêt général reste traditionnellement conçu comme le premier instrument de légitimation de la décision administrative. Que l'objet de la décision soit budgétaire ou non, c'est le modèle représentatif qui donne l'assise à la poursuite d'un intérêt général pertinent. On comprend ainsi que les actes de démocratie participative soient contrôlés par l'exécutif. La participation, par la voie du débat ou de la consultation, ne donne pas un intérêt général aussi transcendant qu'au sein du modèle représentatif. Au contraire, la démocratie participative tend à ouvrir une certaine « boite de Pandore » de l'intérêt général, au confluent du conflit juridique entre intérêt général et liberté individuelle, dans cette tendance à faire primer le second sur le premier. Le professeur Jean-Marie Pontier a eu l'occasion de constater l'originelle opposition entre la consultation et la démocratie participative. Il note en ce sens que « la consultation reflète le point de vue des groupes qui participent, mais la volonté de consensus que sous-tend la consultation peut se faire au

---

[623] Avec le risque d'un intérêt général « étiquette », utilisé pour justifier toute action administrative.
[624]Pontier, *Ibid.*
[625]*Ibidem.*

détriment de l'intérêt général, passé au second plan du débat »[626]. Se fonder sur l'habitant, et non plus sur le citoyen entendu strictement, paraît une matérialisation de cette tendance : « la démocratie participative, conduite sur des bases opposées à celles de la démocratie représentative, s'adresse aux individualités regroupées par des causes communes »[627]. En effet, cette expression du citoyen, entendu comme habitant, est *a priori* davantage portée sur l'avantage personnel. Accepter la démocratie participative, ce serait transformer le triptyque représentation-intérêt général-citoyen au profit d'un nouveau triptyque participation-intérêt particulier ou collectif-habitant.

Néanmoins, cette opposition entre démocratie participative et intérêt général reste à nuancer. Une telle rigidité conceptuelle n'est plus admissible aujourd'hui. Si l'angle d'étude de la notion d'intérêt général est plus large, ne peut-on pas affirmer qu'une politique de participation est en elle-même une réponse à l'intérêt général comme besoin collectif ? En effet, n'est-ce pas à l'intérêt général de « commander aux responsables de se consacrer aux problèmes de fond affectant la vie de nos concitoyens »[628]?

Le contexte de défiance démocratique oblige à modifier ce rapport à l'intérêt général.

Dans un contexte de défiance envers les personnes publiques[629], l'unilatéralité des décisions semble être de moins en moins défendue. Mais est-ce que l'unilatéralité est l'unique expression de l'intérêt général ? Il est difficile de la penser. La démarche contractuelle peut elle-même servir un intérêt général. En ce sens, de plus en plus, l'intérêt général ne se déduit pas forcément de la finalité, mais il se construit aussi sur une procédure décisionnelle. Alors qu'il pouvait sembler une limite traditionnelle à un budget protégeant l'intérêt général, le budget participatif est un outil à sa co-construction. Il acquiert une véritable légitimité parce qu'il ouvre le budget et les finances locales au renouvellement de l'intérêt général. Le pluralisme ne peut plus être ignoré, il faut l'intégrer sans faire dérailler l'intérêt général de son noyau dur. Si l'intérêt général veut incarner plus d'autorité et d'ouverture aux citoyens à la fois, il doit prendre en compte ces deux dimensions. Les initiatives citoyennes sont à prendre en compte sans nécessairement s'y plier, faute de remettre en cause le primat de la

[626]PONTIER Jean-Marie, « L'intérêt général existe-t-il encore ? », *Recueil Dalloz*, 1998, .327.

[627]TRUCHET Didier, « La notion d'intérêt général : le point de vue d'un professeur de droit », *egicom*, 2017/1, n° 58, p.5-11.

[628]SCHOETTL Jean-Eric, « Sur l'intérêt général », *Commentaire*, 2020/1, n°112, p.765-772.

[629]Dans un article de 1998, Jean-Marie Pontier marquait 3 formes de contestations de l'intérêt énéral : idéologique, sociologique et économique (Pontier, *Ibid*).

représentation[630]. C'est ce que semblerait réussir à faire le budget participatif. Il y aurait deux intérêts généraux construits : dans la procédure et dans la finalité, qui répondraient à la procédure consultative duale au sein du budget participatif[631]. Si le budget participatif évite de défendre un intérêt particulier, c'est parce que la délibération finale relève des élus municipaux. Mais, il ne faut pas oublier que le budget participatif consacre un engagement politique qui se substitue à l'engagement juridique plus formel, ce qui démontre à quel point la ligne de démarcation entre intérêt particulier et intérêt général est fine.

En d'autres termes, aujourd'hui, participation et intérêt général ne sont plus réellement incompatibles. Bien au contraire, la participation tend à être un outil de sauvegarde de cette notion pleine qu'est l'intérêt général. Le budget participatif participe à cette récente entreprise, d'autant plus qu'il a vocation budgétaire. Jacques Chevallier avait remarqué que la démocratie participative change la manière de concevoir l'intérêt général et que l'opposition des deux notions est dépassable[632]. L'éclatement de la notion d'intérêt général, de moins en moins perçue comme outil de contrôle et source de légitimité, oblige non plus à constater l'intérêt général, mais à le construire[633]. Jacques Chevallier parle de l'efficacité comme « nouveau principe axiologique de l'action publique »[634]. L'intérêt général, en vue de répondre à cette recherche d'efficacité, ne constituerait donc plus un principe supérieur mais le résultat d'une procédure. Le budget participatif, démarche contractuelle, ne va-t-il pas dans ce même sens ? Une réponse affirmative semble être la conclusion logique de nos réflexions.

En ce sens, le budget participatif est un outil qui, certes, flirte avec la ligne rouge, mais qui constitue, par cette voie, un instrument convaincant dans cette nouvelle approche de l'intérêt général. Ainsi, nous voyons l'influence des demandes sociales sur la conception du pouvoir décisionnel : la démocratie participative locale remédie aux difficultés de l'intérêt général. Une thèse à laquelle nous accordons du crédit et que Jean-Marie Pontier défend aussi : le consensus n'est pas antagoniste à l'intérêt général et n'est pas forcément l'expression d'un intérêt individuel, comme il serait possible de le penser[635].

---

630 TROSA Sylvie, « L'intérêt général : une réalité introuvable ? », *GFP*, 2017, n°3, p.82-87.

631 Nous rappellerons que le budget participatif est une double consultation (Cf. *supra* p.65).

632 CHEVALLIER Jacques, « Déclin ou permanence de l'intérêt général », *in Mélanges en l'honneur de Didier Truchet*, Dalloz, 2015, p.83.

633 Jürgen Habermas a théorisé la notion de « légitimité procédurale » (HABERMAS Jürgen, *Droit et démocratie. Entre faits et normes*, Gallimard, 1997, 560 p.).

634 Chevallier, *op.cit.*, p.83.

635 Pontier, *op.cit.*, p.327.

Alors, le budget participatif participe à une forme de renouveau démocratique, qui modifierait l'appréhension de notions classiques. Mais il reste comme amorcé, limité. L'ensemble de ces enjeux et limites oblige à penser un cadre juridique en vue d'améliorer l'outil et d'en faire un instrument encore pertinent de finances locales participatives. Le constat est simple : cette entreprise n'est pas chose aisée.

§2) Quelle solution pour conserver les bienfaits du budget participatif ?

Face à ces difficultés, une interrogation légitime se pose sur un possible cadre législatif ou réglementaire. Les objectifs en seraient doubles. Au-delà d'aider au développement de la pratique de l'outil, il aurait l'ambition de donner une assise forte et de lutter contre certaines dérives ou limites étudiées plus tôt[636]. Ces objectifs répondent à un enjeu plus large : le droit doit-il tout saisir par la voie de la « norme sectorielle » ? *A priori*, la réponse est ambivalente. L'utilisation directe de deniers semble imposer un cadre. Mais l'encadrement des outils de participation locale est souvent source d'une limitation de leur appropriation par les acteurs locaux. De ce fait, il importe d'en faire une analyse. En ce sens, relativement au budget participatif, si des potentiels encadrements existent (A), la réussite du budget participatif et des « finances participatives » reste conditionnée à un enjeu d'ensemble dans lequel ils se fondent : l'émergence d'une culture délibérative locale (B).

A) La réponse peu opportune d'un cadre juridique dédié

Comment encadrer la démocratie participative locale ? Il semble démontré qu'un cadre strict n'est pas pertinent pour trouver l'équilibre entre la protection des administrés et l'encouragement à une démarche participative. À l'inverse, l'absence d'un cadre pourrait persister à faire du budget participatif un outil versatile, peu utilisé car peu reconnu. Le budget participatif est un outil sur base volontariste, il n'y a aucune obligation de le mettre en place. Assez logiquement, il n'y aurait pas d'intérêt à en obliger l'érection.

Trouver un cadre pour permettre cet équilibre revient à étudier l'affrontement de deux écoles : le cadre strict et le cadre souple. Le premier vocable déterminerait une règle de droit précise déterminant les modalités de mise en place. Le second s'engagerait davantage à poser des principes généraux. Le choix de la souplesse répond à une modification de la finalité de la règle de droit. De plus en plus, la règle de droit répond à « un monde qui est ouvert, global, complexe et changeant, un monde incertain, un monde

---

[636]Cf. *supra* p.69.

qui fait peur », qui oblige « la règle de droit » à « inspirer, guider et protéger les personnes et les groupes sociaux (…) exprimer et mettre en œuvre une volonté politique »[637]. Face à la versatilité naturelle de l'outil, la voie souple semble à privilégier[638].

Dans une entreprise intellectuelle rigoureuse, il est d'abord essentiel d'écarter la possibilité d'une législation stricte, entendue dans le sens de « précise ».

La finalité d'une règle de droit est d'encadrer des comportements. Dans son discours au Conseil d'État du 1er novembre 2017, Jean-Marc Sauvé définit l'utilité de la norme comme source première de sa légitimité[639]. Sachant que le budget participatif est peu utilisé malgré la liberté laissée, il est à s'interroger si le consacrer par un texte dédié relèverait d'un caractère opportun. Pour certains auteurs, un manque d'encadrement juridique révèle « partiellement le manque de considération dont cette procédure et celles de la démocratie participative en général, pâtissent »[640]. De manière renforcée, la nature budgétaire du budget participatif entraînerait un contraste saisissant entre « les contraintes de la procédure budgétaire et la désinvolture normative qui caractérise les budgets participatifs »[641]. En prenant exemple sur les autres outils de démocratie participative locale, un cadre juridique strict peut constituer une source de découragement à leur utilisation. Si le cadre en définit les modalités de mise en œuvre, la manière de prendre en compte les résultats et le rôle de chacun des acteurs, l'outil se matérialise souvent en une procédure rigide. Au contraire, les collectivités ont développé et imaginé des outils plus volontaristes pour éviter la contrainte desdits textes. Même si un tel encadrement revient à harmoniser les pratiques, il revient souvent *de facto* à décourager les acteurs locaux. Régulièrement, un tel cadre est aussi une atteinte plus ou moins aboutie à la liberté de gestion des affaires communales. Dans un idéal, la libre administration des collectivités territoriales devrait traduire une liberté dans l'utilisation des outils participatifs. Après tout, il relève d'une liberté de gestion de décider de la manière de « partager » le pouvoir décisionnel.

Pourtant, en apparence, le budget participatif semble constituer une zone de non-droit en le définissant comme « jachère normative »[642]. L'expression

---

[637]SAUVÉ Jean-Marc, « La règle de droit, pour quelle finalité ? », Intervention à l'occasion du colloque Claude Erignac sur le thème "L'État de la République : quelle démocratie pour demain ?", Discours du 28 septembre 2017.

[638]*Ibidem.*

[639]*Ibidem.*

[640]Lérique, *op.cit.,* p.12.

[641]*Ibidem.*

[642]*Ibidem.*

d'un cadre strict serait une solution contre cela. Mais il nous faut *de facto* réfuter cette idée-là. Comme il a été démontré dans une partie de notre démonstration, des principes généraux s'appliquent. En outre, le cadre des consultations innomées pose des règles génériques qui permettent cette protection des administrés participants, plus encore pour le budget participatif. Ces principes s'intègrent au cadre budgétaire classique[643]. Ainsi, par un effort de qualification juridique du budget participatif, on s'accorde à reconnaître que sont posés des principes complémentaires aux différentes échelles de valeurs juridiques : constitutionnels, législatifs et réglementaires.

Alors, l'interrogation porterait plutôt à savoir s'il serait pertinent d'aller plus loin dans l'encadrement juridique textuel. Ce qui distingue le budget participatif d'autres outils plus traditionnels de participation locale, c'est sa flexibilité de mise en place et sa quasi-liberté de mise en œuvre. Pourquoi perdre ce qui en fait une apparente force ? Certains évoqueront la nécessité de l'encadrer plus fortement par l'utilisation directe des deniers qui en découle. Puisque le budget participatif a des implications dans les dépenses et la procédure budgétaire, le budget participatif devrait se fondre dans ce cadre plus large pour trouver une unité. N'oublions pas, néanmoins, que le budget participatif n'a pas, par principe, de caractère décisoire, seul son projet lauréat peut avoir un caractère politique contraignant. Alors, une telle réflexion est à exclure. Non seulement elle surinterprète la portée du budget participatif, mais elle ferait priver de pluralisme une procédure budgétaire qui en connaît une expression réduite. Il semble possible de penser qu'il y aurait une perte intégrale d'une ouverture à des finances locales participatives si le budget participatif s'institutionnalisait davantage au sein de la procédure budgétaire d'ensemble[644]. Au contraire, la sauvegarde de la démocratie participative tend à exister par la souplesse des outils et la volonté politique des élus.

Néanmoins, il resterait opportun de reconnaître formellement le budget participatif au sein des différentes codifications, CGCT et/ou CRPA. Consacrer textuellement un objet juridique revient par définition à lui donner une opposabilité plus forte. Au sujet des pétitions locales, la professeur Géraldine Chavrier notait qu'en démocratie « nul besoin d'un texte pour autoriser les pétitions sauf si c'est pour leur donner une opposabilité renforcée »[645]. Une telle consécration a d'abord pour effet de donner une existence juridique à l'objet. Formellement, consacrer une notion, et

---

[643] Sur le rattachement du budget participatif au budget primitif : cf. *supra* p.149.

[644] Nous penserons à la nomenclature M57, qui ne mentionne pas le budget participatif.

[645] CHAVRIER Géraldine, « Décentralisation et démocratie locale. Un couple à l'âge de raison ? », *AJDA*, 2013, n°23, p.1318.

modifier son vocable après codification[646], c'est constater l'existence d'une pratique : il serait ainsi reconnu « un pouvoir de choix aux administrés »[647]. C'est alors donner un appui à certains élus réticents à l'imprécision du droit. Par exemple, cela permettrait d'affirmer que le budget participatif est soumis aux dispositions du CRPA. Il relèverait ainsi, dans le cadre des principes précités, aux élus locaux de mettre en place l'outil, sans risque « d'opacifier ou de formater la participation, bloquant ainsi les initiatives les plus originales »[648].

L'intérêt d'une telle consécration formelle serait aussi de servir de fondement au développement d'une architecture autour du budget participatif. En effet, outre l'aspect financier, la réticence au développement de l'outil se fait en partie dans « une insuffisance des capacités techniques de la plupart des collectivités territoriales »[649]. Consacrer l'existence de l'outil, c'est un premier pas fondamental dans une appréhension plus importante de l'instrument.

Des pays voisins sont venus consacrer, au sein de leurs législations, le budget participatif. Il serait possible et loisible de s'inspirer de la rédaction du modèle wallon. Dans le Code de la démocratie locale et de la décentralisation, les dispositions de l'article L1321-3 dudit Code donne une existence juridique à l'outil :

> « Selon les modalités qu'il détermine, le conseil communal peut décider d'affecter une partie du budget communal, appelée budget participatif, à des projets émanant de comités de quartier ou d'associations citoyennes dotées de la personnalité juridique »[650].

Deux éléments de contextualisation sont ici essentiels. D'abord, le texte consacre la compétence du conseil municipal en donnant le choix de la manière de mettre en œuvre le budget participatif. Ensuite, la codification intègre l'outil au sein du titre « Charges et dépenses » de la commune, renforçant l'assise budgétaire de l'outil.

Aller plus loin qu'une simple consécration formelle de l'outil ne serait pas envisageable, ni acceptable. La preuve en est, un projet de circulaire relative à l'élaboration des budgets participatifs des communes a été proposé en 2020 sur le territoire wallon. Cette dernière définissait précisément les modalités

---

[646]Nous notions justement que la notion de « budget participatif » est impropre.
[647]Goutal, *op.cit.*
[648]Duval, *op.cit.*, p.174.
[649]Gourbier/Moysan, *op.cit.*, p.25.
[650]Code wallon de la démocratie locale et de la décentralisation, art. L1321-3.

pratiques de mise en œuvre du budget participatif[651]. Ce projet de circulaire a été refusé.

À l'aune de ce qui précède, nous sommes d'avis de penser qu'il ne faudrait pas métamorphoser notre législation française. Certes, une consécration textuelle simple sécuriserait certains élus réticents. Ce serait, dans le cadre d'une rédaction simple, aussi une source d'assurance pour les citoyens. Le cadre préexistant au budget participatif est suffisant à l'heure actuelle. Trop encadrer reviendrait à trop institutionnaliser, ce qui serait « préjudiciable à la création d'un véritable débat »[652].

Ainsi, nous pourrions faire une comparaison avec les cadres des budgets verts et sensibles au genre, tous trois modernisant la procédure budgétaire. Le budget vert est aujourd'hui une annexe obligatoire pour les budgets locaux[653]. Cette obligation impose une nomenclature qui harmonise les pratiques. La force du budget participatif est de ne pas être obligatoire. Établir une nomenclature stricte rendrait l'outil défectueux. Après tout, il n'est, par définition, qu'un outil souple d'aide à la décision. Il n'est que consultatif par principe et se rapproche davantage ici de la budgétisation sensible au genre qui, s'il y avait un cadre, « gagnerait en lisibilité mais perdrait en liberté »[654]. Budgets genrés et participatifs sont des outils d'émancipation du cadre budgétaire entendu strictement. Il semble opportun de rester sur cette voie. Cette souplesse du cadre évite alors, dans un sens plus large, l'écueil de la technocratie.

En accompagnement de ce raisonnement d'ensemble, un dernier point renforce notre position : l'appui sur des labels[655]. Ces derniers constitueraient des outils de sécurisation suffisamment souples pour accompagner la même souplesse du cadre législatif actuel.

Le budget participatif s'est standardisé par le biais de ses principes généraux. Il s'attache à un territoire et tend, alors, à en être un relatif outil de marketing.

---

[651]Pour la première fois depuis son introduction dans le CDLD, le budget participatif a ;galement été évoqué dans la circulaire relative à l'élaboration des budgets des communes de la ₹égion wallonne pour l'année 2020. La circulaire précise les modalités pratiques de la mise en euvre d'un budget participatif. Elle demande ainsi qu'une procédure soit établie, comme un ppel à projets, et que les modalités de sélection, par exemple un jury, soient définies. Elle joute que si ce jury se compose de membres du collège communal, il devra aussi être ouvert à les membres de l'opposition.

[652]Brandeleer, *op.cit.*, p.42.

[653]Loi de finances pour 2024, art.191.

[654]GOURBIER Léonard, MOYSAN Émilie, « Le budget sensible au genre : entre objectif uridique balbutiant et pratique affermie », *GFP*, 2023, n°5, p.48-54.

[655]LE BAILLIF Bérénice, VANNIER Janfré, « Le label comme outil de développement des erritoires », *Cahiers de l'action,* 2010/4, n° 30, p.85-97.

L'appui sur les labels paraît opportun afin d'accompagner la démarche de confiance envers le budget participatif. En effet, le rôle des labels est double. D'abord, ce sont des « outils de développement et de marketing des territoires »[656]. Ensuite, ce sont des outils de sécurisation et de validation des pratiques et démarches locales. L'octroi d'un label est toujours précédé d'un contrôle de la sincérité des démarches entreprises. Un label spécifique au budget participatif serait difficile à mettre en œuvre. Mais un label générique, attaché à la participation, serait plus pertinent, notamment lorsque le budget participatif doit se mêler de son héritage budgétaire et de démocratie participative. Des labels de démocratie citoyenne existent en effet pour promouvoir des démarches et encourager à développer les pratiques. En théorie, il s'agit de simples efforts de validation des démarches. Dans les faits, ils s'attachent à l'attractivité des territoires et constituent de véritables outils de communication. On trouve en ce sens le label « Villes et Villages citoyens », mené et délivré par l'association Empreintes Citoyennes. Le budget participatif serait un outil qui aiderait à acquérir ce label et à valider une démarche pluraliste[657].

Ainsi, nous voyons sur ce dernier point l'importance de la culture administrative dans le développement des outils. Qu'il ait vocation budgétaire et financière n'a pas d'effet sur un dernier point à étudier, final de notre raisonnement : le rattachement du budget participatif à la culture politique et administrative de la commune dans laquelle il s'applique. Face à un cadre juridique léger mais suffisant, l'appréhension de la singularité de l'outil dépend de l'appropriation d'une culture de la participation.

B) Une réponse nécessairement culturelle

Face au faible caractère opportun d'un cadre juridique, le budget participatif doit s'intégrer dans une culture participative plus générale. La notion de « finances locales participatives » s'intègre dans cette conception d'ensemble. Si le budget participatif n'a pas le succès escompté, ce n'est pas qu'une question de droit. Ainsi, en l'absence d'une véritable culture de la participation, le budget participatif semble être naturellement un « outil gadget ». Admettre la portée limitée de l'outil est un préalable indispensable à l'établissement d'une vraie stratégie participative. En effet, en faire un outil unique et exclusif de participation, notamment dans le domaine financier local, en réduit sa portée. Une revalorisation de l'outil ne peut passer que par une appréhension culturelle du domaine participatif, dans laquelle se fonderaient les « finances participatives ».

---

[656] *Ibidem.*

[657] BÉZARD Antoine, « Les budgets participatifs doivent être articulés avec les autres dispositifs de démocratie », *Gazette des communes*, 8 novembre 2021.

a) Un préalable : admettre le budget participatif comme outil « gadget » dans l'arsenal participatif

Lors d'un colloque dédié au renouvellement de la procédure budgétaire locale, le budget participatif a été qualifié d'outil « gadget »[658]. Cette terminologie impliquerait une connotation négative : le budget participatif ne serait qu'un léger palliatif, englobé dans des enjeux qui le dépassent et dont il ne peut être une véritable solution. À l'aune de ce qui a été noté dans le corps de notre réflexion, cette « gadgétisation » s'explique par l'influence plus ou moins importante de l'élu dans le développement de l'outil. La forme budgétaire et les implications financières de l'outil ne le singularisent pas réellement dans l'arsenal global de la participation locale.

Avant tout, cette « gadgétisation » s'illustre sur le strict volet financier. La pertinence du budget participatif peut s'évaluer à la lumière de ces implications sur le budget. Sur ce dernier point, le budget participatif tend réellement à être un outil intrinsèquement « gadget ». Le budget participatif est un outil qui se conclut par une dépense. Cette dépense est limitée dans les différentes pratiques locales. La réflexion précitée n'a eu de cesse de marquer la faiblesse du montant du budget participatif. Cette faiblesse marque *de facto* une limite à l'ensemble des effets recherchés d'un tel outil. Yves Broussolle mentionne le chiffre de 5 % en moyenne du budget d'investissement[659]. On remarquera que la limitation de ce pourcentage se justifie aussi par les contraintes techniques qui pourraient avoir lieu sur les obligations de justification, nécessaires au contrôle citoyen naissant. La limitation d'un tel montant se fait aussi dans le but d'éviter l'émergence d'une redevabilité trop forte des élus envers le corps citoyen. Ouvrir le contractuel à une portée plus grande, c'est prendre le risque de multiplier les « commandes citoyennes ». Ainsi, il est possible d'affirmer que cette limitation quantitative relève d'un certain bienfait.

Au-delà de se limiter à une démarche numéraire, une démarche de réflexion prospective est possible. Quel serait le montant maximum d'un budget participatif dans le modèle français ? La protection de l'intérêt général et du monopole du maire comme ordonnateur des dépenses tend à admettre une limite de 49 % du budget d'investissement. Mais, au risque de disperser les investissements locaux, un tel nombre est purement illusoire.

---

[658]Lérique, *op.cit.*, p.12.
[659]Broussolle, *op.cit.*, p.32.

En outre, nous remarquerons, en pratique, qu'élever le montant de l'enveloppe n'a pas réellement d'effet sur la participation. En comparant les communes dont l'enveloppe est faible et celles dont l'enveloppe est plus élevée, se remarque, en moyenne, une continuité des faibles taux de participation citoyenne. Dans l'ensemble des cas alors, une telle faiblesse entraîne une problématique dans la légitimité du projet. Dans tous les cas aussi, le budget participatif tendrait à être intrinsèquement un palliatif temporaire.

Ainsi, les propositions d'augmenter le montant de l'enveloppe, ne semblent pas pertinentes. Qu'il s'agisse de demander une aide technique de l'État à destination d'un poids financier plus important, ou de la création d'un fond étatique dédié à la démocratie participative locale, ces démarches, appelant une ingénierie plus importante, ne seraient efficaces que si elles dépassaient la simple recherche d'augmentation de l'enveloppe financière. L'idée est, plus que d'offrir un montant plus élevé, de donner une consistance à la participation citoyenne. Sur ce dernier, comme le note Antoine Bézard, qui s'accorde à nombre de nos remarques, le budget participatif reste « un contrat supplémentaire »[660]. Devant s'insérer dans un arsenal d'ensemble, il en prend intrinsèquement les dérives.

Symboliquement, cette « gadgétisation » s'incarne aussi dans la manière de préparer le budget. Si le montant est décidé à l'avance, nous pouvons être convaincus que cette enveloppe ne sera que rarement une priorité dans la construction du budget. Dans un contexte de contrôle accru des finances locales, le montant du budget participatif est contesté par certains praticiens. Dans les faits, les contraintes sur la fondation du budget sont telles que le budget participatif arriverait parfois à la fin, dernier point à être employé, premier point à être écarté en cas de difficulté financière. Ainsi, si le cadre financier était une force dans le budget participatif comme rationalisation des dépenses, il en est aussi une vraie faiblesse, d'autant plus que les contraintes financières tendent à être plus importantes.

De ce fait, si rattacher le budget participatif à d'autres instances participatives semblait une bonne idée, cette réussite reste conditionnée par l'efficacité de la participation au sein de ces instances. Or, à leur sujet, la participation est limitée pour des raisons similaires. Le volet éducatif relève aussi d'un même effet « gadget ». Pour qu'il y ait effet éducatif, il faudrait qu'il y ait participation. Or, si ce n'est pas le cas, cela aboutirait

[660]BÉZARD Antoine, « Le budget participatif, nouveau contrat démocratique et solidaire », *Gazette des communes*, 21 janvier 2019.

à un « serpent qui se mord la queue ». Les enjeux de l'information et de la communication sembleraient donc des enjeux prioritaires. Mieux informer et communiquer sur les enjeux budgétaires, avec des moyens appropriés, est une priorité. À défaut, les espoirs placés tendraient à être vains et traduiraient la continuité des défauts précités de la démocratie participative.

Alors, une appropriation culturelle de la participation est indispensable à la sauvegarde du budget participatif.

b) Une démarche de sauvegarde : l'adhésion du budget participatif à une culture locale plus délibérative

Pour reprendre les termes de Christian Leyrit, « la légitimité d'une décision dépend autant des conditions de son élaboration que de son contenu intrinsèque »[661]. Par ses mots, ce dernier note l'importance de la procédure décisionnelle dans la légitimité d'une décision. Si le droit ne peut accorder plus de légitimité par cette voie, une culture décisionnelle plus délibérative le peut.

Comme il a été amorcé, le budget participatif n'est qu'un outil au sein d'un arsenal plus large de démocratie participative. Le budget participatif a nécessairement des bienfaits et des singularités qui en font un outil à préserver : contrainte par l'engagement politique et ouverture du budget municipal à une « offre contractuelle ». Néanmoins, l'efficacité d'un outil participatif dépend nécessairement de l'appréhension par les acteurs locaux du modèle participatif. En ce sens, les effets, bienfaits et espoirs du budget participatif dépendent de l'appropriation d'une culture participative au sein des collectivités territoriales, en premier lieu des communes. Plus que de faire participer, l'enjeu est d'offrir les préalables nécessaires à une intégration durable du « citoyen situé » à la décision locale. Ces espoirs précités ne pourront se concrétiser qu'au travers d'un travail culturel d'ensemble.

Lors de l'avant-dernière édition des rencontres nationales des budgets participatifs, Antoine Bézard a tenu une conférence sur la question suivante : « 10 ans après, le budget participatif renforce-t-il toujours la démocratie ? ». Il admit, comme réponse, que « le budget participatif n'est pas une fin en soi »[662]. Il semble, par-là, consacrer le fait que le

---

[661] LEYRIT Christian, « Remettre le citoyen au cœur de la décision publique », *Pouvoirs*, 2020/4, n°175, p.101-112.

[662] 6e édition des rencontres nationales des budgets participatifs, Bordeaux, 8-9 novembre 2023.

budget participatif doit faire partie d'un ensemble plus grand au profit de la participation citoyenne. Plus que de multiplier les outils, la faveur doit être portée à développer une culture qui, dans la pratique, réussirait à combiner les outils existants et à en créer des nouveaux.

La culture de la participation s'est développée dans un ensemble de disciplines. La fonction publique territoriale, le droit du travail ou le droit économique y sont ainsi sensibles. L'ensemble de ces disciplines est marqué par une forme de contradiction : la diversité des outils s'exprime sans forcément une culture d'ensemble, fondée sur des préalables renforcés. Plus que le quantitatif, il faut s'efforcer à une participation plus qualitative. Au sein de l'environnement local, cette démarche qualitative prend la forme d'une recherche à une « démocratie délibérative élargie ». Si la participation tendrait à se fonder sur des outils ponctuels, la délibération ouvre la voie à un débat plus large fondé sur des fondements communs à l'ensemble des outils.

Le professeur Yves Sintomer a étudié ce qui relèverait de ces préalables. Ce dernier défend la nécessité de « démocratiser la démocratie »[663]. La démocratie délibérative permet que les décisions politiques résultent d'un débat juste et raisonnable entre les citoyens. Elle confère aux citoyens une influence accrue sur la gouvernance en faisant participer des individus diversifiés représentatifs à des délibérations qui affectent directement les décisions publiques[664]. Dans cette entreprise, dont la simplicité de la terminologie ne doit pas cacher la difficulté culturelle en son sein, trois préalables sont indispensables : discuter, inclure et publier. Renforcer ces trois préalables, au-delà même de ce que prévoit et oblige le droit français, doit permettre de créer une culture réelle de l'intégration du citoyen à l'ensemble des décisions. De tels préalables tendent à « l'aller vers » le citoyen tout en lui donnant les clés à une participation effective et durable. Renforcer ces préalables par une accessibilité de l'information et une multiplication de zones d'échanges doit permettre de donner une assise plus forte au développement de toute stratégie participative. Après tout, « la démocratie doit aussi se définir comme une façon permanente de négocier, discuter et argumenter avec la société »[665].

---

[663] SINTOMER Yves, HERZBERG Carsten, ROCKE Anja, *Les budgets participatifs en Europe : des services publics au service du public,* Éditions La Découverte, collection recherches, 2008, p.282.

[664] LUX Jean-Pierre, « La démocratie délibérative illustrée par la vague délibérative en Belgique : commissions délibératives et dialogue citoyen », *Rapport final devant l'Assemblée parlementaire de la francophonie*, 5 juillet 2023.

[665] Leyrit, *op.cit.,* p.101.

Une recommandation du Conseil des Ministres des États-membres de l'Union Européenne formule aussi des préalables au développement d'une culture plus délibérative et citoyenne de la décision locale[666]. Ainsi, clarté du mandat, représentation équitable et réédition des comptes relèvent d'indispensables préalables dans le développement d'un débat régulier entre représentants et représentés.

Que ce soit dans les travaux d'Yves Sintomer ou au sein des propositions européennes, la démarche délibérative reste fondée sur un fait clair : le débat doit entraîner des effets sur l'efficacité de la décision. La forme du débat est plurielle : questions-réponses et conventions citoyennes pour ne citer que ces outils. Mais une telle démarche ne serait pertinente que si l'objet en question en « vaut la peine » aux yeux des citoyens. Pour l'objet budgétaire, un tel présupposé semble naturel, ne serait-ce que par les conséquences et la transversalité du budget communal et de ses conséquences. De surcroît, il est marqué par le « mythe de la délibération financière ». Le budget participatif a un double rôle dans cette entreprise.

D'une part, il en est un outil qui l'accompagne. Ce n'est pas un hasard si le budget participatif, qui se traduirait par instants comme « budget partagé », tente d'intégrer le citoyen à l'ensemble des étapes de son déroulement : éducation, évaluations des finances publiques, mise en œuvre des projets, contrôles. En outre, les préalables de l'information et du contrôle sont ouverts et renforcés par le budget participatif, quoique limités à un montant donné.

D'autre part, il est un outil dont l'efficacité des effets dépendra de ces préalables. C'est une conclusion qui découle de nos précédentes remarques.

Aujourd'hui, la légitimité d'une décision ne dépend plus de son unilatéralité. Nous le remarquions plus antérieurement dans notre réflexion. Pour Christian Leyrit, « la légitimité de la décision dépend de la manière de la mettre en œuvre »[667]. Pour des auteurs philosophiques, notamment les théoriciens de la justice sociale, comme Jürgen Habermas, « la légitimité démocratique surgit du processus de débattre »[668]. Plutôt que de pousser le citoyen à participer ponctuellement sur un projet limité, l'intégration citoyenne à la décision doit passer par l'attribution de

---

[666]Recommandation UE CM/REC (2023)6 du Conseil des Ministres des Etats-Membres pour a démocratie délibérative.

[667]Leyrit, *op.cit.*, p.101.

[668] SINTOMER Yves, « Délibération et participation : affinité élective ou concepts en ension ? », *Participations,* 2011, n°1, p.239-276.

préalables pour débattre et donner un avis, en lien direct avec l'élu. La création de réels espaces de débat est indispensable en ce sens, dans la continuité de la théorie de l'espace public de Habermas.

Synthétiquement alors, si le budget participatif doit se développer dans cette entreprise délibérative, il est à remarquer qu'il paraît ainsi un outil à ancrage budgétaire des théories de « démocratie implicative » et de « démocratie continue ». Ces deux terminologies consacrent des tendances nouvelles. Le budget participatif y est sensible et contribue à marquer ces deux théories.

La « démocratie implicative », telle que développée dans le rapport Houllegatte/Gatel, est définie comme « le moteur d'un renouveau démocratique »[669]. La notion dépasserait, dans l'approche du rapport sénatorial, les théories de démocratie participative. Comme son intitulé l'indique, elle cherche à développer une approche du citoyen ancré dans son territoire qui serait constamment impliqué à la décision relative à la chose publique : l'ensemble des pratiques qu'elle défend ont « pour point commun de chercher à ancrer le citoyen dans la vie locale, à susciter son intérêt et son envie de s'engager, le cas échéant au travers de très petits projets partagés, pour finalement l'amener à assumer entièrement ses devoirs et exercer pleinement ses droits civiques »[670]. Cette incarnation citoyenne dans le territoire aurait vocation à faire naître un vivre-ensemble. Pour cela, le rapport semble préconiser une démarche par « petits pas ». Par la multiplication des outils de participation, renforcée par des préalables, l'idée est de donner des droits aux citoyens dans le développement de pratiques. Les bienfaits seraient les suivants : gain de légitimité des projets, absence de contestations, discussion régulière avec l'élu. Une des conditions est que l'objet du débat et de l'implication intéresse, ce qui est le cas pour l'objet budgétaire.

La « démocratie continue » a été développée par le professeur Dominique Rousseau[671]. Construite sur l'échelon national, ce concept implique une intervention citoyenne régulière entre les moments électoraux[672] : « pour toutes les grandes questions de société, organiser des conventions de citoyens, des réunions de gens tirés au sort pour émettre sur la question choisie un avis, paraît ouvrir sur le peuple de tous les jours cette possibilité de participer directement à la fabrication de la loi »[673]. Si cette

---

[669]Gatel/Houllegatte, *op.cit.*, p.44.
[670]*Ibid.*
[671]Un ouvrage collectif a d'ailleurs été consacré à cette notion, sous la direction de son créateur : Rousseau Dominique (dir.), *La démocratie continue,* LGDJ, 1995, 165 p.
[672]Rousseau, *op.cit.,* p.7.
[673]*Ibid.*

théorie est fondée sur le modèle étatique, il n'y aurait pas de difficulté à élargir sa réflexion au niveau local. Son nom est aussi évocateur et fait dépasser du vote l'intervention citoyenne. Cette firme démocratique invoque le citoyen comme continuellement acteur de la décision souveraine. Deux préalables sont posés : l'appui sur citoyen concret et un soutien sur des assemblées de citoyens [674]. Ils confirment une multiplication des entrepreneurs législatifs en vue de créer une nouvelle forme de « délibération ». Le budget participatif est un ancrage financier et budgétaire de cette démarche-là.

Nous remarquerons alors que chaque collectivité reste libre d'ouvrir à une forme variable de démocratie délibérative. Cela nécessite une stratégie propre de la commune.

Mais, établir une stratégie délibérative n'est pas chose aisée. Lors de l'enquête menée par l'association Empreintes citoyennes citée antérieurement, il est remarqué que 57 % des communes n'ont pas de projet de territoire ou de plan d'aide à la citoyenneté et à la participation citoyenne [675]. Le même rapport pose comme principes généraux de gouvernance des impératifs de transparence et de collaboration entre élus et citoyens et, *a priori*, en y intégrant les agents. Il semble ainsi reprendre les préalables indispensables à une délibération renforcée dont il a été question antérieurement. C'est sur ces derniers fondements que la collectivité peut établir une démarche « procéduralisée » de la participation locale. Le développement d'une telle culture délibérative citoyenne doit se doubler d'une démarche « procéduralisée » et se fonder sur des principes constamment respectés.

En effet, il est nécessaire de lier les outils participatifs entre eux. Si chaque outil de participation a son intérêt, il ne faut pas que ces outils restent indépendants. Sous le fondement des préalables, des liens y sont possibles. Comme le note le designer politique Armel Le Coz, « il s'agit en premier lieu de dépasser le cadre du budget participatif, pour imaginer des parcours d'engagement qui permettent de faire le lien entre les démarches participatives portées par la collectivité »[676]. Pour cela, la collectivité doit d'abord faire une analyse introspective de ses besoins. L'intérêt est d'éviter que l'outil ne devienne en lui-même une finalité, sans accompagner une démarche d'ensemble. Une telle démarche n'entraînerait pas des effets d'essoufflement. Mais une telle démarche

---

[674] *Ibid.*

[675] EMPREINTES CITOYENNES, *Enquête : La commune, fabrique de la citoyenneté,* janvier 2022.

[676] Rencontres nationales des budgets participatifs, Clermont, 2-3 décembre 2020.

nécessite des formations et des moyens d'éducation au profit des élus et les citoyens, en lien avec une responsabilisation d'ensemble des acteurs.

Au sein de cette stratégie, le budget participatif ne paraîtrait qu'un outil unique, en lien avec des démarches participatives au sein des finances participatives. Si le budget offre un outil de débat, il doit s'ancrer dans une démarche de débat d'ensemble. Le droit n'est que le début, le reste doit être crée par les collectivités. Une preuve en ce sens : le développement des conventions citoyennes locales, dont le professeur Charles-André Dubreuil a récemment proposé une étude [677]. Les conventions citoyennes constituent, en effet, des outils de débats. Elles imposent, pour être pertinentes, une information renforcée envers des citoyens de plus en plus experts. Elles impliquent aussi souvent une représentativité du corps citoyen, traduite souvent par une démarche de tirage au sort et une formation au débat. Le budget participatif n'est pas insensible à cette culture du débat, en lien notamment, avec d'autres outils. Mais, force est de constater, qu'à l'heure actuelle, il tend à être séparé du reste, par peur de l'émergence du modèle brésilien. Alors, tout dépend bien de la manière des élus d'appréhender la participation à vocation délibérative.

À la faveur du développement de ces stratégies et cultures, les citoyens et élus peuvent de plus en plus s'appuyer sur le marché de la participation afin de créer cet espace de délibération.

Le marché de la participation a fait l'objet des études de Magali Nonjon et Alice Mazeaud[678]. Mené par des acteurs internes et externes à la commune, le marché de la participation est un soutien aux élus locaux dans l'appropriation de cette nouvelle culture délibérative. Outil d'harmonisation des pratiques et de développement de standards et de principes, le marché de la participation complète le cadre minimal du droit. Le budget participatif y est sensible : le rôle des cabinets d'études et de réseaux y est important pour mieux faire appréhender cette nouvelle pratique et créer des liens entre les différents outils en faveur d'une culture d'ensemble. Elles notent notamment que « la publication de nombreux guides, souvent réalisés par des professionnels de la participation, sur les bonnes pratiques de la participation, témoigne également de la vitalité des réflexions sur la construction de savoir-faire

[677]DUBREUIL Charles-André, « La décision administrative entre les mains des administrés : les conventions citoyennes », *RDP*, 2024, n°2, p.154.
[678]MAZEAUD Alice, NONJON Magali, *Le marché de la démocratie participative*, Éditions du Croquant, 2018, 365 p.

participatifs »[679]. En d'autres termes, le marché de la participation consiste à faire le choix d'une voie souple à l'encadrement. Mené par des communautés professionnelles et professionnalisantes[680], ce marché reste néanmoins à double tranchant. S'il offre le choix au développement de pratiques et aux échanges, il reste synthétiquement marqué par des dérives. D'une part, il est symboliquement l'ouverture à une privatisation de la gouvernance locale. Les autrices remarquent en effet une forme de privatisation du domaine participatif. D'autre part, harmoniser les pratiques tend à en limiter les effets de liberté que l'espace de « non droit » du budget participatif et de la culture délibératoire naissante semblaient invoquer. En effet, chaque territoire et élu est différent dans le développement de telles démarches culturelles au sein de leur administration.

Si tout ceci semble porteur d'espoirs, il ne faut omettre un point particulier. Quelle opportunité y aurait-il à ouvrir les finances à une telle culture du débat et de la délibération ?

En effet, développer une telle démarche de débat connaît une ambivalence. Si le budget participatif pose des espoirs et opportunités, il reste conditionné à cette approche délibérative au sein des finances publiques pour être plus concret dans ses espoirs. Certes, l'intérêt est d'ouvrir le budget et son élaboration à un domaine dans lequel le citoyen connaît une intervention réduite. Néanmoins, la discipline budgétaire et financière ne connaît pas de réclamations citoyennes, notamment à l'échelon communal. Il semble laisser la voie aux exécutifs comme plus techniques. Est-ce en raison d'une méconnaissance citoyenne ? Il est possible de le penser. Mais une dose de délibératif citoyen devrait permettre théoriquement de faire des finances une discipline moins fermée. Il y a, « idéologiquement », un intérêt à ouvrir aux citoyens une voie plus large de la délibération. Cependant, le travail impliqué est *de facto* large : les finances locales restent originellement très fermées à un travail sur la participation. En ce sens, il n'existe pas de réels principes structurants comme la démocratie environnementale en connaît.

L'interrogation se déplace vers le fait de savoir jusqu'à quel point l'intégration citoyenne peut avoir lieu. Le budget participatif ouvre une voie ponctuelle, axée sur les dépenses. Il est aussi un outil qui améliore certains préalables : contrôle politique plus fort, information renforcée,

[679] MAZEAUD Alice, NONJON Magali, « De la cause au marché de la démocratie participative », Agone, 2015/1, n° 56, p.135-152.

[680] Les deux autrices mentionnent notamment la présence de nombreuses formations universitaires dédiées ainsi que le développement de réseaux spécialisés dans la participation.

éducation citoyenne. Continuer à renforcer ces préalables est un premier pas, globalisé dans une démarche d'ensemble, aussi bien au niveau national que local. Le budget participatif répond à la démarche du « petit à petit », il n'est pas un tout, simplement un outil d'une entreprise. Il pourrait alors en être écarté au profit d'outils qui se montreraient plus efficaces à cette fin.

Les finances constituent une « chasse gardée » forte des élus. Ouvrir davantage le volet de l'élaboration budgétaire ne semble pas connaître une pertinence. Sur le volet du contrôle citoyen, des outils devront être développés. Dans l'ensemble des cas, exploiter les différents préalables paraît indispensable. Mais chaque élu reste libre. C'est de son action que se distinguera ce qui relèverait d'effets gadgets ou de vraies finances délibératives. Le budget participatif est une expérience mineure dans cette démarche. Il ne peut à lui seul ancrer dans le domaine financier local la thèse d'Yves Sintomer : « plus la qualité et l'intensité de cette délibération seront grandes, et plus les décisions seront dotées d'une présomption de légitimité »[681].

---

[681] SINTOMER Yves, « Délibération et participation : affinité élective ou concepts en tension ? », *Participations*, 2011, n°1, p.239-276.

CONCLUSION

Dans son récent *Grand Tour*, le cinéaste portugais Miguel Gomes dessinait un film dans lequel les contraires ne s'opposaient pas. Œuvre sur l'universel et le particulier, l'ancien et le moderne, le passé et le futur, il parvenait à faire de nos récits de vie de constants paradoxes, dans lesquels les langues, les mythes et les opposés se transcendent.

Le budget participatif est lui aussi marqué par l'opposition de ses supposés contraires. Son développement progressif autour des régions du monde pourrait d'ailleurs lui donner le qualificatif de « Grand Tour ». Objet juridique ancien au Brésil et récent en France, classique dans ses fondements et nouveau dans ses perspectives, aussi bien à caractère budgétaire que participatif, à vocation universelle mais à la mise en œuvre sectorielle. Le paysage du budget participatif tend à ne plus savoir de quoi il relève. Sa nature binaire apparaît autant une faiblesse à son développement qu'une force à sa pérennisation.

En apparence pourtant, le budget participatif se dessinait comme un instrument singulièrement vertueux. Son cadre juridique semblait en faire un outil pertinent dans le renouveau de la démocratie locale.

Il est d'abord un outil marqué par les bienfaits du cadre souple de la participation locale. Formellement, cet encadrement lui offre un espace d'aspiration et d'expression démocratique. Les principes constitutionnels de libre administration et d'autonomie financière des collectivités territoriales en sont des fondements pertinents : ils n'opposent pas, théoriquement, démocraties participative et représentative. En outre, les principes législatifs, appréhendés par la jurisprudence, lui offrent un cadre suffisamment souple pour permettre un compromis entre le développement de l'outil et la protection des droits des participants. Mais, ancré dans un cadre institutionnel strict, il reste dominé par les aspirations des élus à en tirer profit. Aussi bien outil de légitimation des décisions que d'instrumentalisation du savoir citoyen, sa portée dépend nécessairement de la manière des élus de le mettre en pratique, conditionnée par des besoins techniques, humains et financiers.

Il est ensuite un outil marqué par son ancrage dans l'objet budgétaire. Le budget participatif se matérialise par un projet, se conclut par une dépense, souvent d'investissement. Il est, de ce fait, défini par une nomenclature faite de procédures et de principes budgétaires, qui propose un second cadre adapté à son développement. En y intégrant le citoyen, souplement entendu comme habitant, le budget participatif modernise ce second cadre. En ce sens, ses apparentes singularités font de lui un outil qui modernise la dynamique participative contemporaine : appui sur la notion de « citoyen situé », tangibilité forte de la participation locale par un projet, caractère politiquement contraignant de la participation citoyenne, instrument dédié à une intervention citoyenne accrue dans le domaine financier.

Toutefois, il y a une chose que le budget participatif n'est pas : il n'est pas, à l'heure actuelle, un outil autonome. Les récents contentieux semblent le confirmer. À cet égard, s'il répond à des aspirations vers un débat élargi sur les finances locales, il reste balisé par les limites et défauts de la participation communale. Alors, sa double nature apparente ne doit pas cacher qu'il ne constitue qu'un outil dans un arsenal participatif plus grand. Il n'est pas un absolu et reste balancé par une diversité d'obstacles qui limitent la réalisation de ses ambitions. Il n'est qu'un « gadget », un humble outil englobé par des enjeux plus larges : appréhension par le citoyen de la participation et culture administrative plus délibérative. Dans un contexte financier communal parfois difficile, le budget participatif fait face à des « vents contraires ». La tendance, avec ou sans un cadre juridique précis, semble pousser à un essoufflement, peut-être inexorable, du dispositif. Dans notre conception française de la démocratie, les espoirs de Porto Alegre ne sont pas accomplis. Au contraire, le budget participatif tendrait à être un exemple du difficile attachement entre participation et finances.

Dans sa critique du film de Miguel Gomes, Élodie Tamayo marquait que le récit du cinéaste portugais allait « de la fantasmagorie à l'archive »[682]. C'est peut-être le destin auquel le budget participatif est destiné, en l'absence d'une véritable culture décisionnelle locale plus collaborative.

Alors, il ne serait pas loisible de transposer l'outil au niveau national. Mais une ouverture en ce sens interroge. Les échelons locaux ne sont-ils pas parfois entendus comme des « laboratoires » pour l'échelon national ? Pendant toute notre réflexion, les parallèles avec la démocratie au niveau national ont été nombreux. La démocratie locale, dont participative, s'est développée comme une « réponse à la crise de l'État »[683]. S'il y a défiance démocratique croissante au niveau local, c'est en partie par assimilation à la crise démocratique au niveau national. Quelle opportunité y aurait-il à faire émerger un budget participatif au niveau national ?

---

[682] TAMAYO Élodie, *Cahiers du cinéma*, n°809, 24 mai 2024.

[683] AUBELLE Vincent, « Le sens de la démocratie locale », *in* BLONDIAUX Loïc (dir.), *La démocratie locale. Représentation, participation et espace public*, 1999, PUF, p.271.

En effet, a eu émergé le projet d'un budget participatif au niveau national. À cet égard, Benoît Hamon, candidat aux élections présidentielles de 2017, proposa un budget participatif national de 80 euros par habitant. Au milieu des années 2010, le budget participatif attire et est l'objet de nombreux espoirs au niveau national. La députée Paula Forteza avait proposé la même année 2017 de développer la pratique du budget participatif au niveau étatique. Le groupe de travail qu'elle a mené à l'Assemblée nationale a ainsi proposé d'associer le public à l'attribution des crédits versés aux préfectures de départements de régions[684]. Depuis 2017, l'outil, au niveau national, semble tomber dans une forme de désintérêt, ne revenant au cœur des enjeux démocratiques que ponctuellement. Malgré des propositions de financement de l'outil par une part de l'impôt sur le revenu[685], la tendance à un budget participatif au niveau national semble abandonnée.

Le seul exemple de budget participatif national reste celui du Portugal (*Orçamento Participativo Portugal)* qui se décline aussi dans une version destinée aux jeunes. Il est un outil d'intégration du public à l'élaboration du budget national. Son fonctionnement est parallèle à sa mise en œuvre au niveau local. Comme au niveau local, la procédure et l'enveloppe[686] sont encadrées.

Synthétiquement, nous remarquons que le modèle conçu comme tel n'a rien de différent du modèle local. Il apparaît juste être un outil proportionnellement plus important. Appliquer une logique naturellement adaptée au local vers le national semble en multiplier les défauts et limites. L'État n'est pas originellement guidé par un paradigme de proximité. Axer une enveloppe financière sur des projets citoyens amènera parfois les participants à ne pas profiter des projets lauréats.

Plus que de faire participer, l'enjeu principal semble davantage d'attirer à l'information budgétaire. L'information citoyenne et l'éducation civique restent les premiers mais indispensables préalables à la création d'une culture participative. Le groupe de travail de l'Assemblée nationale précité proposait d'autres solutions pour atteindre une forme de « finances participatives nationales ». Outre un budget participatif, ces solutions tendaient à la mise en place de simulations budgétaires fondées sur des avis citoyens et à l'intégration d'un principe de participation citoyenne dans la Constitution du 4 octobre 1958.

---

[684] ASSEMBLÉE NATIONALE, *La démocratie numérique et la participation citoyenne, Rapport du groupe de travail : Intégrer le citoyen à la procédure budgétaire,* 20 juin 2018, présenté par Mme Paula Forteza, 114 p.

[685] Proposition n°II CF 1603 sur le Projet de loi de finances 2023.

[686] En moyenne, l'enveloppe restait limitée à 0,5 euro par habitant.

Tout semble inviter à donner des fondements juridiques plus solides à une participation dans le domaine budgétaire et, *a fortiori*, financier. C'est à la création de fondements plus qu'à la multiplication d'outils inaboutis que les acteurs publics devront se charger. Le travail de Camille Morio sur la naissance d'un statut juridique du participant va dans ce sens[687]. À l'ensemble des échelons locaux et nationaux, ce serait sur la base de ces nouveaux fondements que la démocratie financière relèverait d'une vraie démarche partenariale entre élus et citoyens.

[687]MORIO Camille, « Pour un statut du participant », *AJDA*, 2019, p.1833. Camille Morio met notamment en avant l'émergence de droits et de devoirs pour chaque acteur de la participation afin de justifier le développement d'un tel statut.

BIBLIOGRAPHIE

CODES, MANUELS ET OUVRAGES GÉNÉRAUX

Code général des collectivités territoriales

Code des relations entre le public et l'administration

ALBERT Jean-Luc, *Finances publiques*, 12e édition, Dalloz, 2022, 1064 p.

BOUVIER Michel, ESCLASSAN Marie-Christine, LASSALLE Jean-Pierre, *Finances publiques*, 22e édition, LGDJ, 2023, 1008 p.

BOUVIER Michel, *Les finances locales*, 19e édition, LGDJ, 2022, 339 p.

CHEVALLIER Jacques, *Science administrative*, 6e édition, PUF, 2019, 614 p.

COLLET Martin, *Finances publiques,* 8e édition, LGDJ, 2023, 940 p.

CONAN Mathieu, MUZELLEC Raymond, *Finances locales*, 8e édition, Dalloz, 2022, 314 p.

DUFOUR Anne-Claire, KOTT Sébastien, MONIOLLE Carole, *Finances publiques*, 4e édition, Ellipses, 2023, 606 p.

FAURE Bertrand, *Droit des collectivités territoriales*, 7e édition, Dalloz, 2023, 892 p.

FERSTENBERT Jacques, PRIET François, QUILICHILI Paule, *Droit des collectivités territoriales*, 3e édition, Dalloz, Hypercours, 2024, 810 p.

GAUDEMET Yves, *Droit administratif,* 24e édition, LGDJ, 2022, 682 p.

PIERUCCI Christophe, SUTTER Gérard, *Manuel de finances publiques*, 3e édition, PUF, 2022, 392 p.

POTIER Vincent, *Introduction au droit des collectivités territoriales*, Le Moniteur, 2023, 494 p.

VERPEAUX Michel, JANICOT Laëticia, *Droit des collectivités territoriales,* 3e édition, LGDJ, 2019, 576 p.

WASERMAN Franck, *Finances locales*, 10e édition, La Documentation française, 2023, 170 p.

ENCYCLOPÉDIES ET DICTIONNAIRES

ALBERT Jean-Luc, « Budgets locaux : élaboration et vote », E*ncyclopédie des collectivités locales,* Dalloz, Folio n°7040, 2023-4.

ALLARD Denis, RIALS Stéphane (dir.), *Dictionnaire de culture juridique*, PUF, 2003, 1587 p.

KADA Nicolas, PASQUIER Romain, COURTECUISSE Claire, AUBELLE Vincent (dir.), *Dictionnaire encyclopédique de la décentralisation*, Berger-Levrault, 2017, 1096 p.

MULLER-QUOY Isabelle, « Fascicule 117-10 : Démocratie locale », *Jurisclasseur Administratif,* Lexis Nexis, juin 2013.

ORSONI Gilbert (dir.), *Finances publiques, Dictionnaire encyclopédique,* 2e édition, PUAM, Economica, 2017, 982 p.

VERPAUX Michel, « Droits des habitants : consultations locales des électeurs », *Encyclopédie des collectivités locales*, Dalloz, Folio n°12230, 2021-3.

VERPEAUX Michel, SAUVIAT Agnès, DEFFIGIER Clotilde, « Fascicule 350 : Référendum local et consultation locale des électeurs », *Jurisclasseur Collectivités territoriales*, Lexis Nexis, mai 2022.

OUVRAGES SPÉCIALISÉS

AITAMURTO Tanja, BACHOFEN Blaise, CRÉPON Marc, *La démocratie participative*, Le Seuil, 2020, 190 p.

ARLETTAZ Jordane, BONNET Julien, *Pouvoirs et démocratie en France*, Canopé-CRDP de Montpellier, 2012, 197 p.

BACQUÉ Marie-Hélène, SINTOMER Yves (dir.), *La démocratie participative. Histoire et généalogie*, La Découverte, 2011, 288 p.

BAILLEY Georges, *Les règles du jeu politique : étude anthropologique*, PUF, Coll. bibliothèque de sociologie contemporaine, 1971, 254 p.

BLONDIAUX Loïc, *Le nouvel esprit de la démocratie : actualité de la démocratie participative*, La République des idées, 2008, 109 p.

BOUDET Jean-François, CABANNES Xavier (dir), *Finances publiques citoyennes*, LGDJ, 2017, 330 p.

BOUVIER Michel, *L'impôt sans le citoyen ? Le consentement à l'impôt : un enjeu crucial pour la démocratie,* LGDJ, 2019, 171 p.

BURDEAU Georges, *Traité de science politique, Tome VI*, Librairie générale de droit et de science politique, 1956, 539 p.

FEDOZZI Luciano, *Orçamento Participativo : a experiência de Porto Alegre*, Tomo, 2001, 248 p.

FORT François-Xavier (dir), *La démocratie participative locale : recherche collective du CREAM*, Éditions du CREAM, 2023, 218 p.

GAUDIN Jean-Pierre, *La démocratie participative*, 2e édition, Armand Colin, 2013, 128 p.

GENRO Tarso, DE SOUZA Ubiratan, *Quand les habitants gèrent vraiment leur ville. Le budget participatif : l'expérience de Porto Alegre au Brésil*, Éditions Charles Léopold Mayer, 1997, 103 p.

GRANET Estelle, AMARAL Sergio, *Porto Alegre, les voix de la démocratie : vivre le budget participatif. Ouvrage collectif réalisé à l'initiative de l'association Solidariedade*, Éditions Syllepse, Éditions Charles Léopold Mayer, 2003, 170 p.

GRET Marion, SINTOMER Yves, *Porto Alegre : l'espoir d'une autre démocratie*, Éditions La Découverte et Syros, 2002, 135 p.

GUGLIELMI Gilles (dir.), *La démocratie de proximité. Bilan et perspectives de la loi du 27 février 2002, dix ans après*, Berger Levrault, 2012, 238 p.

LANGELIER Simon, *Le démantèlement du budget participatif de Porto Alegre ? Démocratie participative et communauté politique*, L'Harmattan, Paris, 2015, 241 p.

LE PORS Anicet, *La citoyenneté*, PUF, 2011, 128 p.

LOISEL Manon, RIO Nicolas, *Pour en finir avec la démocratie participative*, Textuel, 2024, 118 p.

LORANT Guy, *Les ambiguïtés de la démocratie participative : de Porto Alegre aux Gilets jaunes*, L'Harmattan, 2019, 86 p.

MAZEAUD Alice, NONJON Magali, *Le marché de la démocratie participative*, Éditions du Croquant, 2018, 365 p.

MENDES-FRANCE Pierre, *La République Moderne*, Gallimard, 1966, 320 p.

MORIO Camille, *Guide pratique de la démocratie participative locale*, Berger-Levrault, 2020, 352 p.

PORTO DE OLIVIERA Osmany, *Le transfert d'un modèle de démocratie participative, Paradiplomatie entre Porto Alegre et Saint-Denis*, Éditions de l'IHEAL, 2010, 154 p.

ROBBE François (dir.), *La démocratie participative*, L'Harmattan, 2007, 230 p.

ROSANVALLON Pierre, *La démocratie inachevée : histoire de la souveraineté du peuple en France*, Gallimard, 2000, 440 p.

ROSANVALLON Pierre, *La contre-démocratie : la politique à l'âge de la défiance*, Seuil, 2006, 344 p.

ROUSSEAU Dominique (dir.), *La démocratie continue,* LGDJ, 1995, 165 p.

SINTOMER Yves, HERZBERG Carsten, ROCKE Anja, *Les budgets participatifs en Europe : des services publics au service du public,* Éditions La Découverte, Collection recherches, 2008, 360 p.

TOCQUEVILLE (de) Alexis, *De la démocratie en Amérique (1840)*, Gallimard, 1992, 440 p.

ARTICLES DE REVUES

ALBERTINI Jean-Benoît, « Démocratie représentative et participation(s) citoyenne(s) : réflexions et applications pratiques », *RFAP*, 2014, n°150, p. 529-541.

AMILHAT Mathias, « Contractualisation, négociation, consensualisme : nouvelles approches de droit public », *RFDA*, 2018, p.1.

ARNSTEIN Sheery, « A Ladder of Citizen Participation », *Journal of American Institute of Planners*, 1969, n°35/4, p.216-224.

AUBY Jean-Bernard, « La loi du 6 février 1992 et la citoyenneté locale », *RFDA*, 1993, p.37.

BACHOFEN Blaise, « Le rejet du principe de représentation et l'impératif participatif Fondements théoriques », *Pouvoirs,* 2020/4, n° 175, p.17-30.

BELORGEY Jean-Michel, « Élus, citoyens et experts : distribution des rôles », *Revue Projet,* 2006/6, n° 295, p.51-56.

BAILLY Jessy, « L'imaginaire démocratique des élu·es et des gouvernant·es à l'épreuve d'une citoyenneté politique augmentée », *Participations,* 2023/3, n° 37, p.153-182.

BARBIN Emilie, « Le consentement à l'impôt : peut-on faire mieux ? », *JCP N-Droit administratif*, n°10, octobre 2024, n°100.

BARILARI André, CABANNES Xavier, « Les finances publiques citoyennes », *GFP*, 2019, n° 2, p.5-13.

BELORGEY Jean-Michel, « Élus, citoyens et experts : distribution des rôles », *Revue Projet,* 2006/6, n°295, p.51-56.

BELTRAME Pierre, « Le consentement de l'impôt : devenir d'un grand principe », *RFFP,* 1985, n°51, p.81.

BERGER Mathieu, CHARLES Julien, « Persona non grata. Au seuil de la participation », *Participations,* 2014/2, n° 9, p.5-36.

BHERER Laurence, « Les relations ambiguës entre participation et politiques publiques », *Participations,* 2011, n° 1, p.105-133.

BLAIRON Katia, « Démocratie directe et finances publiques : une tentative de réconciliation », *RFFP,* 2015, n°132, p.163.

BLONDIAUX Loïc, « Démocratie locale et participation citoyenne : la promesse et le piège », *Mouvements*, 2001/5, n°18, p.44-51.

BLONDIAUX Loïc, SINTOMER Yves, « L'impératif délibératif », *Rue Descartes,* 2009/1, n° 63, p.28-38.

BLONDIAUX Loïc, « La démocratie participative, sous conditions et malgré tout. Un plaidoyer paradoxal en faveur de l'innovation démocratique », *Mouvements*, 2007/2, n°50, p.118-129.

BLUTEAU Philippe, « La participation aux élections et consultations locales des étrangers », *AJCT*, 2022, p.130.

BOUVIER Michel, « La sincérité budgétaire et comptable : un principe paradoxal ? », *RFFP,* 2010, n°111, p.169.

BOUVIER Michel, « Comment replacer le citoyen dans la gouvernance des finances publiques ? », *RFAP,* 2022, n°182, p.371-379.

BURGOS Diana. « La circulation d'un modèle de démocratie locale en Amérique latine : l'exemple du budget participatif ». *América : Cahiers du CRICCAL*, 2005, n°33, p. 83-94.

CADOUX Charles, « Du consentement de l'impôt », *RSF*, 1961, n°47, p.423.

CHABROT Christophe, « Démocratie locale et décentralisation : un couple platonique ? », *Civitas Europa*, 2003, n°11, p.7-29.

CHAVRIER Géraldine, « Décentralisation et démocratie locale : un couple à l'âge de raison ? », *AJDA,* 2013, p.1317.

CHEVALLIER Jacques, « Contractualisation(s) et action publique », *RFDA*, 2018, p.209.

CLOUZOT Ludivine, « Le principe de participation quarante ans après la loi du 13 juillet 1983, un modèle à reconstruire », *AJDA*, 2023, p.1267.

CORDEIRO Albano, « Vous avez dit 'Démocratie réelle' ? », *Multitudes,* 2014/1, n° 55, p.203-210.

CUMYN Michelle, « La contractualisation de l'action publique : contrat politique ou contrat social ? », *Les cahiers de droit*, Vol.47, 2006, n°4, p.677-701.

DAVID Jules, « Précisions sur le régime des consultations facultatives du public », *LPA*, 2017, n°247, p.13.

DE DIENVEULT Arthur, « La limite de la consultation locale : la compétence communale », *AJDA*, 2017, p.173.

DELHOSTE Marie-France, « Démocratie participative : de l'échec de l'organisation étatique à l'avenir du projet citoyen », *RFDA*, 2007, p.1061.

DELON-DESMOULIN Corinne, « Le citoyen, un contrôleur de la décision financière locale ? », *RFFP*, 2019, n°148, p.67.

DENQUIN Jean-Marie, « Démocratie participative et démocratie semi-directe », *Cahiers du Conseil Constitutionnel*, février 2008, n°23, p.95-98.

DESMOULIN Gil, « Un mythe visant à affirmer la démocratie financière locale : la délibération financière municipale », *GFP,* 2021, n°1, p.50-57.

DOUAY Nicolas, « La numérisation des dispositifs de participation de la Mairie de Paris Le cas du budget participatif et de la plateforme 'Madame la Maire, j'ai une idée !' », *Réseaux sociaux et territoires*, 2016, 30-3/4, p. 249-280.

DUSSART Vincent, « Tradition et modernité du droit budgétaire local », *GFP*, 2023, n°1, p.5-11.

EISINGER Thomas, « Figure du citoyen et figure du contribuable : retour sur une union inaboutie », *JCPN-Administrations et collectivités territoriales*, 2022, n°11, p. 2084.

FONBAUSTIER Laurent, « La participation du public », *AJDA*, 2015, n°9, p. 517-522.

GANUZA Ernesto, FRANES Francisco, « Le défi participatif : délibération et inclusion démocratique dans les budgets participatifs », *Participations,* 2015/1, n° 11, p.167-190.

GHEVONTIAN Richard, « La notion de sincérité du scrutin », *Cahiers du Conseil Constitutionnel,* janvier 2003, n°13.

GOEHRS Manuel, « Budgets participatifs : S'approprier la dialectique de la gouvernance participative locale », *L'Année du Maghreb*, 2017, n°16, p. 223-244.

GOGUEL-MAZET Émilien, « Réflexions sur le cadre juridique du budget participatif », *RFFP*, 2021, n°153, p.259.

GOUNELLE Max, « Démocratiser le mandat représentatif », *Le Débat*, 2006/4, n°141, p.110-117.

GOURBIER Léonard, MOYSAN Emilie, « Participation citoyenne et budgets locaux », *GFP*, 2022, n° 6, p.25-29.

GOURBIER Léonard, « Participation citoyenne et processus budgétaires : quelles configurations possibles ? », *Action publique. Recherche et pratiques,* 2022/1, n°13, p.16-22.

GOURGUES Guillaume : « Plus de participation, pour plus de démocratie ? », *Savoir/Agir*, 2015/1, n°31, p.43-50.

GREIMERS Dimitri, « Les budgets participatifs : la révolution des finances publiques », *Etudes CPCP, Revue au quotidien*, 2016, n°13, p.12.

GUILLET Marie-Christine, BASTE-DESHAYES Sylvie, « Conception et mise en place du budget participatif : l'exemple de la ville de Montreuil », *AJCT,* 2018, p.259.

HERTZOG Robert, « La sincérité des documents budgétaires : principe nécessaire, multiforme et inachevé », *RFFP, 2*010, n°111, p.139.

JALABERT Anselmo, « L'autonomie financière des collectivités : histoire d'un malentendu tenace », *GFP,* 2023, n°1, p.80-89.

JÉGOUZO Yves, « De la 'participation du public' à la 'démocratie participative' ? », AJDA, 2006, p.2314.

JOYE Jean-François. « La sincérité, premier principe financier ». *RFFP*, 2010, n°111, p.17.

KERLÉO Jean-François, « La carte et le territoire de la transparence en droit », *Action publique Recherche et pratiques*, 2023/3, n°18, p.17-27.

KOLYTCHEFF Boris, « Le budget participatif grenoblois », *GFP,* 2017, n° 5, p.63-66.

LAFAILLE Franck, « La démocratie participative, niaiserie contemporaine », *Recueil Dalloz,* 2017, p.57.

LANDBECK Dominique, « La notion de sincérité en finances publiques », RFDA, 2002, p.798.

LE CLAINCHE Michel, « Comment associer les citoyens à la maîtrise des dépenses publiques ? », *Action publique, Recherche et pratiques*, 2023, n° 19, p. 23-34.

LEFEBVRE Rémi, TALPIN Julien, PETIT Guillaume, « Les adjoint·es à la démocratie participative. Une catégorie d'élu·es entre spécialisation fonctionnelle et misère positionnelle », *Participations,* 2020/1-2, n° 26-27, p. 41-75.

LEFEBVRE Rémi, « Quand légitimité rime avec proximité », *Mouvements*, 2004/2, n°32, p.135-138.

LENFANT Stéphane, « Le point sur... les instances participatives de la démocratie locale », *AJCT,* 2018, p.248.

LÉRIQUE Florence, « Budgets locaux et budgets participatifs », *GFP,* 2023, n° 1, p.12-15.

LEROY Marc, « L'individu et l'impôt, contribution à une sociologie 'cognitive' de l'impôt », *L'année Sociologique*, Vol.42, 1992, p.319-343.

LEYDET Dominique, « Représentation et présence : la démocratie représentative en question », *Politique et Sociétés*, 2002, p.67–88.

LEYRIT Christian, « Remettre le citoyen au cœur de la décision publique », *Pouvoirs,* 2020/4, n° 175, p.101-112.

MATHIEU Bertrand, « La crise de la démocratie représentative : constat et éléments d'explication », Communication à la Table ronde internationale - Constitution, démocratie et élections, 15-16 mai 2015 - Université de Bucarest, *Constitutions,* 2015, p.317.

MONDOU Christophe, « L'institution d'un dispositif de démocratie locale participative doit respecter le pouvoir de décision des assemblées locales », *AJCT*, 2018, p.520-521.

MONDOU Christophe, « Les outils légaux de participation citoyenne aux décisions locales », *AJCT*, 2018, p.252.

MORIO Camille, « Quelle place de l'usager citoyen dans la décision publique ? », *Horizons publics*, 2018, n°1, p.48-55.

MORIO Camille, « Le droit électoral et le droit de la démocratie participative : de nouvelles frontières ? », *Bulletin juridique des collectivités locales*, 2020, n°12, p.89.

NONJON Magali, « Professionnels de la participation : savoir gérer son image militante», *Politix*, 2005, n°70, p.89-112.

ORSONI Gilbert, « Citoyenneté et finances publiques : regards comparés », *RFAP,* 2022, n°182, p.475-489.

PETIT Guillaume, « Les élu·es aiment-elles et ils la démocratie ? », *Participations,* 2020/1, n°26-27, p.7-40.

POQUET Guy, « Démocratie de proximité et participation des habitants à la politique de la ville. De la promiscuité des cages d'escalier à la reconnaissance du citoyen-usager », *GREDOC, Cahiers de recherche*, 2001, n°156, p.23.

PITSEYS John, « Démocratie et citoyenneté », *Dossiers du CRISP,* 2017/1, n° 88, p.9.

PONTIER Jean-Marie, « Bien commun et intérêt général », *Les Cahiers Portalis,* 2017, n° 4, p.33-52.

PONTIER Jean-Marie, « L'intérêt général existe-t-il encore ? », *Recueil Dalloz,* 1998, p.327.

PORTAL Eric, « Les budgets participatifs locaux : un outil de participation citoyenne en développement mais aussi en trompe-l'oeil ? », *RFFP,* 2020, n°153, p.245.

QUERRIEN Anne, MAIGRET Eric, « Le budget participatif est-il une bonne idée ? », *Hermès, La Revue,* 2000/1, n° 26-27, p.309-321.

RENAULT-TINACCI Mathilde, « Les associations ont-elles encore un rôle démocratique ? », *Juris associations,* 2021, n°631, p.21.

RENAULT-TINACCI Mathilde, « Implication des associations dans la démocratie participative, le cas du budget participatif parisien », *INJEP Analyses et synthèses, Etudes et recherche*, 2020, n°38, p.17.

ROSA Audrey, « La contractualisation et le contribuable », *RFDA*, 2018, p. 236.

ROSENFIELD Denis, « Porto Alegre : le mythe et la réalité », *Cités,* 2004/1, n° 17, p.101-110.

ROUSSEAU Dominique, « La démocratie continue : fondements constitutionnels et institutions d'une action continuelle des citoyens », *Confluence des droits,* 2020, n°2, p.7.

ROUSSEAU Dominique, « La démocratie continue, espace public et juge constitutionnel », *Le débat*, 1997/4, n°96, p.73-88.

ROUX André, « Le principe constitutionnel de la libre administration des collectivités territoriales », *RFDA*, 1992, p.435.

SADRAN Pierre, « La démocratie locale : quels enseignements ? », *Cahiers français*, 2010, n°356, p.82-87.

SAINTY Jessica, « La démocratie participative au secours du paternalisme des élus. À propos des usages politiques d'un budget participatif », *Participations,* 2020/1-2, n° 26-27, p.77- 103.

SAOUDI Messaoud, « Les budgets participatifs d'investissement : un dispositif politique et/ou un dispositif citoyen », *GFP,* 2019, n° 3, p.28-31.

SAUNIER Sébastien, « L'association du public aux décisions prises par l'administration », *AJDA*, 2015, p.2426.

SOLDO Edina, CARMOUZE Laura, DU BOYS Céline, « Le budget participatif : un dispositif au service du management de la valeur publique ? », *Politiques & management public,* 2021, n° 4, p.425-444.

TAILLEFAIT Antony, « Le citoyen, un acteur du financement local ? », *RFFP,* 2019, n°148, p.79.

TALPIN Julien, « Au-delà de la proximité ? Le tirage au sort, la démocratie participative et les transformations de la démocratie locale », *Administration,* 2023/1, n° 277, p.103-104.

TALPIN Julien, « La démocratie participative marginalisée par le pouvoir local », *Savoir/Agir,* 2013/3, n° 25, p.23-30.

TALPIN Grégoire, « Les acteurs des conventions citoyennes locales. Réflexions sur le vitalisme conventionnel », *AJDA,* 2023, p.707.

TAVOILLOT Pierre-Henri, « Contre la démocratie participative », *Pouvoirs*, 2020/4, n° 175, p.43-55.

TESTARD Christophe, « Les premiers pas prometteurs d'un droit commun de l'association du public », note sous CE, 19 juillet 2017, Association citoyenne pour Occitanie et Pays Catalan et autres, req. n°403928, *JCP A*, 2017, n°37, p.1601-1604.

THIERS Éric, « La démocratie participative : passé d'une illusion ou avenir radieux ? », *Commentaire,* 2012/1, n°137, p.260-262.

TINLOT Guillaume, « Le budget participatif, outil d'une citoyenneté financière locale rénovée », *RFFP*, 2016, n°135, p.19.

TRAGAS Aurélie, « La confiance - Contribution à l'étude d'une notion de droit public interne », *RFDA,* 2023, p.937.

TROSA Sylvie, « L'intérêt général : une réalité introuvable ? », *GFP,* 2017/3, n° 3, p.82-87.

VAN DAELE Marion, « Consultation du public : quand et quels actes contester ? », *JCP A Collectivités territoriales*, 24 octobre 2024, n°43-44, art.542.

VANIER Nicolas, « Démocratie locale : changement d'horizon ? », *Esprit,* 2015/2, p.109-118.

VERPEAUX Michel, « La décentralisation et la démocratie locale », *Cahiers du Conseil Constitutionnel*, Titre VII, Octobre 2022, n°9.

VIOLA André, « La démocratie directe locale en question », *LPA,* 2003, n°153, p. 11.

VITIELLO Andric, « L'éducation à la citoyenneté », *Raisons politiques,* 2008/1, n° 29, p.169-187.

WASERMAN Franck, « Le citoyen et la prise de décision financière publique », *RFFP,* 2015, n°135, p.79.

YAZI-ROMAN Medhi, « De l'information à la co-construction : la démocratie participative dans tous ses états », *AJCT*, 2018, p.240.

CONTRIBUTIONS AU SEIN D'OUVRAGES COLLECTIFS

AMSELEK Paul, « Vous avez dit Finances publiques citoyennes ? » *in* BOUDET Jean-François et CABANNES Xavier, *Finances publiques citoyennes*, LGDJ, 2017, p.1.

AUBELLE Vincent, « Le sens de la démocratie locale » *in* BLONDIAUX Loic (dir.), *La démocratie locale : représentation, participation et espace public,* PUF, 1999, p.271.

BLONDIAUX Loïc, « L'idée de démocratie participative : enjeux, impensés et questions récurrentes », *in* BACQUÉ Marie-Hélène, REY Henry, SINTOMER Yves, *Gestion de proximité et démocratie participative. Une perspective comparative*, La Découverte, 2005, p.119-137.

BORGETTO Michel, « Brèves remarques sur la notion de citoyenneté financière », *in* BOUDET Jean-François et CABANNES Xavier, *Finances publiques citoyennes*, LGDJ, 2017, p.303.

CAILLOSSE Jacques, « Éléments pour un bilan juridique de la démocratie locale en France », *in* BLONDIAUX Loïc (dir.), *La démocratie locale. Représentation, participation et espace public*, PUF, 1999, p.61.

CAILLOSSE Jacques, « Interrogations méthodologiques sur le 'tournant' contractuel de l'action publique : les contrats publics entre libéralisme juridique et sciences de l'administration », *in Mélanges en l'honneur du Professeur Michel Guibal*, Vol. II, Université de Montpellier, p.469.

CHAVRIER Géraldine, « La démocratie participative dans le débat sur la décentralisation (1978-2004) », *in* ROBBE François (dir.), *La démocratie participative*, L'Harmattan, 2007, p.143-161.

CHEVALLIER Jacques, « Déclin et permanence du mythe de l'intérêt général », *in L'intérêt général, Mélanges en l'honneur de Didier Truchet,* Dalloz, 2015, p.83.

CLUZEL-MÉTAYER Lucie, « Les budgets participatifs : une émancipation citoyenne sous contrôle », *in* BOUDET Jean-François et CABANNES Xavier, *Finances publiques citoyennes*, LGDJ, 2017, p.172.

CLUZEL-MÉTAYER Lucie, « La e-démocratie locale », *in Mélanges en l'honneur d'Olivier Févrot, La mémoire du droit,* Dalloz, 2016, p.86

DAFFLON Bernard, « Le budget local : la transparence financière au service de la démocratie participative », *in Transparence et droit: ouvrage collectif en l'honneur du doyen Néji Baccouche*, Sfax, 2020, p.391-425.

DAUGERON Bruno, « Le contribuable citoyen, sujet de droit public financier ou objet d'un discours de droit fiscal », *in* BOUDET Jean-François et CABANNES Xavier, *Finances publiques citoyennes*, LGDJ, 2017, p.45.

DERRIEUX Emmanuel, « Information et citoyenneté : l'information, instrument de la citoyenneté », *in* KOUBI Geneviève (dir.), *De la citoyenneté*, Litec, 1995, p.157.

DOMPNIER Nathalie, « Pour une sociologie historique de la «bonne élection ». Les rapports tumultueux entre sincérité et légitimité » *in Sincérité et démocratie : colloque organisé le 29 janvier 2010, à la Faculté de droit et de science politique d'Aix-Marseille,* PUAM, 2011, p.112.

FATIN-ROUGE STEFANINI Marthe, « La sincérité de l'expression référendaire: étude de droit comparé », *in Sincérité et démocratie : colloque organisé le 29 janvier 2010, à la Faculté de droit et de science politique d'Aix-Marseille,* PUAM, 2011, p.167.

GHÉVONTIAN Richard, « La sincérité: une notion impressionniste? », *in Sincérité et démocratie : colloque organisé le 29 janvier 2010, à la Faculté de droit et de science politique d'Aix-Marseille,* PUAM, 2011, p.19.

HAYAT Samuel, « Démocratie participative et impératif délibératif : enjeux d'une confrontation », *in* BACQUÉ Marie-Hélène, SINTOMER Yves (dir.), *La démocratie participative Histoires et généalogies*, La Découverte, Coll. « Recherches », 2011, p.102-112.

KOUBI Geneviève, « Droit des collectivités territoriales et "référendum administratif local" », *in* BLONDIAUX Loïc (dir.), *La démocratie locale. Représentation, participation et espace public*, PUF, 1999, p.197-217.

LAMOUROUX Sophie, « Sincérité et juge électoral », *in Sincérité et démocratie : colloque organisé le 29 janvier 2010, à la Faculté de droit et de science politique d'Aix-Marseille,* PUAM, 2011, p.190.

LEFEBVRE Rémi, « Pourquoi l'intercommunalité ne s'est-elle pas démocratisée ? », *in* LEFEBVRE Rémi, *Municipales : quels enjeux démocratiques ?* 2020, La Documentation française, p.113-139.

LOCHAK Danièle. « Démocratie et vie associative », *in* CHAMPEILS-DESPLATS Véronique et DENQUIN Jean-Marie (dir.), *Démocratie et constitutionnalisme : retours critiques*, 2013, Mare et Martin, p.54.

MABILEAU Albert, « A la recherche de la démocratie locale. Le représentant et le citoyen », *in* BLONDIAUX Loic (dir.), *La démocratie locale : représentation, participation et espace public,* PUF, 1999, p.63.

MULLER-QUOY Isabelle, « Le citoyen et les finances publiques locales », *in* BOUDET Jean-François et CABANNES Xavier, *Finances publiques citoyennes*, LGDJ, 2017, p.145.

NEVEU Catherine, « Habitants, citoyens : interroger les catégories », *in* BACQUÉ Marie-Hélène, BLONDIAUX Loic (dir.), *La démocratie participative, histoire et généalogie*, Ed. La découverte, 2011, p.39.

ORSONI Gilbert, « Du consentement de la dépense publique » *in Mélanges offerts au Doyen Charles Cadoux,* PUAM, 1999, p.245.

TRAVERSAC Anne-Sophie, « Penser la démocratie par le citoyen ou l'individu ? Des outils juridiques pour une démocratie impatiente », *in* LEMAIRE Félicien, COUDERC-MORANDEAU Stéphanie, *Citoyenneté(s) et démocratie*, Mare & Martin, 2021, p.165.

THÈSES ET MÉMOIRES

BRANDELEER Céline, *Le budget participatif : un outil de citoyenneté active au service des communes*, Mémoire de recherche Think Tank Pour la solidarité (sous la direction de Denis STOKKINK), Cahiers Participation citoyenne, n°33, Octobre 2014, 86 p. (consultable en ligne).

DARGEANT Fleur, *La consultation en droit public interne*, thèse de doctorat (sous la direction de Ariane VIDAL-NACQUET), Université Aix en Provence, Droits International, Comparé et européen, 2016, 576 p. (consultable en ligne).

DUMONT Gilles, *La citoyenneté administrative*, thèse de doctorat (sous la direction de Jacques CHEVALLIER), Université Panthéon-Assas Paris 2, 2002, 749 p. (consultable en ligne).

DUVAL Eugénie. *Participation et démocratie représentative : le cas de la France,* thèse de doctorat (sous les directions de Jean-Manuel LARRALDE et Marie-Joëlle REDOR-FICHOT), Université de Normandie, 2020, 556 p.

FÉVROT Olivier, *Recherche sur la notion de démocratie locale*, thèse de doctorat (sous la direction d'Olivier GOHIN), Université Paris 2, 2003, 889 p.

MOZOL Patrick, *La participation du public à la vie municipale*, thèse de doctorat (sous la direction de Jean-Marie PONTIER), Université Aix-Marseille, 2003, 624 p.

NAZON Romaric, *La fin de la fiscalité locale,* thèse de doctorat (sous la direction d'Etienne DOUAT), Université de Montpellier, 2023, 750 p. (consultable en ligne).

PINEL Florian. *La participation du citoyen à la décision administrative,* thèse de doctorat (sous la direction de Gweltaz EVEILLARD), Université de Rennes, 2018. Français, 785 p.

ROMBAUTS-CHABROL Tiphaine, *L'intérêt public local*, thèse de doctorat (sous la direction de Guylain CLAMOUR), Université de Montpellier, 2016, 558 p.

WEBER Yves, *L'administration consultative*, thèse de doctorat (sous la direction de Claude DURANT-PRINBORGNE), Université de Nancy, 1968, 326 p.

PRESSE

BARAGER Denis, « La démocratie participative dans la République : état des lieux et scénarios pour l'avenir », Blog Jus Politicum, 16 décembre 2021.

BEUREY Thomas, « Ces "petits riens" qui peuvent revigorer la démocratie locale », Banque des territoires, 25 février 2022.

BÉZARD Antoine, « Le budget participatif, nouveau contrat démocratique et solidaire », *Gazette des communes*, 21 janvier 2019.

BÉZARD Antoine, « Les budgets participatifs doivent être articulés avec les autres dispositifs de démocratie », *Gazette des communes*, 8 novembre 2021.

BOUVIER Michel, « Le consentement de l'impôt : les mutations du citoyen-contribuable », Vie publique, 4 septembre 2018.

CATTIAUX Séverine, « Démocratie coopérative et communs : Grenoble lance son pacte de coopération », *Gazette des communes*, 27 avril 2022.

CHASSY Angélique, **TOUATI Arnaud**, « La consultation citoyenne : vers un principe de redevabilité », Village de la justice, 21 juin 2022.

CHASSY Angélique, « Vers une clarification de la participation citoyenne en France », Village de la justice, 24 avril 2024.

CONQUET Emma, « Budget participatif : les petits arrangements de la mairie de Toulouse », Médiacités, 19 décembre 2021.

DELESCLUSE Agathe, « Quelle portée juridique pour une consultation citoyenne organisée par une collectivité territoriale Entourages », La lettre des métiers politiques, 2 juillet 2022

FOUQUET Corinne, « Mettre en place un budget participatif », *Gazette des communes, Club Techni.cité*, 4 avril 2022.

FOUQUET Corinne, « Les services techniques à la rescousse des budgets participatifs », *Gazette des communes, Club Techni.cité*, 21 janvier 2022.

GOUTAL Yvon, « Le cadre juridique du budget participatif est fragile », *Gazette des communes*, 22 septembre 2020.

GOUTAL Yvon, « Comment appréhender la démocratie participative en tant que juriste », *Gazette des communes*, 22 septembre 2021.

LE FOLL Clément, « Les budgets participatifs gagnent du terrain », *Gazette des communes, Club Finances*, 18 octobre 2023.

LE FOLL Clément, « Les budgets participatifs menacés par la triche », *Gazette des communes*, 24 août 2020.

LE FOLL Clément, « L'évaluation des budgets participatifs, une étape clé de leur amélioration », *Gazette des communes*, 7 décembre 2021.

LE FOLL Clément, « Il faut renforcer le lien entre participation citoyenne et décision », *Gazette des communes*, 21 octobre 2022.

LE FOLL Clément, « Le tout numérique nuit-il à la démocratie participative ? », *Gazette des communes*, 1 février 2021.

LE FOLL Clément, « Les comités mêlant élus et habitants font souffler un vent de participation citoyenne », *Gazette des communes*, 6 novembre 2020.

LEMAIRE Axelle, « Les civic tech peuvent reconnecter citoyens et système politique », *Gazette des communes*, 11 octobre 2016.

MAKARAOV Kirill, « Le budget participatif, nouveau contrat démocratique et solidaire », *Gazette des communes, Club finances,* 22 janvier 2019.

MENGUY Brigitte, « Éduquer les citoyens, un levier pour la démocratie de demain ? », *Gazette des communes*, 13 mars 2019.

MENGUY Brigitte, « Démocratie participative : premier état des lieux des pratiques au niveau local », *Gazette des communes*, 23 janvier 2017.

MENGUY Brigitte, SOUTRA Hugo, « Loin de se résigner, les citoyens aspirent à jouer un plus grand rôle dans la vie politique », *Gazette des communes*, 27 septembre 2016.

MENGUY Brigitte, « Les budgets participatifs ne connaissent pas la crise », *Gazette des communes*, 18 octobre 2022.

PONT Raul, « L'expérience du budget participatif de Porto Alegre », *Le monde diplomatique*, Mai 2000.

STOLL Stéphanie, « Participation citoyenne : le blocage vient essentiellement des élus », *Gazette des communes*, 2 mars 2016.

RAPPORTS ET ENQUÊTES

BÉZARD Antoine, *Rapport Fondation Jean Jaurès, Le budget participatif, une opportunité pour développer notre culture de la participation citoyenne*, 17 octobre 2022, 18 p.

BÉZARD Antoine, *Rapport Fondation Jean Jaurès, Budgets participatifs, un outil démocratique qui donne davantage de pouvoir aux citoyens des grandes villes,* 20 novembre 2024, 18 p.

CABANEL Henri, **BONNECARRÈRE Philippe**, *Rapport d'information Sénat fait au nom de la mission d'information sur la démocratie représentative, démocratie participative, démocratie paritaire : comment décider avec efficacité et légitimité en France en 2017*, Enregistré à la Présidence du Sénat le 17 mai 2017, Session ordinaire de 2016-2017, n°556, 314 p.

CONSEIL D'ÉTAT, *Rapport public 1999, L'intérêt général,* La Documentation française, 1999, 449 p.

CONSEIL D'ÉTAT, *Rapport public 2011, Consulter autrement, participer effectivement*, La Documentation française, 2013, 158 p.

CONSEIL D'ÉTAT, *Étude annuelle 2018, La citoyenneté : être (un) citoyen aujourd'hui,* La Documentation française, 2018, 211 p.

DARNAUD Mathieu, *Rapport d'information Sénat fait au nom de la commission des lois constitutionnelles, de législation, du suffrage universel, du Règlement et d'administration générale par la mission de contrôle et de suivi des lois de réforme territoriale (2) sur la revitalisation de l'échelon communal*, Enregistré à la Présidence du Sénat le 7 novembre 2018. n°110, 141 p.

EMPREINTES CITOYENNES, *Enquête La commune, fabrique de la citoyenneté,* Janvier 2022, 7 p.

FORTEZA Paula, *La démocratie numérique et la participation citoyenne : Rapport du groupe de travail : Intégrer le citoyen à la procédure budgétaire,* présenté à l'Assemblée Nationale le 20 juin 2018, 58 p.

GATEL Françoise, HOULLEGATTE Jean-Michel, *Rapport d'information Sénat fait au nom de la délégation aux collectivités territoriales et à la décentralisation (1) relatif à la démocratie locale*, Enregistré à la Présidence du Sénat le 17 février 2022, Session Ordinaire n°520, 76 p.

OBSERVATOIRE INTERNATIONAL DE LA DÉMOCRATIE PARTICIPATIVE, *Clés pour la participation des enfants et des jeunes : le budget participatif jeune*, 2022, 26 p.

AUTRES DOCUMENTS

Règlements budgets participatifs utilisés :

Règlement Budget participatif Paris, 2024

Guide de dépôt budget participatif Paris, 2024

Règlement Budget participatif Bayonne, L'atelier citoyen, 2024

Pacte pour la démocratie à Strasbourg, 2018

Mode d'emploi budget participatif, Ville de Lyon, 2023

Règlement budget participatif, Ville l'Albi, 2024

Règlement budget participatif, Commune de Vannes, 2024

Règlement budget participatif, Commune de Wambrechies, 2024
Règlement budget participatif, Commune de Portet-sur-Garonne, 2023

Guide initiateur de projet budget participatif Ville d'Annecy, 2023
FAQ, budget participatif, Ville d'Annecy, 2023

Règlement budget participatif, Commune de Besançon, 2023

Règlement budget participatif, Commune de Trézalé, 2023

Règlement budget participatif, Commune de Blois, 2023

Règlement budget participatif, Métropole de Toulouse : des idées pour mon quartier, 2023

Règlement budget participatif, Commune de Montreuil : 2018

Règlement budget participatif, Commune de Bar le Duc, 2023

Règlement budget participatif, Commune de Ploufragan, 2023

Règlement budget participatif, Commune de Mimizan, 2023

Règlement budget participatif, Commune de Chatou, 2023

Règlement budget participatif, Commune d'Avranches, 2024

Dossier de Presse Métropole de Lyon, La métropole de Lyon lance le budget participatif dans les collèges, Dossier de presse, 1 septembre 2022

Guides pratiques budget participatif :

CONSULTVOX, Le budget participatif : guide pratique, 2020, 27 p.

FLUICITY, Budget participatif mode d'emploi, 14 octobre 2020, 39 p.

IDCITY, Le guide pratique du budget participatif, juin 2020, 19 p.

Déclarations et discours :

Déclaration de clôture des rencontres nationales des budgets participatifs – 7 et 8 novembre 2019 à Paris – Principes fondamentaux du budget participatif en France

SAUVÉ Jean-Marc, « Peut-on parler d'une crise de la citoyenneté ? », Ouverture de la conférence inaugurale du cycle de conférences sur la citoyenneté par Jean-Marc Sauvé le 18 octobre 2017.

SAUVÉ Jean-Marc, « La règle de droit, pour quelle finalité ? », Intervention à l'occasion du colloque Claude Érignac sur le thème "L'État de la République : quelle démocratie pour demain ?", Discours du 28 septembre 2017

Sites internet :

Defesa - Orçamento Participativo de Portugal (Portal de Defensa National, Orçamento Participivo de Portugal)

LBP Participation : le nouveau lesbudgetsparticipatifs.fr (lbp-participation.fr)

Réseau national des budgets participatifs (Reseau National des Budgets Participatifs -PUBLIC)

TABLE DE JURISPRUDENCE

CONSEIL CONSTITUTIONNEL

Cons. const., 5 mars 2021, n° 2020-5683

Cons. const., 5 mars 2021, n° 2020-5690 DC

CONSEIL D'ÉTAT

CE, Sect., 9 janvier 1982, SARL Chocolat de régime Dardenne, n°17270, Publié au recueil Lebon

CE, 14 novembre 2012, Commune de Mandelieu la Napoule, n°342327, Publié au recueil Lebon

CE, Ass., 19 juillet 2017, Association citoyenne pour Occitanie et Pays Catalan et autres, n°403928, Publié au recueil Lebon

CE, Ass., 19/07/2017, n°403948, Publié au recueil Lebon

CE, Chambres réunies, 16 février 2021, n° 446729

CE, Chambres réunies, 26 juin 2023, n° 458799

CE, Chambres réunies, 1 décembre 2023, n° 467009

JURIDICTIONS LOCALES

TA Paris, 4e section, 1ère chambre, 29 septembre 2022, n° 2018190

TA Paris, 4e section, 1ère chambre, 12 octobre 2023, n° 2204471

TA Paris, 4e section, 1ère chambre, 8 février 2024, n° 2220058

TA Grenoble, 24 février 2020, n°1701663

TA Grenoble, 4 octobre 2024, n°2106063

CAA Lyon, 3ème chambre, 24 avril 2012, 12LY00203

CAA Lyon, 4ème chambre, 9 juillet 2020, 18LY02733

TABLE DES MATIÈRES

Structures éditoriales du groupe L'Harmattan

L'Harmattan Italie
Via degli Artisti, 15
10124 Torino
harmattan.italia@gmail.com

L'Harmattan Hongrie
Kossuth l. u. 14-16.
1053 Budapest
harmattan@harmattan.hu

L'Harmattan Sénégal
10 VDN SICAP AMITIE 3
BP 45034 Dakar-Fann
direction@senharmattan.com

L'Harmattan Cameroun
Tsinga/Derrière polyclinique FECAFOOT
BP 11486 Yaoundé
Jacques.koukam@harmattan.fr

L'Harmattan Burkina Faso
Villa 281, secteur 23 623, rue 14.32
Ouagadougou
zagbie@outlook.fr

L'Harmattan Guinée
Almamya, rue KA 028 OKB Agency
BP 3470 Conakry
harmattanguinee@yahoo.fr

L'Harmattan RDC
185, avenue Nyangwe
Commune de Lingwala – Kinshasa
matangilamusadila@yahoo.fr

L'Harmattan Congo
219, avenue Nelson Mandela
BP 2874 Brazzaville
deunovmikhael@gmail.com

L'Harmattan Mali
Immeuble Mgr Jean Marie Cissé
Aci Hamadallaye
BP 145 Bamako
syllaka@yahoo.fr

L'Harmattan Togo
Djidjole – Maison Amela
face EPP BATOME
02 BP 20680 Lomé
didieramela11@gmail.com

L'Harmattan Côte d'Ivoire
Résidence Karl – Cité des Arts
Abidjan-Cocody
03 BP 1588 Abidjan
harmattan.ivoire@gmail.com

L'Harmattan Bénin
Rue 604, (Immeuble à l'entrée
de la rue UCAO- Cite de Saint-Jean)
Cotonou
stepcorpus@gmail.com

Nos librairies en France

Librairie internationale
16, rue des Écoles
75005 Paris
librairie.internationale@harmattan.fr
01 40 46 79 11
www.librairieharmattan.com

Librairie des savoirs
21, rue des Écoles
75005 Paris
librairie.sh@harmattan.fr
01 46 34 13 71
www.librairieharmattansh.com

www.ingramcontent.com/pod-product-compliance
Lightning Source LLC
LaVergne TN
LVHW010950061026
849535LV00006B/1655